Carsten Peter
Thiede

JESUS

Der Glaube
Die Fakten

Carsten Peter
Thiede

JESUS

Der Glaube
Die Fakten

SANKT
ULRICH
VERLAG
GmbH

Bibliografische Information Der Deutschen Bibliothek

Die Deutsche Bibliothek verzeichnet diese Publikation in der Deutschen Nationalbibliografie; detaillierte bibliografische Daten sind im Internet über http://dnb.ddb.de abrufbar.

Umschlaggestaltung: UV Werbung, Mediengruppe Sankt Ulrich Verlag, Augsburg
Titelbild: Sankt Ulrich Verlag GmbH, Augsburg
Druck und Bindung: Ludwig Auer GmbH, Donauwörth
Printed in Germany
ISBN 3-929246-95-3
www.sankt-ulrich-verlag.de

Inhalt

Einleitung

„Als er sich mit diesen Worten verteidigte, rief Festus laut: ‚Du bist verrückt, Paulus! Das viele Studieren in den Schriften treibt dich zum Wahnsinn.' Paulus erwiderte: ‚Ich bin nicht verrückt, erlauchter Festus: Was ich sage, ist wahr und vernünftig. Der König versteht sich auf diese Dinge; deshalb spreche ich auch freimütig zu ihm. Ich bin überzeugt, daß ihm nichts davon entgangen ist; das alles hat sich ja nicht in irgendeinem Winkel zugetragen.'"

Apostelgeschichte 26,24–26

Die Bücher über Jesus sind kaum noch zu zählen. Wer sie liest, merkt schnell: Je mehr über Jesus geschrieben wird, desto weniger scheinen wir über ihn zu wissen. Immer mehr Mosaiksteine tauchen auf, doch das Bild auf dem Mosaik wird nicht erkennbarer. So scheint es jedenfalls vielen, angesichts der unaufhörlichen Debatten über den Wert der Steine und ihren Platz im einst vollständigen Mosaik. Und wenn heute noch Bücher erscheinen können, die im Untertitel behaupten, „gesichertes Basiswissen" mitzuteilen, in Wirklichkeit aber nur den Scherbenhaufen längst überholter Kritik an den Evangelien zur Schau stellen, dann ist gut zu verstehen, daß gläubige Christen und neugierige Skeptiker ratlos fragen, wer Jesus denn nun war, und was uns die Quellen über ihn mitteilen.

Wie unsicher mancherorts das Wissen ist, wurde erst vor einigen Monaten wieder deutlich: Als im Oktober 2002 in Jerusalem eine Knochenkiste, ein „Ossuar" auftauchte, das die Inschrift „Jakobus Sohn des Joseph Bruder des Jesus" trug, war in einigen Zeitungen zu lesen, dies sei der erste Beweis, daß es Jesus wirklich gegeben habe. Es war ganz so, als hätte man noch immer nicht begriffen, daß die Evangelien und die Briefe des Neuen Testaments historische Quellen sind, und daß sich diejenigen als Wissenschaftler disqualifizieren, die immer noch behaupten, diese Evangelien wollten gar nicht Geschichte schreiben. Natürlich wollten sie es – sie sagen es selbst, keiner deutlicher als Lukas (Lukas 1,1–4). Sie wollten gemessen werden an den Maßstäben antiker Geschichtsschreibung, und sie wußten, daß ihre Leser es nicht anders von ihnen erwarteten. Historiker müssen selbstverständlich fragen, ob es ihnen gelungen ist. Aber daß sie es wollten, und daß ihnen die Möglichkeiten dazu gegeben waren, ist eine völlig unbestreitbare Tatsache.

Auf den Gedanken, das Ossuar des „Jakobus Sohn des Joseph Bruder des Jesus" sei der erste sichere Beleg für die Existenz des Jesus von Nazareth, kann also nur kommen, wer zuvor die unzulässige Entscheidung getroffen hat, dem Neuen Testament geschichtlichen Wert abzusprechen und wer die einschlägigen Stellen in der außerbiblischen Geschichtsschreibung der Antike (der Römer Tacitus, der Jude Josephus – dessen Aussagen über Jesus keineswegs gefälscht sind, wie gelegentlich noch in längst überholter Weise behauptet wird –, später Plinius der Jüngere und der Talmud) ignoriert oder geringschätzt. Auch archäologische Spuren sind nicht neu. Sie sind zum Teil indirekt: Ein Beispiel sind die Graffiti des späten 1. und frühen 2. Jahrhunderts, die unter dem Boden des sogenannten Davidsgrabes auf dem Zionsberg gefunden wurden, das in Wirklichkeit die erste judenchristliche Synagoge aus den späten 70er Jahren des 1. Jahrhunderts ist, mit einer auf Golgatha ausgerichteten Nische für die Schriftrollen. Hier wurden Anrufungen Jesu und christliche Gebetsformeln entdeckt. Auch ein Mitglied der Jerusalemer Urgemeinde ist archäologisch nachgewiesen: Alexander, Sohn des Simon von Kyrene (Markus 15,21), der Sohn also des Mannes, der das Kreuz – genauer: den Querbalken des Kreuzes – Jesu trug. Denn sein unbestritten echtes Ossuar wurde von Archäologen gefunden und befindet sich heute in der Hebräischen Universität von Jerusalem. Archäologisch indirekt auf Jesus verweist natürlich auch das Petrus-Haus in Kapernaum, dessen Identifizierung heute von keinem ernsthaften Historiker bestritten wird: Es gäbe dieses Haus mit seiner bereits sehr früh einsetzenden baulichen Veränderung als Versammlungsort für die judenchristliche Gemeinde nicht, wenn Petrus nicht Jünger Jesu, Erster seiner Apostel und Fels der Kirche gewesen wäre, und wenn man nicht gewußt hätte, daß Jesus selbst lange in diesem Haus gewohnt hatte (vgl. Markus 2,1 u. a.).

Eine solche Liste ließe sich lange fortsetzen. Sie ergänzt das, was in den Quellen steht, kann aber keine größere Beweiskraft haben als diese bereits bekannten literarisch-historischen Quellen. Denn ohne die Schriften – hier also die Evangelien – wüßten wir nichts über einen Alexander, Sohn des Simon Kyrene, oder einen in Graffiti auf dem Zionsberg angerufenen Messias Christus, würden also gar nicht verstehen, worum es geht. Ganz ähnlich verhält es sich mit dem zur Sensation gemachten Ossuar des Jakobus. Daß es einen Jakobus gab, der einen Vater namens Joseph und einen Bruder namens Jesus hatte, wissen wir ursprünglich aus dem Evangelium (Matthäus 13,55) und aus dem Brief des Apostels Paulus an die Galater (1,19; zum umstrittenen Verständnis des Begriffs „Bruder" mehr im 3. Kapitel). Die Inschrift auf dem Ossuar wäre also gar nicht zu verstehen ohne diese Texte. Mehr noch: Dieses Ossuar ist für sich allein genommen so wenig aussagekräftig, daß es zu ungefähr zwanzig Personen namens Jakobus in Jerusalem gehören könnte, die einen Vater Joseph und einen Bruder Jesus hatten – denn so häufig waren statistisch diese drei Vornamen im Judentum der Zeit, wie selbst jener französische Forscher einräumte, der die Inschrift als erster identifizierte. Und ob es überhaupt echt ist, muß immer noch bezweifelt werden. Verdacht erregt schon die Tatsache, daß es nicht von Archäologen in einem Grab gefunden wurde, sondern plötzlich auf dem Antiquitätenmarkt auftauchte, und daß niemand zuvor den Text verstanden haben will, obwohl er so deutlich geschrieben ist, daß ihn jeder sofort begreift, der eine hebräische Tageszeitung lesen kann. Verdacht erregt auch gerade diese Sorgfältigkeit der Beschriftung, die es sonst auf Ossuarien nicht gibt, nicht einmal auf dem zweifelsfrei echten Knochenkasten des hohepriesterlichen „Joseph Bar Kaiaphas", der vor einigen Jahren im Familiengrab der Kaiaphas-Sippe im Jerusalemer Vorort Talpiot gefunden wurde. Und fragwürdig ist, immer vorausgesetzt, daß es sich tatsächlich um den Leiter der Jerusalemer Urgemeinde handeln soll, daß dieser im Jahr seiner Ermordung, 62 n. Chr., selbst schon berühmte

Mann, den sogar viele seiner Gegner als frommen, im Tempel betenden Juden achteten, nicht einfach nur mit dem traditionellen Hinweis auf seinen Vater näher bestimmt wurde, sondern auch noch durch den Namen des Bruders, der allerdings kaum etwas besagte, da er der zweit- oder dritthäufigste Männername im damaligen Judentum war. Schon der römische Präfekt Pontius Pilatus hatte auf der Kreuzestafel nicht „Jesus" schreiben lassen, sondern, um ihn von anderen Trägern des Namens zu unterscheiden, „Jesus von Nazareth". So würde man im Jahr 62/63 n. Chr., als der Knochenkasten dieses Jakobus angefertigt wurde – ein Jahr nach der Erstbestattung, nachdem das Fleisch von den Knochen abgefallen war –, wenigstens eine nähere Eingrenzung erwarten: „Bruder des Jesus des Christus" („ha Maschiach" auf aramäisch), oder etwas Ähnliches.

Kurz: Wir sehen, daß es gar nicht so leicht ist, angebliche archäologische Sensationen als Tatsachenbeweis für die Existenz Jesu heranzuziehen. Besser steht es um das Fragment der von Pilatus am Kreuz angebrachten Holztafel, das sich heute in der römischen Kirche Santa Croce in Gerusalemme befindet, dem ehemaligen Palast der Kaiserin Helena, die es 328 n. Chr. aus Jerusalem mitgebracht hatte. Erst seit wenigen Jahren hat sich nach neueren wissenschaftlichen Untersuchungen herausgestellt, daß dieses Fragment echt ist. Zu lesen ist da immerhin sehr deutlich, mit Resten einer hebräischen Zeile, auf griechisch und lateinisch (hier nun auf deutsch wiedergegeben): „von Nazareth, Kö". Das kann keinen anderen meinen als „Jesus von Nazareth, König der Juden" (vgl. Johannes 19,19; zu diesem „Jesus-Fragment" findet sich in der Bibliographie im Anhang ein Literaturhinweis). Zweifellos wird es auch hier genügend Skeptiker geben, die sich ihre Zweifel nicht wegnehmen lassen wollen. Nicht anders war es bei der in Dan, im Nordosten Israels, gefundenen Inschrift, die das „Haus Davids" erwähnt. All jene politisch überkorrekten Forscher, für die es David und sein Haus bestenfalls als biblische Legende geben durfte, versuchten verzweifelt, diese an Ort und Stelle gefundene, eindeutig echte Inschrift in Frage zu stellen. Inzwischen hat der Widerstand nachgelassen, denn es hat sich dann doch herumgesprochen, daß die Beweislage zugunsten der Echtheit überwältigend eindeutig ist. Wer heute immer noch daran zweifelt, muß es riskieren, von den Altertumswissenschaftlern als Scharlatan demaskiert zu werden.

Die Felder erhitzter Kontroversen sind allgemein bekannt. Hier sei nur an das Grabtuch von Turin erinnert, das selbstverständlich im Fall der Echtheit kein indirekter, sondern ein direkter Beweis wäre und das nicht zuletzt auch deswegen so heftig bekämpft wird. Schon vergleichsweise harmlose Belege wie die ältesten Papyrus-Handschriften des Neuen Testaments, die auf die Zeit vor 70 n. Chr. datiert wurden (P64/67, 7Q5), erregen Anstoß und werden immer wieder einmal angefochten, nicht, weil sie die eigentliche Fachdisziplin, die Papyrologie, erschüttern würden – denn da gibt es laufend Neudatierungen antiker Handschriften –, sondern weil die Konsequenzen für die historische Glaubwürdigkeit der Berichte so weitreichend sind. Um nur eine zu nennen: Ein vor der Zerstörung Jerusalems 70 n. Chr. geschriebenes Evangelium hat zur Folge, daß die darin berichtete Prophezeiung Jesu, Jerusalem und der Tempel würden zerstört, tatsächlich ausgesprochen und niedergeschrieben wurde, ehe die Ereignisse eintrafen. Das kann denen nicht gefallen, die sich ihren Jesus als einen guten Menschen und weisen Lehrer basteln und daher alles „Übernatürliche", wie echte Prophezeiungen und tatsächliche Wundertaten, zu nachträglich erfundenen Legenden degradieren müssen. Auf die Fragen zur Quellenlage soll in diesem Buch allerdings nicht noch einmal eingegangen werden. Der neueste Forschungsstand läßt sich leicht an anderer Stelle nachlesen (weiterführende Literatur zur „Messias-Suche" findet sich im Anhang; lesenswert ist auch: K. Jaroš, Die Qumranfragmente der Höhle 7 [7Q] im Computertest, in: Aegyptus LXXX [2000] 147–168). Die Benutzbarkeit der Evangelien als frühe, in der Zeit von Augenzeugen entstandene und veröffentlichte literarische Quellen, an denen später keine redaktionelle Veränderungen mehr vorgenommen wurden, ist zumindest unter Althistorikern und klassischen Philologen geklärt. (Wer mehr dazu lesen möchte, kann das in einem wesentlichen Aufsatz finden: U. Victor, Was ein Texthistoriker zur Entstehung der Evangelien sagen kann, in: Biblica 79 [1998] 499–513.)

Wir wollen in diesem Buch daher das Rad nicht neu erfinden. Auf Einzelfragen wird dann eingegangen, wenn es in den einzelnen Kapiteln notwendig ist. Grundsätzlich gilt: Wir sind heute durchaus in der Lage, uns ein nachvollziehbares Bild von Jesus und seiner Zeit zu machen. Und das heißt, auch wenn es auf den folgenden Seiten nicht immer wieder ausdrücklich betont wird: Es gilt, Abschied zu nehmen von den Mythen, die noch heute als angeblich gesichertes Basiswissen verbreitet werden. Es gilt, auch im Interesse der öffentlichen Meinungsbildung, nein zu sagen zu solchen Behauptungen wie jener, daß der Jesus der Bibel „ganz offensichtlich" (wie jüngst wieder einmal zu lesen war) nicht der Jesus der Geschichte sei, daß die Evangelien einem mythischen Weltbild verpflichtet seien und erst nach dem Ende der Jerusalemer Urgemeinde in dritter oder vierter Generation entstanden. All diese und viele ähnliche Behauptungen sind falsch, und daß sie immer noch wiederholt werden, macht sie nicht richtiger. Wir müssen es wieder lernen, daß nicht unsere Maßstäbe für die Erfassung antiker Wirklichkeiten gelten, sondern daß umgekehrt wir mit unseren Maßstäben herausgefordert werden von der realen Welt der antiken Quellen und von den Menschen, die hinter ihnen stehen. Es ist nicht die Frage, ob die Texte unseren Erwartungshaltungen gerecht werden: Ob wir *ihnen* gerecht werden, mit unseren Denkansätzen und Methoden, das ist die Frage, der wir uns selbstkritisch stellen müssen. Jeder Text befragt uns und unsere Methoden.

Um es anders zu sagen: Was wir uns heute vorstellen oder nicht vorstellen können, ist kein Kriterium dafür, ob es geschehen ist oder nicht geschehen ist. Ein Kriterium bleibt allerdings jenes, mit dem wir begannen: Die Fakten, über die wir verfügen, müssen wie Mosaiksteine in die Rekonstruktion des einst vollständigen Bildes eingefügt werden. Wir wissen durchaus, daß uns viele Mosaiksteine fehlen. Das gilt für alle Ereignisse der Antike, nicht nur für die Personen und Taten, von denen das Neue Testament berichtet. Um so mehr sind wir dazu verpflichtet, die Steine, die wir heute noch haben, auch tatsächlich zu benutzen. Wer freiwillig darauf verzichtet, wichtige Mosaiksteine des Wissens über den historischen Jesus zu verwenden, weil sie nicht in das Gesamtbild passen, das man sich bereits zuvor gedanklich ausgemalt hat, kann als Künstler, vielleicht auch als Philosoph mitdiskutieren, jedoch nicht mehr als Wissenschaftler auf der Suche nach den Realien. Damit ist eine hohe Verantwortung verbunden. Jeder, der sich mit dem Jesus der Geschichte beschäftigt, muß sich darüber im klaren sein. Wir wissen sehr wohl, daß jede Münze, die wir in die Hand nehmen, zwei Seiten besitzt. Ihren Wert hat sie nur, wenn beide Seiten vorhanden sind, auch wenn wir sie nicht gleichzeitig sehen können. Der Jesus der Geschichte hat keinen Zahlungswert in unserer Zeit, wenn es auf der anderen Seite nicht den Christus des Glaubens gibt. Und für den Christus des Glaubens kann sich die Christenheit in der heutigen Welt immer weniger kaufen, wenn sie nicht zugleich mit guten Gründen auf der gesicherten anderen Seite beharrt, auf dem Jesus der Geschichte.

Das ist die Herausforderung an uns heute: nicht nur über den Christus des Glaubens neu nachzudenken, sondern auch über den Jesus der Geschichte. Dieses Buch will allerdings keine Biographie sein, sondern eine Anregung. Und es will Mut machen, im Vertrauen auf die ältesten Texte diesen Jesus der Geschichte wiederzuentdecken, der sich vom Christus des Glaubens nicht trennen läßt. Die Ergebnisse der Geschichtswissenschaft, der Archäologie, der Papyrologie, der Religions- und Literaturgeschichte und viele weitere Erkenntnisschritte aus den angewandten Altertumswissenschaften kommen dabei zusammen. Es ist in der Tat ein reichgestaltetes, vielfarbiges Mosaik, das auf diese Weise wieder sichtbar wird.

Jesus und seine Geburt. Historische Quellen oder fromme Legenden?

Winston Churchill wird der schöne Satz zugeschrieben, er traue einer Statistik nur, wenn er sie selbst gefälscht habe. Kann es stimmen, wie jüngst zu lesen war, daß 25 Prozent aller englischen Gemeindepfarrer nicht an die Jungfrauengeburt glauben? Man kann das auch anders sehen: Trotz der unablässigen Propaganda kritischer Theologen und Journalisten sind es immerhin noch 75 Prozent, die sich vom Glauben an die Jungfrauengeburt nicht abbringen lassen. Dazu gehört durchaus Mut. Denn die Sachlage scheint eindeutig zu sein. Einerseits darf es eine Jungfrauengeburt bestenfalls als antiken Göttermythos geben, weit entfernt von jeder historischen Grundlage. Und andererseits berichtet nur ein Evangelist davon, nämlich Matthäus, und dem ist dabei auch noch ein Übersetzungsfehler unterlaufen. Wer will angesichts solcher Forschungsergebnisse noch auf der Tradition beharren, wer wagt es, die Voraussetzungen der Kritik in Frage zu stellen? Historiker lassen sich da nicht irritieren. Sie wissen nämlich, daß beide Voraussetzungen falsch sind: Nie darf es ein Kriterium der Richtigkeit sein, daß nur einer von mehreren Berichterstattern ein bestimmtes Ereignis berichtet. Und es darf selbstverständlich auch kein Kriterium für die Glaubwürdigkeit eines Berichts sein, daß verschiedene Chronisten in den Details verschiedene Akzente setzen.

Jeder Leser des Neuen Testaments weiß, daß zwei der Evangelisten, Markus und Johannes, keine Geburtsgeschichten mitteilen. Ihnen geht es um den öffentlich auftretenden, handelnden und verkündenden Jesus, der sterben und auferstehen wird. Das setzt voraus, daß dieser Jesus zuvor geboren wurde. Warum also Selbstverständliches berichten? Auffällig ist auch, daß die Geburts- und Kindheitsgeschichten keineswegs durchgängig spät hinzugefügt wurden. Markus, der älteste Evangelist, der als erster schrieb, hat sie nicht. Aber auch bei Johannes, dessen Evangelium nach traditioneller Auffassung als letztes veröffentlicht wurde, finden wir sie nicht, „nur“ die beiden mittleren Evangelisten erzählen uns davon. In der Antike hat das niemanden gestört. Nirgends gibt es in den Handschriften eine Spur davon, daß man Markus und Johannes etwas hinzufügen oder Matthäus und Lukas etwas streichen wollte. Warum auch? Damals, als die Texte in der uns noch heute zugänglichen Gestalt publiziert und weitergegeben wurden, als man noch wußte, wie antike Geschichte geschrieben wurde, sah man in diesen Unterschieden natürlich kein Problem. Ebenso wenig wurde, wie das heute Mode ist, Paulus in die Debatte hineingezogen, der noch nichts von einer Jungfrauengeburt gewußt haben soll. Paulus hätte viel zu tun, wenn er sich für alles entschuldigen müßte, was er angeblich noch nicht wußte. Den Denkfehler, daß jemand, der etwas nicht erwähnt, es auch nicht weiß, begingen schon in der Frühzeit des Christentums nur die Polemiker. Für Paulus, der bekanntlich keine Jesus-Biographie schreiben wollte, sondern voraussetzte, daß seine Leser über die Grundzüge seines Lebens längst informiert waren, genügte es völlig, gleichsam im Vorübergehen zu unterstreichen, daß Jesus keine himmlische Erscheinung eines antiken Göttermythos war, sondern tatsächlich und leiblich von einer Frau geboren wurde (Galater 4,4). Andere Aspekte der Geburt spielten an dieser Stelle gar keine Rolle. Grundsätzlich erregten die frühesten christlichen Autoren, die auf die Geburt nicht eingingen, keineswegs den Verdacht, ahnungslos gewesen zu sein. Sueton beispielsweise, der hochgerühmte Verfasser der römischen Kaiserviten, beginnt seinen selektiven Bericht über die Taten des Julius Caesar ganz ohne Geburt mit dem Sechzehnjährigen. Bei Augustus dagegen, jenem Kaiser, zu dessen Herrschaftszeit Jesus geboren wurde, gönnt er sich einen ausführlichen Stammbaum und eine Geburtsgeschichte.

Wir wissen sicher nicht immer, warum die Entscheidung, einmal etwas zu berichten, ein anderes Mal dagegen nicht, im Einzelfall getroffen wurde. Unwissenheit sollte den Autoren nicht unterstellt werden. Matthäus und Lukas hatten ebenso wie die beiden anderen ihre ganz spezische Leserschaft vor Augen, ihre – wie man heute sagen würde – Zielgruppe. Das für vorwiegend jüdische beziehungsweise mit jüdischen Überlieferungen gut vertraute Leser geschriebene Matthäus-Evangelium betont die Prophezeiungen rund um Jesaja 7,14, Micha 5,1 und Numeri / 4. Mose 24,27 – die Prophetien über eine jungfräuliche Geburt, den messianischen Geburtsort Bethlehem und den Stern, der „aufgehen wird aus Jakob". Lukas, ein Jude, der wohl eine griechisch-heidnische Vergangenheit hatte, setzt andere Akzente. Nur er berichtet vom Gottesboten, dem Engel Gabriel – ein Detail, das griechisch-römische Leser aus ihrer Kenntnis der uralten Erzählungen von Götterboten durchaus verstehen konnten; nur er nennt gleich zu Beginn der Geburtsgeschichte den Titel, den Jesus erhalten wird: „Sohn Gottes" (Lukas 1,35) – ein Titel, den auch der römische Kaiser trug. Und so verankert er seine Berichterstattung in der reichsrömischen Wirklichkeit, in die auch chronologische Angaben und eine Volkszählung gehören. Alle diese Punkte haben in der neueren Kritik an der Glaubwürdigkeit der Jesusgeschichte leidenschaftlichen Widerspruch ausgelöst.

Was aber lesen wir tatsächlich bei Matthäus und Lukas? Nirgends entsteht der Eindruck frei erfundener Geschichten, bei denen es mit aller Gewalt darum ging, Prophezeiungen Wirklichkeit werden zu lassen oder Erwartungen der griechisch-römischen Umwelt zu befriedigen. Was sich hier für aufmerksame Leser lernen läßt, wird sich das ganze Neue Testament hindurch als nützlich erweisen. Schauen wir also etwas genauer hin. Es beginnt schon mit der berühmten und für manche auch berüchtigten Aussage in Jesaja 7,14: „Darum wird euch der Herr von sich aus ein Zeichen geben: Seht, die Jungfrau wird ein Kind empfangen, sie wird einen Sohn gebären, und sie wird ihm den Namen ‚Gott mit uns' geben." Zum Standardrepertoire messianischer Erwartungen gehörte dieser Vers nicht. Wir dürfen also ausschließen, daß Matthäus eine Jungfrauengeburt erfand, damit eine von allen Juden mit der Geburt des Messias in Verbindung gebrachte Stelle in Erfüllung gehen könne. Genau so war es eben nicht. Auch eine Anpassung an antike Göttermythen ist auszuschließen. Denn entgegen anderslautenden, noch immer hartnäckig wiederholten Behauptungen gibt es in der vorchristlichen Literatur oder Götterdichtung der Antike keine einzige tatsächliche Parallele zu einer jungfräulichen Geburt nach einer Zeugung durch den Geist Gottes. Matthäus und mit ihm Lukas (1,34–35) haben also nachweislich keine Vorbilder nachgeahmt, um wie andere Religionen eine mythische Gottessohn-Geschichte bieten zu können.

Aber hat Matthäus dann vielleicht einfach nur einen dummen Fehler gemacht, als er die Jesaja-Stelle mit einer Jungfrau in Verbindung brachte? Schließlich steht im hebräischen Text schlicht „almâ", und das heißt in erster Linie „junge Frau". Für Jungfrau im biologischen Sinne kennt die hebräische Bibel das Wort „betûlâ". Nun muß man sich die wenigen Stellen ansehen, an denen „almâ" gebraucht wird. Es ist klar, daß hier im Prinzip stets Jungfräulichkeit vorausgesetzt ist. Im damaligen jüdischen Kulturkreis war eine junge, unverheiratete Frau noch eine Jungfrau. Wir sollten die veränderten Lebensgewohnheiten der Neuzeit nicht leichtfertig auf jene Epoche übertragen. Doch das ist noch nicht alles. „Betûlâ" ist nichts anderes als die biologische Zustandsbeschreibung, die für jedes Alter gilt. Also auch eine achtzigjährige „alte Jungfer" ist eine „betûlâ", aber eben keine „almâ" mehr. Da jedoch Jesaja ausdrücklich von einer jungen gebärfähigen Frau spricht, hat er keine Wahl: er muß das hebräische Wort „almâ" benutzen. Als im 3./2. vorchristlichen Jahrhundert, rund zweihundert Jahre vor der Geburt Jesu, Juden für Juden die hebräische Bibel ins Griechische übersetzten – die sogenannte „Septuaginta" –, da mußten auch sie sich festlegen: Wie übersetzen wir diesen Begriff? Sie deuteten die Stelle völlig richtig in ihrem Zusammenhang und entschieden sich für „parthénos", Jungfrau. Es ist dieser griechische Text, den der seinerseits griechisch schreibende Matthäus zitiert. Das heißt also: Er macht nicht etwa einen Fehler, sondern er beruft sich auf eine jahrhundertealte jüdische Wiedergabe der Prophezeiung des Jesaja. Mit anderen Worten: Weder Matthäus noch Lukas haben etwas falsch verstanden oder aus vorhandenen Göttergeschichten übernommen. Sie haben – jeder von ihnen mit seiner eigenen Auswahl an Schwerpunkten – etwas dargestellt, das sie selbst recherchiert hatten. Historiker sind ohnehin wieder zunehmend davon überzeugt, daß die Evangelien nicht nur älter sind, als man lange glaubte (es darf heute durchaus gesagt werden, daß sie alle vier vor der Zerstörung Jerusalems im Jahre 70 entstanden), sondern, was noch wichtiger ist, daß die Verfasser Zugang zu Beteiligten hatten, zu Augenzeugen und Verwandten oder Bekannten dieser Zeugen. Es ist keineswegs abwegig, sondern im Gegenteil sehr wahrscheinlich, daß gerade Lukas, der seine Befragung von Augenzeugen ausdrücklich hervorhebt (1,2–3), noch Maria selbst befragte. Geradezu wohltuend hebt sich da die Darstellung bei ihm und bei Matthäus von der Göttermythologie der Griechen, Römer, Ägypter und Perser ab. Nichts wird ausgemalt, wir lesen keine biologischen Ausführungen über den Zeugungs- und Geburtsvorgang. Ein Geheimnis bleibt, und es soll bleiben. Nicht wie es geschah, interessierte die Berichterstatter und ihre ersten Leser, sondern daß es geschah. Eines dürfen wir festhalten: An der Wahrhaftigkeit der Aussagen besteht für den Historiker kein vernünftiger Zweifel. Und gerade Lukas selbst macht deutlich, daß es etwas gibt, das nach den geschichtlichen Quellen kommt: Der Glaube an den Gott, der in der Geschichte handelt. Das Dankgebet der Maria, das wir in Gottesdiensten als „Magnificat" kennen (Lukas 1,45–55: „Meine Seele preist die Größe des Herrn, und mein Geist jubelt über Gott, meinen Retter ..."), macht das ebenso deutlich wie seine Zusage an Theophilus zu Beginn des Evangeliums (1,4). Geschichtlichkeit ist, wir sehen es auch hier wieder, nicht alles. Zum Jesus der Geschichte gehört untrennbar der Christus des Glaubens.

Zu den Dingen, die antike Historiker keineswegs immer berichteten, gehören Datum und Ort der Geburt. Daran gemessen, sind wir über Jesus gut informiert. Den Geburtsort Bethlehem teilen uns gleich zwei Evangelisten mit, Matthäus (2,1) und Lukas (2,4). Der immer wieder zu hörende Verdacht, Bethlehem als Geburtsort sei erfunden worden, um die Erfüllung der Prophezeiung aus Micha 5,1–3 zu behaupten, während Jesus in Wirklichkeit in Nazareth zur Welt gekommen sei, entbehrt jeder Grundlage. Sicher fiel auch den Zeitgenossen Jesu schon auf, daß er ein Galiläer aus Nazareth war, denn bis auf die wenigen

Monate unmittelbar nach der Geburt verband ihn mit Bethlehem nichts. Ein dritter Evangelist, Johannes, bietet uns hier sogar eine seiner ironischen Szenen. Nach einem besonders eindrucksvollen Auftritt sagen einige Juden: „Er ist der Messias", worauf andere einwenden, der Messias müsse doch „aus dem Geschlecht Davids und aus dem Ort Bethlehem, wo David lebte" stammen, nicht aus Galiläa (Johannes 7,41–42). Man kann sich noch gut in das lächelnde Einverständnis hineinversetzen, das Johannes hier mit seinen Lesern erzielt: Er wie sie wußten, daß Jesus aus Bethlehem stammte und dank der Rechtslage jener Zeit über den Adoptivvater Joseph auch dessen davidischen Stammbaum übernommen hatte (wie übrigens auch Paulus unabhängig von den Evangelien die davidische Abstammung Jesu betont: Römer 1,3!). Bis zur endgültigen messianischen Offenbarung Jesu blieb das allerdings eine Information, die nicht überall plakatiert worden war. Jesus selbst – darin sind sich alle Evangelien einig – legte großen Wert darauf, nicht vorschnell von der breiten Öffentlichkeit als Messias verehrt zu werden. Zu groß waren da die möglichen Mißverständnisse und die Gefahren; wir werden das später noch deutlicher sehen. Ganz ähnlich verhält es sich mit einer anderen Information, die ganz bewußt nicht überall herumgereicht wurde: Jesus stammte nicht nur von David ab, sondern, über den Stammbaum seiner leiblichen Mutter Maria, auch von Aaron (Lukas 1,5 mit 1,36). Viele Juden, darunter auch die Essener, erwarteten mehr als einen Messias. Einer sollte aus dem Hause Davids kommen; in ihm sah man den militärisch siegreichen, der alle Gegner und Feinde, die inneren wie die äußeren, besiegen und unterwerfen würde. Der andere aber sollte aus dem Hause Aarons stammen und der priesterliche Messias sein. In Jesus kamen beide Erwartungen zusammen, wenn auch mit ganz anderen Ergebnissen, als es sich die meisten Juden – darunter auch seine eigenen Jünger – zu seinen Lebzeiten vorstellen konnten. Man sieht, wie unterschiedlich die Erwartungen und Deutungen in dieser herodianischen Epoche waren.

Wenn Johannes mitteilt, daß es wegen Jesus „eine Spaltung der Menge" gab (7,43), dann ist das eine präzise Beobachtung.

Auch die Frage des Geburtsortes gehört in diesen Bereich. Da ist die prophetische Aussage des Micha: „Aber du, Bethlehem-Efrata, so klein unter den Gauen Judas, aus dir wird einer hervorgehen, der über Israel herrschen soll. Sein Ursprung liegt in ferner Vorzeit, in längst vergangenen Tagen. Darum gibt der Herr sie preis, bis die Gebärende einen Sohn geboren hat. Dann wird der Rest seiner Brüder heimkehren zu den Söhnen Israels. Er wird auftreten und ihr Hirt sein in der Kraft des Herrn, im hohen Namen JHWHs, seines Gottes" (5,1–3). Doch diese Stelle war keineswegs überall unter den Juden als messianische Prophetie verstanden und verkündet. Der kurze Bericht des Johannes macht das sehr deutlich. Denn es waren offensichtlich nur einige Juden, die sich damit identifizierten. Andere konnten ohne weiteres Jesus für den Messias halten, ohne über den Geburtsort nachzudenken. Matthäus läßt an dieser Situation gleichfalls keinen Zweifel. Als die Weisen aus dem Morgenland bei Herodes dem Großen eintreffen und nach dem Ort des neugeborenen Königs der Juden fragen, ist Herodes völlig ratlos. Er, einer der besten Kenner der damaligen Astronomie, Astrologie und messianischer Erwartungen, muß erst seine Schriftgelehrten kommen lassen. Die schlagen nach und bieten die Prophezeiung des Micha an (Matthäus 2,1–5). Bethlehem ist die Antwort. Mit anderen Worten: Hier wie an vielen anderen Stellen der Evangelien verhält es sich anders, als die neuzeitliche Bibelkritik es gern hätte. Es ist keineswegs so, daß eine alttestamentliche Prophetie die Voraussetzung für die Erfindung eines unhistorischen Geschehens war. Umgekehrt ist es richtig: Zuerst war da das Ereignis, in aller Rätselhaftigkeit. Bethlehem? Warum ausgerechnet Bethlehem? Wäre Jerusalem zum Beispiel nicht viel eindrucksvoller gewesen, die Stadt des Tempels und immerhin auch eine Stadt Davids? Erst kam das Ereignis, und dann die Frage, wie es mit Hilfe der Propheten zu verstehen sei. Erst also die Geburt in Bethlehem, dann die Wiederentdeckung der Prophetie des Micha.

Solche Beispiele zeigen uns, daß die Evangelien als historische Quellen über Jesus ernstzunehmen sind. Der nahezu reflexartige Vorbehalt, es handele sich „nur" um Glaubenszeugnisse, deren geschichtlicher Wert gering ist, hält einer Überprüfung nicht stand. Allerdings sollten wir auch nicht den Fehler begehen, sie nach dem Maßstab heutiger Geschichtsschreibung zu bewerten. Wer heute die Biographie eines bedeutenden Zeitgenossen schreibt, geht sicherlich ebenso wenig neutral oder absichtslos vor wie die Evangelisten. Doch die Ausführlichkeit der Darstellung und die Erwartung der Leser an eine möglichst lückenlose Lebensbeschreibung sind heute anders. Eine der großen Biographien des 20. Jahrhunderts, Golo Manns „Wallenstein", umfaßt 1368 Seiten, mit Anmerkungen und Schlagwortverzeichnissen. Das bieten noch nicht einmal alle vier Evangelien zusammen. Es erwartete damals auch niemand. Hinzu kommt, daß vieles von dem, was wir heute nicht mehr wissen und aufgrund des Verlusts zahlloser antiker Quellen nicht mehr befriedigend rekonstruieren können, für damalige Leser zum selbstverständlichen Allgemeinwissen gehörte. Es ergibt in solchen Fällen keinen Sinn, unsere eigenen Wissenslücken den Autoren der Evangelien vorzuwerfen. Immer wieder einmal gelingt es allerdings, dank neuer Papyrusfunde oder archäologischer Entdeckungen befriedigende Erkenntnisse zu gewinnen. Nehmen wir aus der Geburts-und Kindheitsgeschichte Jesu drei Beispiele dafür: Der „Zensus" des Quririnius, der Stern von Bethlehem und die Flucht nach Ägypten.

Für das Geburtsjahr Jesu gibt es einen sicheren Ausgangspunkt. Er muß geboren worden sein, als Herodes der Große noch lebte (Matthäus 2,1; Lukas 1,5). Herodes starb 4 v. Chr. Daran, daß Jesus also mindestens vier Jahre „vor Jesu Geburt" zur Welt kam, ist das Neue Testament nicht schuld. Die Verantwortung trägt der Mönch Dionysius Exiguus, der in der ersten Hälfte des 6. Jahrhunderts in seinem Buch „Über das Osterfest" eine neue christliche Chronologie aufstellte und sich dabei an mehreren Stellen verrechnete. Nun ist bis heute außerhalb des Lukas-Evangeliums kein Beleg dafür aufgetaucht, daß Kaiser Augustus in der Zeit des Herodes den Auftrag für eine Eintragung aller Bewohner des Römischen Reichs erteilte, und daß Quirinius zu dieser Zeit der verantwortliche römische Beamte für jenen Reichsteil war, der Galiläa und Judäa umfaßte. So aber wird der Anfang der „Weihnachtsgeschichte“ verstanden: „In jenen Tagen erließ Kaiser Augustus den Befehl, alle Bewohner des Reichs in Steuerlisten einzutragen. Dies geschah zum ersten Mal; damals war Quirinius Statthalter von Syrien. Da ging jeder in seine Stadt, um sich eintragen zu lassen. So zog auch Joseph von der Stadt Nazareth in Galiläa hinauf nach Judäa in die Stadt Davids, die Bethlehem heißt; denn er war aus dem Haus und Geschlecht Davids. Er wollte sich eintragen lassen mit Maria, seiner Verlobten, die ein Kind erwartete“ (Lukas 2,1–5).

Viele Fragen bleiben hier offen und werden in der Forschung leidenschaftlich debattiert. Ein erster Verwaltungsakt dieser Art und eine verantwortliche Position des Quirinius in der Provinz Syrien sind erst für das Jahr 6 nach Christus nachweisbar. Hat Lukas sich getäuscht? Wußte man, als er rund 65 Jahre nach der Geburt Jesu schrieb, nicht mehr genau über die tatsächlichen Daten Bescheid? Hatte auch Maria in ihrer Erinnerung, als sie – wie wir annehmen wollen – von Lukas befragt wurde, die tatsächlichen Zusammenhänge nach so langer Zeit nicht mehr genau vor Augen? Es müßte uns für eine Epoche, in der nicht alles von jedem protokolliert, in Tagebüchern verzeichnet oder in Computerdateien aufgenommen wurde, keineswegs wundern. Oder sind bei Lukas einfach nur längere Abläufe zeitlich verdichtet? Waren die regelmäßigen Eintragungen in Steuerlisten zwar einerseits erst 6 n. Chr. im Auftrag des Augustus reichsweit koordiniert worden, in der Provinz Syrien unter der Leitung des Quirinius, der nach der Absetzung des Herodes-Sohns Archelaos auch auf Judäa und Samaria direkten Zugriff hatte, waren aber andererseits zuvor längere, regionale Steuererfassungen des Augustus-Freundes Herodes durchgeführt worden, so daß Lukas den verwaltungstechnischen Höhepunkt gleich für das kleinere, frühere Ereignis mit in Anspruch nahm? Manche Forscher haben vorgeschlagen, daß der griechische Satz des Lukas ohnehin anders übersetzt werden müßte: „Diese (Steuer-)Registrierung fand früher statt als diejenige zur Zeit der Statthalterschaft des Quirinius über Syrien.“ Meinte Lukas, als er griechisch „oikoumenê“ schrieb, wirklich wörtlich, daß alle Bewohner des Römischen Reichs steuerlich erfaßt werden sollten, oder gebrauchte er den Ausdruck so, wie wir heute „alle Welt" sagen und damit nur eine bestimmte Menschengruppe meinen – das wären hier also die Menschen im Einzugsbereich des Herodes gewesen –, nicht aber alle Menschen des bewohnten Erdkreises? Um zu sicheren Lösungen zu kommen, fehlen uns allzu viele Informationen. Unbestritten ist, daß es die handelnden Personen dieser Erfassung gab, und daß es nach heutigem Kenntnisstand nicht möglich ist, die Darstellung des Lukas als freie Erfindung abzutun. Viel wichtiger ist jedoch etwas ganz anderes: Eine archäologische Entdeckung hat bestätigt, daß Lukas bis zu den erforderlichen, mühseligen Reisen und bis in das sprachliche Detail hinein exakt einen römischen Steuer-Zensus wiedergab.

Schon seit langem sind Papyri aus dem römischen Ägypten bekannt, die Zensusdokumente enthalten. So sind wir längst über die Notwendigkeit informiert, damals vom Wohnort an den Herkunftsort reisen zu müssen, um sich dort eintragen zu lassen. Gegen den Einwand, daß Ägypten weit weg und ohnehin anders verwaltet war als die Provinz Syrien mit ihren Teilgebieten Galiläa, Samaria und Judä, kann seit einigen Jahren ein aufsehenerregender Handschriftenfund aus Judäa vorgewiesen werden: Das vollständige Familienarchiv einer Jüdin namens Babata, in dem sich auch die beglaubigte Kopie einer römischen Steuererklärung befindet. Entdeckt wurde das Archiv bereits 1961 in der sogenannten Briefhöhle in Nachal Arugot nördlich von Masada am Toten Meer; 1989 wurde es vollständig veröffentlicht. Babata, in einigen Texten auch „Babta" geschrieben, hatte sich offenbar der Revolte des Bar Kochba angeschlossen, die von 132 bis 135 n. Chr. dauerte. Gegen Ende des Aufstandes verschanzten sich die Männer und Frauen in zahlreichen Höhlen entlang des Toten Meeres. Babata nahm ihren Besitz mit, darunter auch kostbaren Schmuck. In den Jahren nach der Veröffentlichung konzentrierte sich die Forschung auf die Originalbriefe des Simon Bar Kochba aus dieser Höhle; erst 1995 war es dann der Bonner Altphilologe Klaus Rosen, der auf die herausragende Bedeutung des Babata-Archivs für die neutestamentliche Zeitgeschichte hinwies. Es handelt sich um eine Steuererklärung, die im Jahr 127 – also unter Kaiser Hadrian – abgegeben wurde. Sie ist ebenso wie der Bericht des Lukas über Maria und Joseph in griechischer Sprache abgefaßt.

Über Babata erfahren wir darin, daß sie in zweiter Ehe mit einem Mann namens Judanes verheiratet war (andere Dokumente des Archivs nennen ihn kurz auch Judas) und mit ihm in dem Dorf Maoza südöstlich des Toten Meeres lebte. Maoza gehörte zur römischen Provinz Arabia, die Hauptstadt war Petra. Das Dokument hält fest, daß sie dort auf eigenem Grund und Boden lebte, also keine besitzlose Ehefrau war. Ihr Ehemann stammte aus En Gedi in der Provinz Judäa, Verwaltungsbezirk Jericho. Auch er besaß eigenen Grund und Boden in Maoza. In der Steuererklärung nennt Babata den Judanes formell nicht ihren Ehemann, sondern ihren Vormund: Es war damals, auch schon zur Zeit Jesu, geltendes Recht, daß eine Frau selbst dann, wenn sie eigenen Besitz hatte, bei Rechtsgeschäften einen solchen Vormund nachweisen mußte. Für den Zensus des Jahres 127 mußte nun Babata von Maoza zum Steuerbüro in das 40 km entfernte Rabbath gehen. Obwohl das Steuerdokument des Judanes nicht erhalten ist, hat er wahrscheinlich bei dieser Gelegenheit nicht nur als „Vormund“ seine Frau begleitet, sondern auch seine eigene Erklärung abgegeben. Die Urkunde der Babata nennt ihr Eigentum, das Erbe ihres Vaters Simon, in allen Einzelheiten und bestimmt die Steuersätze sowie die Grundstücksgrenzen. Tag, Monat und Jahr der Beurkundung werden genannt, beginnend mit dem zwölften Regierungsjahr des Kaisers Hadrian, bis zu den vier Tagen vor den Nonen des Dezember: So ergibt sich der 2. Dezember 127 heutiger Zeitrechnung. Obwohl sich Babata wenige Jahre später der anti-römischen Revolte des Bar Kochba anschloß, beschwört sie die Richtigkeit ihrer Angaben bei der Glücksgöttin des römischen Herrn und Kaisers. Ihr Eid, ihre Unterschrift und die ihres Mannes waren offensichtlich in aramäischer Sprache geschrieben, denn die beglaubigte Kopie der Urkunde betont ausdrücklich, daß eine Übersetzung vorliegt. Der römische Beamte, der die Urkunde unterzeichnete, schrieb seinerseits in der Amtssprache der

Reichsverwaltung: Latein – ganz so, wie Pilatus später bei der amtlichen Straftafel über dem Kreuz Jesu auf die lateinische Sprache als offizielle, besiegelnde Sprache wert legte. Auch die Eingangsbestätigung des Beamten in Rabbath wird auf dem Dokument der Babata ins Griechische übersetzt, also in die allgemeine Verkehrssprache aller Bewohner im Osten des Römischen Reichs. Fünf Zeugen aus Rabbath bestätigten auf der Rückseite die Richtigkeit der Abschrift, und sie taten es wiederum in ihrer eigenen Sprache, auf nabatäisch. Die Datumsangaben zu den verschiedenen Unterschriften zeigen, daß insgesamt etwa vier Tage vergingen, ehe der ganze Verwaltungsakt abgeschlossen war. Dazu kamen die zwei Tage der Anreise von Maoza nach Rabbath, die bei 40 km Entfernung zu veranschlagen sind, und die zwei Tage der Rückreise. So benötigten Babata und Judanes eine gute Woche Anfang Dezember, um das Verfahren abzuwickeln. Es war eine günstige Jahreszeit, nach der letzten Ernte. Erträge konnten auf dem Markt der Verwaltungsstadt verkauft werden, und da viele Menschen zur Steuererklärung zusammenkamen, gab es nicht nur gute Absatzchancen und manche Möglichkeit, andere Geschäfte zu tätigen, sondern auch ein Problem, von dem Lukas berichtet: Die Gasthäuser waren voll. Ob Babata und Judanes „Raum in der Herberge“ fanden, teilt das amtliche römische Dokument natürlich nicht mit. Da Vorreservierungen per E-Mail oder Telefon damals kaum möglich waren, war es jedenfalls nicht garantiert, daß jeder Steuerpflichtige bequem im eigenen Hotelzimmer wohnen konnte.

Die Parallelen zur traditionellen Jahreszeit der Geburt Jesu, zur mehrtägigen Reise und zur völlig normalen Schwierigkeit, in einer Zensus-Stadt Unterkunft zu finden, sind bereits erstaunlich genug, zumal natürlich ausgeschlossen werden muß, daß Lukas diese spezifische Urkunde „kopierte“ oder umgekehrt Babata eine gefälschte Variante des Lukas-Berichts in ihrem Archiv hatte. Noch erstaunlicher nicht nur für all jene, die Lukas ohnehin gute historische Kenntnisse zutrauen, sind jedoch die juristischen Parallelen, die bis ins kleinste Detail gehen. Am Beginn steht die Nennung des Kaisers, in dessen Namen der Zensus durchgeführt wurde: Hadrian bei Babata und Judanes, Augustus bei Maria und Joseph. Der nächste Name ist der des Statthalters bzw. Legaten, Titus Aninius Sextius Florentinus im Dokument aus der Briefhöhle, Publius Sulpicius Quirinius im Lukas-Evangelium. Es folgt der Gegenstand des Edikts – die Aufforderung, eine schriftliche Steuererklärung abzugeben. Lukas und das Babata-Dokument benutzen dafür das gleiche griechische Wort, „apográphestai". Lukas erklärt, was aus dem Kontext des Zensus unter Hadrian ebenfalls hervorgeht: „Da ging jeder in seine Stadt" (2,3). Die persönliche Formel der Babata: „Ich, Babata, erkläre schriftlich, was ich besitze", gibt Lukas als Historiker berichtend wieder: „Er (Joseph) wollte sich eintragen lassen mit Maria, seiner Verlobten, die ein Kind erwartete." Wieder haben wir in beiden Texten das gleiche griechische Wort. Auch die Angaben zur Herkunft und zum Besitz entsprechen sich formell in beiden Schriften. Babata nennt den Namen ihres Vaters, von dem sie ihren Besitz geerbt hatte, und fügt hinzu, daß der Besitz ganz ihr eigener ist. Lukas sagt über Joseph, daß er aus Nazarath nach Bethlehem mußte, weil er aus dem Hause Davids stammte. Wieder taucht ein gleiches griechisches Wort auf: „oikos", Haus, bei Lukas; „oikousa", wohnhaft, im Babata-Dokument. Jeder Leser des Lukas verstand, auch wenn der Evangelist hier nicht mehr streng juristisch formuliert, sondern sich an biblische Sprachformen anlehnt, daß Joseph ererbten Grundbesitz in oder bei Bethlehem hatte.

Ist bis hierhin schon deutlich, wie genau Lukas über eine römische Steuererklärung und ihre Rahmenbedingungen informiert war, so folgt die eigentliche Pointe in einem letzten Punkt: Aufmerksamen Lesern des Lukas-Evangeliums war immer schon aufgefallen, daß Joseph sich nicht alleine eintragen ließ, sondern „mit Maria". Warum? Die Antwort ergibt sich aus dem Parallelfall jener anderen Frau, der Babata. Maria mußte überhaupt nur mit auf die Reise, obwohl sie hochschwanger war, weil auch sie selbst eigenen, ererbten Grundbesitz im Großraum Bethlehem hatte. Und den mußte sie persönlich einschreiben lassen. Ebenso wie Babata konnte Maria durchaus eigenen Besitz haben; gab es keine Söhne, erbten die Töchter (Numeri/4. Mose 27,8). So tritt hier Joseph ganz genauso wie später

Judanes auf: Nicht als der Verlobte bzw. Ehemann, die sie beide natürlich (auch) waren, sondern als juristischer „Vormund“, der die Angaben der Frau mit seiner Unterschrift zu bestätigen hatte. Es folgt daraus nicht zwingend, daß Maria und Joseph ihren jeweiligen Grundbesitz direkt im Ort Bethlehem hatten, wo der Zensus erhoben wurde. Bei Babata und Judanes sahen wir, daß sie 40 km weit zu reisen hatten, obwohl ihr Besitz – anders als der von Maria und Joseph – im gleichen Verwaltungsbezirk lag, in dem sie auch lebten. Viel wahrscheinlicher ist, daß ihr jeweiliger Besitz mehr als eine Tagesreise vom Steuererfassungsort entfernt war und eher südlich oder südöstlich lag als nördlich (denn nördlich lag Jerusalem in 9 km Entfernung; westlich war Ein Kerem, traditionell der Wohnort der Eltern von Marias enger Verwandter Elisabeth, auch nicht viel weiter entfernt), und daß sie deswegen in Bethlehem selbst Unterkunft suchen mußten, statt auf eigenem Grund und Boden zu übernachten. Wenn der Grundbesitz ausschließlich aus landwirtschaftlicher Nutzfläche bestand, gab es dort möglicherweise ohnehin keine bequeme Wohnmöglichkeit für eine Schwangere. Klar ist jedenfalls, daß keiner der beiden ein eigenes Haus in Bethlehem selbst besaß.

Auch dies ist klar: Maria und Joseph machten die Reise von Nazareth nach Bethlehem nicht nur dieses eine Mal. Die Zensusmaßnahmen des Augustus-Freundes Herodes und die des Augustus selbst, durchgeführt von seinen Statthaltern, kehrten in unregelmäßigen Abständen wieder. Der Verantwortung für ihren Grundbesitz konnten sich die beiden nie entziehen. Und noch etwas zeigen uns diese zeitgeschichtlichen Zusammenhänge: Es mußte sich um einen wirtschaftlich ertragreichen Besitz handeln. Wäre es nur eine minderwertige Parzelle gewesen, dann hätte zumindest Maria ihr Eigentum trotz der uralten Erbtradition vielleicht eher an einen Verwandten verkauft, statt sich hochschwanger in der unfreundlichen Jahreszeit des judäischen Frühwinters auf die lange Reise zu machen. Joseph, der Bauhandwerker, hatte sein berufliches Einkommen, er war ein angesehenes Mitglied der jüdischen Religionsgemeinschaft – wir wissen aus jüdischen

Quellen, daß gerade die „tektônes“, wie der Berufsstand im Neuen Testament genannt wird, die mit Holz und Stein arbeitenden Bauleute, als besonders fromm und bibelkundig geachtet wurden. Aber dazu kam nun noch der Pachtertrag aus dem Grundbesitz, den er und seine Verlobte und spätere Ehefrau im Großraum Bethlehem hatten.

Vielleicht sollten wir doch Abschied nehmen von der romantischen Vorstellung einer ärmlichen Herkunft Jesu. Sicher waren Maria und Joseph nicht wohlhabend im heutigen Sinne des Wortes. Aber sie gehörten beide nachweislich nicht zur armen, besitzlosen Unterschicht. Daß Jesus in einem „Stall“ zur Welt kam, hatte pragmatische Gründe, denen sich auch die reiche Babata und ihr Judanes nicht hätten entziehen können: Bethlehem war ausgebucht, wegen der zahllosen Steuerpflichtigen, die sich eintragen ließen. Und daß sie bei der Darbringung Jesu im Tempel am 40. Tag nach der Geburt – dem traditionellen Ende der Weihnachtszeit – „ein Paar Turteltauben oder zwei junge Tauben“ opfern (Lukas 2,24), ist zwar mit dem Hinweis auf Levitikus/3. Mose 12,8 als Indiz für die Armut der Opfernden gedeutet worden, die sich kein Schaf leisten konnten, doch das geht sicher zu weit. Maria und Joseph folgten der jüdischen Tradition des Darbringungsopfers in seiner einfachsten Form. Im Bewußtsein der Auserwählheit des Kindes, die ihnen Minuten später von Simeon und der Prophetin Anna bestätigt wird, hätten sie anstelle der bescheidenen Erfüllung der alten Vorschrift innerhalb von vierzig Tagen von der Verwandtschaft zwischen Bethlehem und Ein Kerem genügend Schekel borgen können – falls ihnen das Geld wider Erwarten tatsächlich gefehlt haben sollte –, um ein Schaf zu opfern. So ging es ihnen gerade in diesem Augenblick doch wohl eher um die symbolische Bescheidenheit. Daß daneben die Taube eine heilsgeschichtliche Rolle spielt, von der Taube des Noah mit ihrem Olivenzweig über die Taube des Heiligen Geistes bis zur geradezu sprichwörtlichen Friedenstaube, könnte uns heute helfen, die Symbolik zu verstehen. Weder Maria noch Lukas heben das allerdings hervor. Ganz im Gegenteil: Lukas nennt das Taubenopfer, ohne seinen Lesern irgendeine Deutung des gesellschaftlichen Standes von Maria und Joseph oder eine symbolische Interpretation der Tauben aufzunötigen, so, als sei es geradezu selbstverständlich.

Doch kehren wir noch einmal zurück zur Geburt Jesu. Sie läßt sich nun noch etwas näher datieren, denn einen Faktor der Evangelienberichte haben wir bisher nicht berücksichtigt: die Astronomen aus Babylon, die kurz nach der Geburt Jesu in Jerusalem, dann in Bethlehem auftauchen, weil sie einem Stern gefolgt waren (Matthäus 2,1–12). Fromme Legenden haben hier manches hinzugefügt, das nicht im Text steht. Denn weder von der Dreizahl der Männer noch von ihrem königlichen Rang ist die Rede. Da drei Geschenke gegeben werden, kam man darauf, daß es drei Personen waren, und da die Gaben königlichen Wert hatten, machte man sie zu Königen. Wichtiger ist, was wir dem Text selbst entnehmen können. Sie werden als „magoi" bezeichnet, das heißt als Berufsastronomen, die an Sternwarten tätig waren, dort auch Sterndeutung betrieben und möglicherweise aus dem Priesterstand kamen. Das heißt: Es waren Nicht-Juden, „Heiden", die da zu Jesus zogen, und es waren Angehörige der obersten Bildungsschicht ihrer Gesellschaft. Berühmt war die babylonische Sternwarte von Sippar bei Babylon, die im „Morgenland" lag, wie Matthäus die Heimat der Männer nennt. Und tatsächlich wurde gerade in Sippar am Euphrat von Archäologen eine Keilschrifttafel aus dem Jahr 8 v. Chr. entdeckt, die alle größeren Planetenbewegungen des folgenden Jahres vorausberechnet. Nicht weniger als fünf Mal wird auf dieser Tafel das Hauptereignis erwähnt, die Begegnung von Jupiter und Saturn. Es war ein Ereignis, das sofort interpretiert wurde: Jupiter galt als Planet des Weltenherrschers, Saturn als Planet des Gebietes, das die Römer Palästina nannten. Die von den Babyloniern berechnete Begegnung fand im Zeichen der Fische statt, und das galt bei den Astronomen, aber auch in der rabbinischen Literatur, als Symbol der Gegend zwischen dem westlichen Mesopotamien und dem östlichen Nilland, später ausdrücklich für die Siedlungsgebiete der Juden. Andere Tontafelfunde bestätigen diese Angaben. Die sogenannte „Berliner Planetentafel", die heute als Abschrift auf einem ägyptischen Papyrus erhalten ist, stammt bereits aus dem Jahr 17 v. Chr. und berechnet alle Planetenbewegungen bis ins Jahr 10 n. Chr. Diese Tafel belegt, daß man auch in großen Städten des „Westens" wie Alexandria und Rom über solche Erscheinungen informiert war und sie mit großen Erwartungen verband. Kaiser Augustus war ebenso wie seine Vasallen ein leidenschaftlicher Beobachter dieser Dinge. Schließlich kam es dazu, daß Augustus selbst als „Jupiter" angesehen wurde, und der Saturn als Planet des Goldenen Zeitalters. Gab die Sternentafel eine Begegnung dieser Planeten für das Jahr 7 v. Chr. an, dann mußten Augustus und seine Anhänger hier ein wichtiges, alles überhöhendes Ereignis seiner Herrschaft erwarten, während die Astronomen aus dem Osten die Geburt eines Weltenherrschers in Palästina voraussahen.

Im Leben des Augustus blieb das Jahr 7 n. Chr. jedoch völlig ohne herausragendes Ereignis, sieht man einmal von der siebzehnten seiner insgesamt einundzwanzig kaiserlichen Akklamationen ab, jenen für Augustus zu diesem Zeitpunkt offensichtlich längst routinemäßigen Ausrufungen zum Imperator. Was also geschah 7 v. Chr., sofern sich die Astronomen nicht verrechnet hatten? Schon Johannes Kepler hatte erstmals 1606 eine Verbindung („Coniunctio") von Jupiter und Saturn für das Jahr 7 v. Chr. nachberechnet und darin den „Stern von Bethlehem" erkannt. In der jüngsten Forschung haben vor allem Neutestamentler wie August Strobel und führende Astronomen wie Konradin Ferrari d'Occhieppo und Theodor Schmidt-Kaler den zahllosen Anzweiflungen des Matthäus-Berichts und den Legenden über einen Kometen oder eine Art Super-Nova ein Ende bereitet. Auch hat es keine wirkliche Verbindung beider Sterne gegeben, so daß zwei wie ein Stern aussehen konnten: Sie kamen sich zwar vor allem aus der Perspektive von Bethlehem sehr nahe, aber blieben getrennt. Dennoch ist die Beschreibung des Matthäus, der von dem einen Stern von Bethlehem spricht, völlig korrekt. Denn der auf seiner Bahn „vorn" stehende, größere Planet war der Jupiter. Er, der im babylonischen Osten die höchste Gottheit symbolisierte, war dieser „eine" Stern, der nun seine zusätzliche – und sagen wir ruhig: heilsgeschichtliche – Bedeutung durch unmittelbare Nähe zum Saturn im Zeichen der

Fische erhielt. Denn der Saturn war unter verschiedenen Namen und Schreibweisen schon in alttestamentlicher Zeit auch als ein Stern der Juden gedeutet worden, wenngleich als ursprünglich heidnische „Importware", gegen die der Prophet Amos leidenschaftlich protestierte (Amos 5,26; vgl. Apostelgeschichte 7,43). Man mag hier durchaus eine göttliche Ironie am Werk sehen: Was im Prinzip falsch, heidnisch und irreführend ist, nämlich der Sternenglaube der nicht-jüdischen Völker, wird nun, für dieses eine, entscheidende Mal, geradezu instrumentalisiert, um die heidnische Intelligenz das Wirken des einen Gottes der Juden in der Geschichte erkennen zu lassen. Im Kern ergab sich dies: Der Planet der höchsten östlichen, babylonischen und westlichen, römischen Gottheit, Jupiter, trat in dem Augenblick, als er seine höchste Helligkeit entfaltete, an die Seite des Planeten Saturn, der im damaligen kosmologischen Bewußtsein östlicher Astronomen die Juden repräsentierte. Im Jahre 7 v. Chr. waren sie am Himmel sichtbar, gemeinsam in der Planetenbahn, und gemeinsam unmittelbar nebeneinander im Zeichen der Fische stillstehend. Es ist im übrigen leicht nachzuvollziehen, daß Astronomen wie jene aus der Sternwarte von Sippar auch über jüdische Prophetien und Erwartungen gut informiert waren: Unweit von Sippar lag das große jüdische Handels- und Bildungszentrum von Pumbedita. Die babylonischen und die jüdischen Gelehrten pflegten in dieser Gegend einen regen Austausch.

Mehr noch: Die Bewegungen der Sterne und ihre mehrfachen Stillstände lassen sich heute auf den Tag genau berechnen. Der erste hell strahlende, gemeinsame Abendaufgang von Jupiter und Saturn geschah am 15. September des Jahres 7 v. Chr. So steht es bereits auf den alten Keilschrifttafeln. Einen zweiten vorausberechneten Stillstand gab es am 12./13. November. Er dauerte, von der Erde aus betrachtet, zwei Wochen. Spätestens hier war die Wirkung erzielt, die Matthäus in dem Begriff „Stern von Bethlehem" erfaßt. Herodes schickt die Astronomen von Jerusalem nach Bethlehem, nachdem sich herausgestellt hatte, daß gerade in dieser Stadt das Geburtsereignis stattgefunden haben mußte. Er wollte sie als seine Spione benutzen, um zu ermitteln, was dort tatsächlich geschehen war. In exakt dieser Zeit ergab sich ein von Astronomen als Zodiakallicht bezeichnetes Phänomen, das wie ein breiter, kegelförmiger Lichtstrahl auf die Erde weist. Diese Himmelserscheinung, die auch heute noch gelegentlich vom Jupiter kommend festzustellen ist, wies im November 7 v. Chr. in der freien Landschaft, in einer Welt ohne elektrisch hell erleuchtete Städte und Dörfer, erkennbar auf Bethlehem. Die Astronomen, die ihren Berechnungen vertrauten, brauchten also diesem Licht nur noch nachzugehen. In Bethlehem angekommen, fiel es ihnen nicht schwer, mit der Frage nach einer noch nicht allzu lange zurückliegenden Geburt eines Sohnes schließlich das richtige Haus zu finden. Dieses Zodiakallicht war zwischen dem 12. und 23. November dieses Jahres jeden Tag zu sehen. Das alles sind keine Phantasien, sondern präzise, für jeden Mathematiker und Astronomen nachvollziehbare Fakten. Aus ihnen folgt nicht nur, daß es den Stern von Bethlehem gab, sondern auch, wann die Astronomen, die „Weisen aus dem Morgenland", in Bethlehem eintrafen. Und es folgt daraus, daß Jesus vor dem November des Jahres 7 v. Chr. zur Welt kam.

Wenn wir heute das Weihnachtsfest am 25. Dezember begehen – in Mitteleuropa meist schon am Abend davor –, dann ist dies kein Datum, das in den Evangelien oder irgendeiner anderen frühchristlichen Schrift steht. Erst im 4. Jahrhundert wurde dieses Datum im Westen gewählt, unter anderem auch, um ein kirchenpolitisches Zeichen gegen den Mithras-Kult zu setzen, der eines seiner Hochfeste zu diesem Datum feierte. Doch erstaunlicherweise liegt es nahe an dem Datum, das wir heute, unter dem Vorbehalt der nicht vollständigen Quellen, für wahrscheinlich halten dürfen: Schon Klemens von Alexandria berichtete in seinen „Teppichen", einem historisch-theologischen Sammelwerk, das um 190 n. Chr. entstand, daß Jesus am 6. Januar geboren wurde. Dabei übersah er allerdings verschiedene Besonderheiten des damaligen ägyptischen Kalendersystems, dessen Anwendung er eigentlich voraussetzte. Denn er bezog sich ausdrücklich auf eine Überlieferung, die bis auf die Flucht von Maria, Joseph und Jesus nach Ägypten zurückgeht. Was er ermittelte, und was vor allem die christlichen Kirchen des

Ostens noch heute als Datum der Geburt Jesu feiern, der 6. Januar, war der erste Jahrestag der Geburt. Diese Geburt hätte demnach zwölf Lichtmonate bzw. 354 Tage früher gelegen, also am 17. Januar 7 v. Chr.

So viel ergibt sich rechnerisch, unter der Voraussetzung, daß die Überlieferung der alten Kirche zumindest die Eckdaten zuverlässig bewahrte. Anders gesagt: Inschriften, Papyri oder andere Auskünfte, die ein solches Datum zweifelsfrei belegen, gibt es nicht. Wir können uns dem vermutlich richtigen Zeitraum nur noch annähern. Das ist allerdings kein Grund, an den Ereignissen zu zweifeln. Wir sahen bereits, daß antike Historiker keineswegs immer von den Geburten ihrer Personen berichteten, und daß genaue Tagesangaben nicht die Regel, sondern die Ausnahme waren. Hätten die Evangelisten den Tag, den Monat und das Jahr der Geburt Jesu für unbedingt mitteilenswert gehalten, wäre es ihnen kaum schwer gefallen, die notwendigen Recherchen anzustellen. Es spricht also überhaupt nichts dagegen, den 24./25. Dezember oder anderswo den 6. Januar zu feiern, und es dürfte kaum erforderlich sein, den hypothetisch ermittelten 17. Januar als dritten Festtag hinzuzufügen. Wir müssen uns auch hier wieder von der modernen Vorstellung lösen, jedes chronologische Detail eines Lebens gehöre in eine gute Biographie. So dachte und schrieb man damals nicht. Worauf es ankam, das ist historisch gesichert: Jesus wurde in Bethlehem geboren, unter Kaiser Augustus, zu Lebzeiten des Herodes, und, wie wir hinzufügen dürfen, im Winter 7 v. Chr., als eine steuerliche Erfassung seine Mutter Maria und ihren Verlobten Joseph vom Wohnort Nazareth in das Gebiet des ererbten Besitzes bei Bethlehem führte.

Bereits mehrmals fiel der Name des Herodes. In der Geburtsgeschichte Jesu ist er nicht nur ein erster Orientierungspunkt für das spätestmögliche Geburtsjahr und nicht nur der sternengläubige Herrscher, der die babylonischen Astronomen als Spione nach Bethlehem schickt: In die christliche Geschichtsschreibung ist er vor allem mit dem Kindermord in Bethlehem eingegangen, den Herodes beschließt, als die Astronomen nicht zu ihm zurückkehren. Man muß es schon kaum noch eigens erwähnen: Auch dieser Kindermord und die rechtzeitige Flucht erst der „Weisen“ zurück in ihre Heimat, dann von Maria, Joseph und Jesus nach Ägypten, wird heute von vielen Bibelforschern in den Bereich der Legende verbannt. Die Bestreiter stören sich an der von Matthäus berichteten Warnung der beiden Gruppen durch einen Traum, als ob es so etwas nicht geben dürfe. Nicht nur Historiker, die ihre Quellen kennen, auch Psychologiestudenten im 1. Semester wissen, daß es derlei selbstverständlich als ganz reales Ereignis geben kann. Anstoß wird aber auch daran genommen, daß der tatsächliche Kindermord - nur Jesus scheint unter den bis zu zweijährigen Jungen in Bethlehem und Umgebung entkommen zu sein - in den Evangelien allein bei Matthäus steht. Lukas fügt zwar in den Monaten vor dem Auftreten der Magier noch die Darstellung Jesu im Tempel am vierzigsten Tag nach der Geburt ein, von der oben kurz die Rede war, überspringt dann aber außer dem Kindermord noch die Zeit in Ägypten und setzt mit seinem Bericht erst wieder in Nazareth ein.

Auch vom jüdisch-römischen Historiker Flavius Josephus, der sich ansonsten kaum eine Grausamkeit des Herodes entgehen läßt, wird der Kindermord nicht erwähnt. Gerade dieser Josephus ist so etwas wie ein Schutzheiliger der neutestamentlichen Zeitgeschichte in den Augen all jener, die dem Neuen Testament allein nicht trauen wollen. Was wissen wir von ihm? Ein Blick auf sein Wirken hilft uns, die zeitgeschichtlichen Quellen, die sich außerhalb der neutestamentlichen Schriften mit der jüdischen Geschichte des 1. Jahrhunderts befassen, besser zu verstehen. Sieben Jahre nach dem Tod Jesu, 37 n. Chr. geboren, lernte Josephus bei den drei großen jüdischen Bewegungen jener Zeit, den Sadduzäern, Pharisäern und Essenern, entschied sich schließlich, wie vor ihm ein gewisser Sha'ul/Paulus, Pharisäer zu werden, und wurde zu Beginn des Aufstands gegen die Römer (66-73 n. Chr.) zum General der galiläischen Truppen ernannt. Besiegt und gefangengenommen, sagte er dem römischen Kommandanten Vespasian voraus, er werde Kaiser. Als dies 69 n. Chr. tatsächlich eintrat, wurde Josephus in die kaiserliche Familie aufgenommen, erhielt den Sippennamen

„Flavius“ und wirkte am Kaiserhof, stets darum bemüht, den Römern die noblen Seiten der Geschichte und Gegenwart des jüdischen Volkes und den Juden die Größe der Römer zu vermitteln.

So war er also, ähnlich wie die Evangelisten, ein Historiker mit einer Absicht. Er wollte Geschichte nicht wertfrei schreiben, nicht „neutral“, sondern mit einem Ziel. Wer diese Einstellung den Evangelisten vorwirft, muß sie folglich dem Josephus mindestens in gleichem Maße vorhalten, wie selbstverständlich auch jedem anderen antiken Geschichtsschreiber: denn daß es eine objektive, absichtsfreie Geschichtsdarstellung gab oder gegeben haben könnte, ist eine Illusion. Nimmt man hinzu, daß gerade Flavius Josephus sowohl in seiner „Geschichte des Jüdischen Krieges“ (ca. 77/78 n. Chr.) als auch in den „Jüdischen Altertürmern“ (93/94 n. Chr.) nachweislich harmonisierend und zum Teil fehlerhaft schrieb, gilt für ihn wie für alle anderen: Es muß stets der Einzelfall überprüft werden. Tatsächlich bietet Josephus drei Abschnitte, die umittelbar zum Zeitraum des Neuen Testaments gehören: Den Bericht über die Hinrichtung Johannes des Täufers durch Herodes Antipas auf der Festung Machaerus, die im wesentlichen mit den Evangelien übereinstimmt, das sogenannte „Testimonium Flavianum“ über Jesus, und den Bericht über die Ermordung des Jakobus, den er ausdrücklich als den Bruder des „Messias genannten“ Jesus vorstellt. Die vor diesem Ereignis im Jahre 62 n.Chr. abgeschlossene Apostelgeschichte des Lukas erwähnt die widerrechtliche Steinigung des Jakobus nicht mehr, und so ist Josephus hier unsere einzige zeitgenössische Quelle. Umstritten ist von diesen drei Aussagen allein jene über Jesus, in den „Altertümern“ 18,63–64. Und umstritten ist sie auch nur, weil darin neben der sachlichen Notiz, daß er ein weiser Lehrer, ein Wundertäter, ein geachteter Lehrer mit großem jüdischen und heidnischen Anhängerkreis war, der auf Betreiben der jüdischen Hierarchie von Pilatus zum Tod am Kreuz verurteilt wurde, dennoch aber „bis zum heutigen Tag“ (das heißt rund dreiundsechzig Jahre nach der Kreuzigung, als Josephus seine „Altertümer“ schrieb) eine große Anhängergemeinschaft hat, die sich nach ihm Christen nennen, auch die schlichte Aussage steht: „Dieser war der Christus“. Für einen Juden hieß das: „Dieser war der Messias“ – denn „Christus“ ist beim griechisch schreibenden Josephus nichts anderes als das griechische Wort „Christos“ für das hebräische „Meschiach“, Messias.

Immer wieder sind Versuche gemacht worden, diesen Satz als eine spätere christliche Einfügung abzulehnen, da ein Jude so etwas nie hätte schreiben können. Von der Aussage über seinen ermordeten Bruder Jakobus (Altertümer 20, 200), die allgemein für echt gilt, unterscheidet sich das allerdings nur durch eine Nuance: Statt „Dieser war der Messias“ steht im Bericht über Jakobus: „welcher der Messias genannt wird“. Damit ist für den gesamten Kontext bei Josephus so viel klar: Er drückt nicht seine eigene Meinung aus, sondern referiert, was die Anhänger Jesu glaubten. Auch das „Testimonium Flavianum“ kann ohne weiteres so verstanden werden. Eine gewisse Resignation wird von einer anderen Deutung in diesem Text gesehen: Der Satz „Dieser war der Messias“ müßte auf der Vergangenheitsform betont werden: „er war“. Jesus war der Messias, doch die großen Hoffnungen der jüdischen Mehrheit, die im Messias den militärisch siegreichen Befreier vom römischen Joch und von allen inneren Feinden sahen, hatten sich nicht erfüllt. Das also war es dann wohl gewesen, könnte Josephus nahelegen wollen: Der Messias war gekommen und war gegangen, ohne daß sich etwas geändert hätte. Er hatte nicht gesiegt, sondern war von eigenen Leuten den Feinden ausgeliefert worden, ohne sich triumphal zu wehren. Die große Hoffnung auf eine messianische Zeit hatte sich als Irrtum erwiesen. Liest man den Text so, dann ist er ebenso wenig wie im Fall der anderen Deutung das Indiz für eine späte christliche Einfügung. Und für die skeptische Interpretation dieser Aussage des einst im Aufstand gegen die Römer gescheiterten jüdischen Generals spricht auch, daß er das eine große Hoffnungzeichen, die Auferstehung Jesu, nicht erwähnt. Selbstverständlich hatte er angesichts seines ansonsten guten Kenntnisstandes auch davon gehört – schließlich lebte das „Volk der Christen“, wie er die Anhänger nennt, gerade wegen dieser immer wieder bezeugten und verkündeten Auferstehung weiter. Aber Josephus übergeht das. Seine messianischen Hoffnungen wurden zerstört, und Christ wollte er nicht werden.

So schließt sich ein Kreis. Richtig bleibt, daß Flavius Josephus den Kindermord von Bethlehem nicht erwähnt, wie er viele andere Grausamkeiten nicht erwähnt, die Herodes beging. Falsch bleibt, daraus abzuleiten, er hätte nichts davon gewußt und daraus wiederum zu folgern, daß es das ganze Ereignis nicht gegeben haben kann. Und davon nun abgesehen: Herodes „der Große“ war durchaus in der Lage, aus Angst vor Rivalitäten drei seiner eigenen Söhne umzubringen – zwei davon, Alexander und Aristobul, im Jahr 7 v. Chr., dem Geburtsjahr Jesu. In diesem Jahr ließ Herodes kaltblütig auch zahlreiche Pharisäer hinrichten, die gegen ihn eine Prophezeiung äußerten, daß bald ein messianischer König geboren werde, um Herodes vom Thron zu stürzen und das messianische Zeitalter einzuleiten. So berichtet es jedenfalls Josephus im 17. Buch seiner „Altertümer“. Daß ein solcher Mann keine Gewissensbisse hatte, einen möglichen messianischen Rivalen um die Königsherrschaft über Israel töten zu lassen, je früher desto besser, ist kaum zu bestreiten. Die Zahl der ermordeten männlichen Kleinkinder unter zwei Jahren in dem kleinen Bethlehem dürfte zum Zeitpunkt des Geschehens unter einem Dutzend gelegen haben. Wen sollte das angesichts der viel massiveren Brutalitäten des Herodes an anderen Orten und zu anderen Zeiten wirklich interessieren? In der Tat kennen wir sogar eine Parallele: Etwa um die gleiche Zeit wurden in Aschkelon, einer Stadt am Mittelmeer nördlich von Gaza, mit der Herodes enge Verbindungen hatte, rund zweihundert Kleinkinder, keines älter als zwei Jahre, die meisten nur wenige Monate alt, offenbar kaltblütig ermordet. Bis auf wenige Ausnahmen waren sie alle männlich. Die Archäologen, die vor wenigen Jahren die Skelette im Keller eines großen Hauses aus dem 1. Jahrhundert v. Chr. fanden, sind sich nach wie vor nicht einig über den Grund dieser Tötungen. Eine verbreitete Auffassung lautet, es habe sich um ein Bordell gehandelt, und die männlichen Kinder, die ungewollt von Prostituierten zur

Welt gebracht wurden, seien bald nach der Geburt umgebracht worden, während man Mädchen als Bordell-Nachschub behalten habe. Für diese Erklärung spricht zwar nicht viel mehr als die Not, aus dem fehlenden Wissen irgend etwas zu machen. Entscheidend aber ist gerade, daß dieser Vorgang, bei dem erheblich mehr männliche Kleinkinder umkamen als in Bethlehem, von Josephus gleichfalls nicht erwähnt wird, ja daß es anders als für Bethlehem – wo wir immerhin auf Matthäus verweisen können – dafür keine einzige historische Quelle gibt. Das Schweigen der Historiker will also, wie uns die Knochen von Aschkelon zeigen, nichts besagen über die Möglichkeit oder Tatsächlichkeit eines Geschehens. Und auch dies sollte man inzwischen begriffen haben: Ältere Berichte von Kleinkindern, die mörderische Angriffe überlebten, mag es in jüdischer und ägyptischer Tradition auch früher schon gegeben haben (die biblische Erzählung vom im Korb ausgesetzten Mose z. B. ist zwar keine Paralelle, berichtet aber auch vom Versuch eines Kindermordes), doch wäre es geradezu abenteuerlich, wenn man jeden Vorgang als unhistorisch ausschließen wollte, weil er so ähnlich schon früher einmal geschehen war. Kurz, nichts spricht dagegen, Matthäus zu vertrauen. Versuche, ihn der Unwahrhaftigkeit zu überführen, sind noch immer gescheitert.

Der bisher schon zu Unrecht verdächtigte Matthäus muß sich auch noch den Vorwurf gefallen lassen, die Flucht nach Ägypten erfunden zu haben. Natürlich deutet er den ganzen Vorgang theologisch, er versteht ihn als erfüllte Prophetie, und er sieht die Rückkehr Jesu als eine Bestätigung der Prophezeiung in Hosea 11,1. Doch wäre es, wie wir bereits sahen, ein höchst unwissenschaftliches Vorgehen, wollte man jedes Ereignis, das als die Erfüllung eines Prophetenworts verstanden werden kann, deswegen als unhistorisch ablehnen. Zum einen sahen wir bereits, daß die Evangelienberichte einem anderen Ablauf folgen: Erst kommt das Ereignis, dann der Versuch, es theologisch-prophetisch zu deuten. Und auch dies sollte deutlich sein: Die symbolische, theologische Deutung eines Vorgangs und dessen historische Tatsächlichkeit schließen sich nicht gegenseitig aus. Selbstverständlich dürfen die nüchternen historischen Fakten auch symbolisch interpretiert oder als die Erfüllung uralter Prophezeiungen verstanden werden. Daß solche Verstehensweisen in der Geschichte des Christentums für viele Gläubige wichtiger wurden als die Details der Abläufe, das ist leicht nachzuvollziehen. Nur darf man eben daraus nicht folgern, daß die historische Glaubwürdigkeit von Anfang an keine Bedeutung hatte. Die Flucht nach Ägypten folgt jedenfalls nicht einer theologischen Vorgabe, nach der Devise: „Wir sind die Heilige Familie, also müssen wir wie einst Joseph nach Ägypten ziehen, und Jesus wird dann wie ein zweiter Mose zurückkehren." Sie erfolgte aus den Notwendigkeiten des Überlebens, auf einer Karawanenstraße, die noch heute zu sehen ist, über Beer-Sheva, der „Stadt Abrahams", in ein Land, in dem damals über eine Million Juden lebten. Die Orte sind bekannt: Alexandria zum Beispiel, mit der größten jüdischen Gemeinde außerhalb des römischen Palästina, oder Hermopolis Magna, eine Stadt, in der wertvolle biblische – auch neutestamentliche – Handschriften entdeckt wurden, und die in späterer christlicher Tradition als Zufluchtsort Jesu genannt wird. Schon kurz hinter Bethlehem lag eine Herberge, die seit der Zeit Jeremias von Reisenden nach Ägypten genutzt wurde (Jeremia 41,17). Matthäus, dem viel daran lag, die Ereignisse des Lebens Jesu als die Erfüllung ältester jüdischer Hoffnungen zu verstehen, integriert die Flucht nach Ägypten in seinen Bericht über die frühen Jahre Jesu; Lukas, der griechisch-römischer denkt, benötigt das nicht für seine Leserkreise und setzt erst wieder mit dem nach jüdischem Recht fast volljährigen Jesus in Nazareth ein. Es ist für Historiker nicht leicht zu verstehen, warum das ein Problem sein sollte.

Mit Lukas kehren wir abschließend an den Beginn dieses Kapitels zurück. Denn jetzt können wir besser verstehen, was anfangs kurz gestreift wurde: Die frühe Betonung, Monate vor der Geburt, daß Jesus der Sohn Gottes genannt werden wird, ist eine der herausragenden Stellen bei Lukas (1,35). Zählt man nach Kapitel und Vers, betonen zwei der anderen Evangelisten die Gottessohnschaft schon früher in ihren Schriften: Johannes 1,34, das Zeugnis Johannes des Täufers: „Und ich habe es gesehen und bezeuge: Dieser ist Gottes Sohn"; Markus 1,1, die Überschrift: „Anfang des Evangeliums von Jesus Christus, dem Sohn Gottes". Doch Lukas, der sein Evangelium für einen hochrangigen Staatsbeamten in römischen Diensten schreibt, „Seine Exzellenz" (griechisch „krátistos") Theophilos, hält für uns fest, daß dieser Titel nicht nur dem Zeugnis des Täufers entspringt oder einer Erkenntnis, die allen Gläubigen nach dem ersten Ostern möglich war, sondern daß Gott selbst ihn durch seinen Boten (griechisch „ángelos", Engel) der Maria zur Zeit ihrer Schwangerschaft mitteilen ließ. Und damit ist die Geburt Jesu unübersehbar in der Politik der Epoche verankert. Haben wir bisher jüdische Prophetien, herodianische Ängste, babylonisch-östliche Berechnungen, griechisch-römische Mythen und ähnliche Phänomene vor Augen gehabt, als wir sahen, welche Hoffnung und Herausforderung die Geburt Jesu und ihre Umstände für die Menschen jener Zeit bedeuteten, so kommt nun etwas Neues hinzu: Noch vor der Geburt des Sohnes der Maria wird dem römischen Kaiser Augustus durch die Verkündigungsworte des Engels ein Rivale gegenübergestellt. Augustus hatte seinen Adoptivvater Julius Caesar vom Senat vergöttlichen lassen. Als Sohn des „Divus Iulius" war er nun der „Filius Divi", der Sohn des Göttlichen. Im griechischsprachigen Osten wurde daraus der „Sohn Gottes", der „Huios Theou" – mit den gleichen griechischen Wörtern, die in den Evangelien für Jesus gebraucht werden. Noch zu Lebzeiten wurden Kaiser Augustus siebenunddreißig Tempel und Schreine errichtet, nach seinem Tod kamen zwanzig weitere hinzu. Einige dieser Tempel standen im Herrschaftsgebiet des Herodes, unter anderem in Caesarea am Meer, in Caesarea Philippi – dort, wo Jesus später von Petrus als Messias ausgerufen wird – und in Samaria. Es ist eine der zahllosen Verbindungen der Geschichte Jesu mit der römischen Welt, daß Joseph und die schwangere Maria auf dem Weg von Nazareth nach Bethlehem über Samaria reisen mußten, jene Stadt, die Herodes zu Ehren des Augustus in „Sebaste", „die Erhabene" (lateinisch: „Augusta") umbenannt hatte, und in der nun der vom gleichen Herodes gebaute, prachtvolle Tempel stand, in dem der Kaiser als Sohn Gottes verehrt wurde.

Lange hat man angenommen, diese Anrede als „Sohn Gottes" und solche Tempel seien nicht mehr gewesen als rein äußerliche Unterwerfungsgesten gegenüber dem Kaiser, ohne irgendwelche tiefere Bedeutung, von niemandem wirklich ernstgenommen. Doch inzwischen weiß man, daß die Römer vor allem im Osten des Reichs eine wirkliche Verehrung des Kaisers erwarteten. Das ging auch nach der Zeit der Augustus so weiter. Tiberius, der Kaiser, unter dem Jesus gekreuzigt wurde, war seinerseits ein „Sohn Gottes", und bis zum Ende des Römischen Reichs gab es 182 solcher Gott-Kaiser. Der Kaiserkult war, mehr als alles andere, die Religion, die alle Völker, Stämme und Schichten verband, mit einer Ausnahme: Nur die Juden verweigerten sich dieser religiösen Verehrung des Kaisers, und nach ihnen die Christen, die aus dem Judentum hervorgingen. Alle anderen aber sahen den Gott-Kaiser als eine weltweite, vereinende Inkarnation ihrer diversen alten vaterähnlichen Gottheiten, von denen es in der Antike viele tausende gab. Anders gesagt: Der Kaiserkult war keineswegs nur eine von vielen Ausdrucksformen der Loyalität gegenüber dem Herrscher in Rom. Er war eine Religion, und er funktionierte auch so. Regeln wurden aufgestellt, sie mußten strikt befolgt werden, wenn das Wohlwollen des Gottes sichergestellt werden sollte, und der wahre Glaube drückte sich nicht in einem persönlichen, individuellen Glauben im Rahmen von Dogmen aus, sondern in der peinlich genauen Befolgung der Regeln des Kultes. Frömmigkeit könnte im Einzelfall durchaus ein Teil dieses Systems gewesen sein. Ein Kaufmann beispielsweise, der seinen Erfolg dem sozialen und politischen Frieden des Augustus verdankte, hat wohl dem Kaiser gegenüber auch das empfunden, was wir Frömmigkeit nennen. Eine griechische Inschrift, die in Olympia gefunden wurde, erklärt, daß der „göttliche Augustus durch seine guten Taten sogar die Götter des Olymp übertraf". Wie früh die Verehrung des Augustus als Gott einsetzte, belegt ein Papyrus aus Oxyrhynchus. Schon 30 v. Chr. erklärten da zwei Bürger: „Wir schwören bei Caesar (Augustus), Gott, von einem Gott abstammend". Andere Inschriften belegen, daß Menschen gelegentlich zu Augustus beteten und ihn um Hilfe in Not und Krankheit baten.

All das ist, historisch betrachtet, leicht nachzuvollziehen: In der Provinz Asia, die Lesern des Neuen Testaments gut vertraut ist, dauerte der Friede des Augustus bis zur Mitte des 3. Jahrhunderts, rund dreihundert Jahre lang. Das war und ist in der Menschheitsgeschichte unübertroffen. Auch darin war allerdings früh eine Rivalität zu erkennen: Galten der Kaiser und seine Nachfolger als Götter, die ewigen Frieden brachten und garantierten, so wurde auch der Messias als Friedensfürst am Ende siegreich bestandener Kampfhandlungungen erwartet. Der Begriff des messianischen Friedens ist bis heute im Judentum gegenwärtig. Für die Juden war der Kaiser zwar nicht der messianische Friedensfürst, sondern ein Unterdrücker, der sich gotteslästerlich seinen Status angemaßt hatte – auch die Essener von Qumran bezogen sich in einem Schriftrollen-Fragment, das 4Q246 genannt wird, auf Psalm 82,6–7, auf das Urteil, das Gott längst über die Römer gesprochen hatte. Aber umgekehrt hat die Mehrheit der Juden auch noch bis heute Schwierigkeiten mit der messianischen Proklamation des Juden Jesus von Nazareth – denn nach der Definition eines irdischen Friedens, wie ihn die jüdische Orthodoxie mit dem siegreichen Kommen des Messias bis heute erwartet, war Jesus dieser Messias gerade nicht: Friede auf Erden im realpolitischen, irdisch-gesellschaftlichen Sinne, ist bis heute ausgeblieben. Der Friede Gottes, den Jesus verkündete und verkörperte, war und ist ein anderer. Auch die Juden, die seine Jünger und ersten Nachfolger waren, brauchten bis nach Ostern, um das zu verstehen.

Da nun aber der Kaiserkult nicht von einer übergeordneten Behörde in Rom geregelt wurde, und da die verschiedenen Provinzen unterschiedliche Formen von Autonomie genießen konnten (im Westen spielte er eine erheblich geringere Rolle als im Osten), gab es durchaus Variationen in der Praxis dieser Religion. Im griechischsprachigen Osten, der Landschaft der Evangelien, nannte man den Kaiser zusätzlich – ebenso gelegentlich auch andere hochrangige Wohltäter – „Sotêr". Es ist das Wort, das in der christlichen Glaubenssprache mit „Heiland" wiedergegeben wird. In ihrer Antwort auf die Botschaft des Engels nennt Maria Gott ihren „Sotêr" (Lukas 1,47), und in der eigentlichen Geburtsgeschichte wird Jesus dann selbst „Sotêr“, Heiland genannt (Lukas 2,11). Mit anderen Worten: Nicht nur in der Bezeichnung Jesu als Sohn Gottes, auch in der als Heiland wird eine Herausforderung an jenen Kult ausgesprochen, der das ganze Reich einte. Man könnte das auch programmatisch formulieren: Vor seiner Geburt und in seiner Geburt ist Jesus, wie zumindest seine Mutter zu dieser Zeit zweifellos bereits wußte, die Person des neuen Weltenherrschers und Weltenheilands. Die Erfahrung des von Herodes geplanten Mordes bewahrte sie davor, ihren Sohn vorzeitig als etwas Besonderes zu behandeln. Den Zeitpunkt seines messianischen Auftretens würde er später selbst zu bestimmen haben.

Was haben wir ganz grundsätzlich von diesem Gang durch die Geschichte der ersten Lebensjahre Jesu zu halten? Einigen Maßstäben der Beurteilung sind wir bereits früher in diesem Buch begegnet. Der vielleicht wichtigste soll noch einmal in anderen Worten wiederholt werden: Das Fehlen des Beweises darf nicht verwechselt werden mit dem Beweis des Fehlens. Anders gesagt: Aus der Tatsache, daß „nur“ Matthäus von den Plänen und Taten des Herodes in Bethlehem berichtet, folgt selbstverständlich nicht, daß es dieses Ereignis nicht gegeben hat. Und die unter vielen Neutestamentlern anzutreffende, geradezu reflexartige Einstellung, daß Josephus im Zweifelsfall gegen die Evangelisten recht hat, nicht zuletzt dann, wenn er zeitgeschichtlich ein Ereignis nicht oder anders berichtet, hat mit Wissenschaft nicht viel zu tun. Der Historiker kann nur eines tun: überprüfen, ob die eine Quelle, die zur Verfügung steht, in sich glaubwürdig ist oder nicht. Gibt es gegensätzliche Quellen, müssen sie natürlich ernstgenommen und untersucht werden. Fehlen neben dem einen Beleg weitere Aussagen, darf daraus nichts über die Glaubwürdigkeit der vorhandenen Quelle gefolgert werden. Das sind elementare Grundregeln, mit denen jeder Historiker vertraut ist. Es ist ein Rätsel, warum sie auf die neutestamentlichen Schriften so selten angewandt werden.

In unserem konkreten Fall heißt das: Wir besitzen einen Bericht über eine Jungfrauengeburt, über einen Stern von Bethlehem, über den Kindermord des Herodes und die rechtzeitige

Flucht nach Ägypten, die als Ereignisse nicht deswegen als unhistorisch abgelehnt werden dürfen, weil der Autor Matthäus heißt und sein Werk in die literarische Gattung „Evangelien" eingeordnet wird. Wir haben einen Bericht über die Gottesbotschaft an Maria, ihr Sohn werde Sohn Gottes genannt werden, und wir erfahren von einer Steuerschätzung, die Maria nach Bethlehem führt. Es kann nicht ernstgenommen werden, wenn das bezweifelt wird, weil der Berichtende ein Mann namens Lukas war, der an das glaubte, was er schrieb. Zuerst und grundsätzlich gilt, daß ein solcher Bericht genau den historischen Wert hat, den der Verfasser ihm offensichtlich und wissentlich zuschreibt – er will ja keine Legende, keine mythologische Erzählung bieten, sondern zweifellos von tatsächlichen Geschehnissen schreiben –, so lange, bis der Beweis des Gegenteils plausibel gemacht werden kann. Anders gesagt: Es ging und geht darum, welche Qualität die Argumente haben, die gegen Matthäus, Lukas und ihre Texte angeführt werden. Und wir denken dabei an den klassischen, wunderbar ironischen Satz des amerikanischen Historikers George Kennedy: „Antike Autoren meinten manchmal, was sie sagten, und gelegentlich wußten sie sogar, wovon sie sprachen."

So ist der Rahmen festgelegt. Dieses Buch will keine vollständige, lückenlose Rekonstruktion des Wissens über den Jesus der Geschichte und den Christus des Glaubens bieten, sondern einen Blick auf die Schwerpunkte. Vieles, was in den Evangelien steht, erschließt sich in seiner Gültigkeit selbst, wenn einmal begriffen wurde, daß wir den Texten trauen dürfen, und daß es Wege gibt, die scheinbaren oder wirklichen Probleme in den Griff zu bekommen. Gerade die Geburtsgeschichte, an der so viele scheinbar aufgeklärte Menschen so gern zweifeln, hat uns gezeigt, daß wir auf sicherem Boden stehen.

Ein Zwischenspiel: Jesus und seine Jugend

Schon im 2. Jahrhundert machten sich christliche Autoren an die Arbeit. Kindheitsevangelien wurden geschrieben, fromme Geschichten über die Jugendjahre in Nazareth, und auch andere „Lücken" wurden gefüllt: Die Namen der Eltern Marias, Joachim und Anna, die Beigabe von Ochs und Esel an der Geburtskrippe Jesu, und viele andere Geschichten, die bis heute Bestandteile der Volksfrömmigkeit geblieben sind, stehen nicht in den Evangelien, noch irgendwo sonst in der Bibel, sondern in Schriften wie dem sogenannten „Protevangelium des Jakobus" oder dem „Kindheitsevangelium des Thomas". Warum die Geschichten, die in solchen Schriften gesammelt sind, von der frühen Kirche nie als gleichrangig mit den vier Evangelien anerkannt wurden, ist zum Teil historisch zu begründen: Sie stammen nicht von den Aposteln, deren Namen sie tragen, und sind frühestens Werke der vierten oder fünften Generation. Die sehr frühe Skepsis gegenüber ihrer Ernsthaftigkeit läßt sich aber auch verstehen, wenn man sie liest. Stellvertretend hier ein Abschnitt aus dem 4. Kapitel des Kindheitsevangelium des Thomas, das um 180 n. Chr. von einem unbekannten Verfasser geschrieben wurde: „Danach ging er (Jesus) wieder durch das Dorf. Da stieß ein Junge, der ihm entgegenlief, an seine Schulter. Jesus wurde wütend und sagte zu ihm: „Du sollst auf deinem Weg nicht weitergehen!" Sofort fiel der Junge zu Boden und starb. Einige von denen, die das sahen, fragten sich: „Woher kommt dieses Kind, daß jedes Wort von ihm sofort in die Tat umgesetzt wird?" Da gingen die Eltern des verstorbenen Jungen zu Joseph, beschimpften ihn und sagten: „Weil du ein solches Kind hast, kannst du nicht zusammen mit uns im gleichen Dorf wohnen. Oder du mußt ihm beibringen, zu segnen statt zu fluchen. Denn er tötet unsere Kinder.""

Ähnlich gestrickt sind viele dieser Geschichten, in denen von destruktiven Wundern neben Heilstaten berichtet wird, stets in dem Versuch, auch das Kind und den Jugendlichen Jesus schon als den mit magischen Kräften versehenen Auserwählten zu kennzeichnen, der sich vor keinem der antiken Halbgötter, Heroen und Wundertäter zu verstecken brauchte. Ein weiteres Beispiel aus dem Kindheitsevangelium des Thomas (Kapitel 16):

„Joseph schickte seinen Sohn Jakobus, um Holz nach Hause zu bringen, und das Jesuskind folgte ihm. Als Jakobus nun die Holzstücke einsammelte, biß ihn eine Natter in die Hand. Als er nun starr am Boden lag und kurz vor dem Tod stand, ging Jesus auf ihn zu und blies auf den Biß. Sofort hörte der Schmerz auf, und das Tier zerplatzte. Von diesem Augenblick an blieb Jakobus wohlbehalten."

Welches Mißverständnis der Person Jesu das ist, und mit welcher teils naiven, teils absurden Beharrlichkeit die nüchternen, sachlichen Berichte der Evangelien unterboten werden, ist wohl offensichtlich genug. In späteren Jahrhunderten hat man auch andere Spekulationen angestellt. So kam beispielsweise ein Mann namens Kelsos (Celsus), der um 150 n. Chr. gegen die Christen polemisierte, auf folgenden Gedanken: Jesus sei zwar ein großartiger Wundertäter gewesen und habe die über ihn berichteten Wunder tatsächlich vollbracht, aber das sei Magie gewesen und nicht etwa göttliche Kraft. Denn Jesus habe seine Jugend in Ägypten verbracht, sei dort im Geheimen erzogen worden und mit diesen magischen Kenntnissen und Fähigkeiten in die Heimat zurückgekehrt. Wichtiger als die phantasievolle „Jugendgeschichte", die sich Kelsos da aus den Fingern saugt, ist sicher die Feststellung, daß auch ein leidenschaftlicher Gegner des Christentums nicht an der historischen Tatsächlichkeit der Wunder Jesu zweifelt. Aber wir sehen eben auch, daß nicht nur Christen sich im 2. Jahrhundert und später viel Mühe gaben, sich ihren eigenen jungen Jesus zu basteln.

Unter all diesen Schriften ist nur eine vielleicht wenigstens teilweise auf sehr alte, anderswo nicht weitergegebene Quellen zurückzuführen: das bereits erwähnte „Protevangelium des Jakobus". Wohl um 150 n. Chr. von einem unbekannten Autor – jedenfalls nicht von Jakobus, dem Bruder des Johannes, oder von Jakobus dem Bruder Jesu – verfaßt, ist es vor allem eine weitgehend zurückhaltende, bewußt schmucklose Zusammenstellung von Auskünften über Maria, die in anderen Quellen nicht zu finden sind. Hier lesen wir von ihren Eltern, Joachim und Anna, vom Witwer Joseph und von der Geburt Jesu. Diese Schrift, deren komplizierte handschriftliche Überlieferung von vielen späteren Ergänzungen zeugt, steht zwischen den sachlichen Berichten der Evangelien und den ausufernden Phantasien der späteren Legenden. Bleibende Bedeutung hat sie auch heute noch wegen einer eleganten Lösung der Verwandtschaftsverhältnisse, der sich bis heute vor allem die Ostkirchen anschließen: Denn eine Frage, die schon damals ganz sachlich gestellt werden konnte, betraf die Brüder und Schwestern Jesu. Hatte Maria mit Joseph weitere Kinder, nachdem sie den Sohn Gottes durch den Heiligen Geist geboren hatte (Lukas 1,35)? Die protestantischen Kirchen haben mit dieser Vorstellung heute kaum Probleme – warum sollen Maria und Joseph ihre Ehe, als sie schließlich geschlossen war, nicht auch in diesem Sinne vollzogen haben? Von einem jüdischen Ehepaar wurde das jedenfalls mit Sicherheit erwartet. Schon sehr früh, lange vor der Etablierung einer amtlichen christlichen Kirche mit Lehrautorität, gab es allerdings im Christentum die feste Überzeugung, daß Maria keine weiteren Kinder zur Welt brachte. Woher kamen dann die Geschwister? Das „Protevangelium des Jakobus" berichtet, daß Joseph schon Kinder hatte, ehe er Maria zu sich nahm (Kapitel 9 und 17).

Daß es solche Kinder gab, betont das Neue Testament an verschiedenen Stellen. Markus nennt sogar die Namen der Brüder: „Ist er nicht der Bauhandwerker, der Sohn der Maria, und der Bruder des Jakobus, des Joses (Joseph), des Judas und des Simon? Und leben nicht auch seine Schwestern hier bei uns?" (Markus 6,3; vgl. Matthäus 12,47; 13,55–56). Ohne Namensnennung kommen die Brüder auch bei Lukas (8,19) und bei Johannes vor (7,3). Der Apostel Paulus bezeichnet Jakobus ausdrücklich als „Bruder des Herrn" (Galater 1,19). Der im allgemeinen ungewöhnlich gut informierte Historiker und Kirchenmann Hegesipp um 180 n. Chr. und der Kirchenhistoriker Euseb von Caesarea um 330 n. Chr. erwähnen außerhalb des Neuen

Testaments neben Jakobus noch einen zweiten der in den Evangelien genannten Brüder, Judas, den auch die neuere Forschung wieder zunehmend für den Verfasser des unter seinem Namen überlieferten neutestamentlichen Briefs hält. Während die Schwestern Jesu im „Protevangelium des Jakobus" nicht eigens erwähnt werden, tauchen um 400 n. Chr. in einer „Geschichte Josephs des Zimmermanns" plötzlich auch die Namen zweier Schwestern auf, Lysia und Lydia. Ein Bischof namens Epiphanius von Salamis nennt um 370 n. Chr. drei andere (oder weitere?) Namen von Schwestern, Maria, Anna und Salome. Das scheint widersprüchlich zu sein, betrifft unsere Primärquellen, das Neue Testament, allerdings nicht, denn dort werden keine Schwesternnamen genannt. Einmütigkeit herrscht also noch über das Neue Testament hinaus bis in die historische Literatur des frühen Christentums: Jesus hatte Geschwister, von denen einige namentlich bekannt sind und von denen zwei später in der Urkirche hervortraten: Jakobus erst als Mitleiter, dann als alleiniger Leiter der Gemeinde von Jerusalem und als Autor eines Briefs, der ins Neue Testament aufgenommen wurde, Judas als Autor eines den 2. Petrusbrief benutzenden und dramatisch zuspitzenden Sendschreibens, das ebenfalls zum Kanon des Neuen Testaments gehört. Die elegante Lösung, die das „Protevangelium des Jakobus" vorschlägt, lautet demnach so: Joseph war Witwer, als er Maria kennenlernte. Aus seiner ersten Ehe brachte er die anderen Kinder mit. Sie waren also, nach heutigem Verständnis, Halbgeschwister. Im jüdischen Familienrecht gab es keinen Unterschied zwischen Voll- und Halbgeschwistern; auch das Griechische trennt hier nicht. Das heißt also, die Wortwahl der Evangelien und des Paulus erlaubt durchaus, unter „Bruder" und „Schwester" Kinder zu verstehen, die nicht leiblich, sondern „nur" juristisch Geschwister Jesu waren, als Kinder des Adoptivvaters Joseph, nicht aber seiner eigenen Mutter Maria.

Schließen wir uns dieser Deutung an, dann heißt das, daß Jesus ältere Geschwister hatte, aber keine jüngeren. Nicht nur eine zunehmende Zahl von Forschern aller Konfessionen, auch sämtliche Ostkirchen teilen diese Auffassung. Formell ist dagegen die römisch-katholische Kirche von einem Kirchenvater des 5. Jahrhunderts überzeugt, dem großen Hieronymus, der unter anderem in Bethlehem die hebräische und griechische Bibel ins Lateinische übersetzte und damit die „Vulgata" schuf, die bis in die Neuzeit die verbindliche Textfassung des Alten und Neuen Testaments blieb. Hieronymus äußerte in einer Streitschrift gegen einen gewissen Helvidius die Auffassung, die Brüder Jesu seien nicht Halbgeschwister bzw. Stiefbrüder, sondern Vettern. Hieronymus, der sich wie das „Protevangelium des Jakobus" mit den Schwestern gar nicht erst befaßt, war davon überzeugt, daß eine andere Maria, die Mutter eines anderen Jakobus und Joses (Markus 15,40), in Wirklichkeit die Mutter der sogenannten Brüder Jesu war. Damit war die Möglichkeit geschaffen, auch Joseph als gewissermaßen ständig jungfräulich zu verstehen, da er dann ja auch kein leiblicher Vater irgendeines Kindes gewesen wäre. Es ist nicht mehr eindeutig zu klären, warum Hieronymus rund 350 Jahre nach den eben genannten Autoren plötzlich eine völlig andere Auffassung vertrat. Der Wortlaut der Stelle Markus 15,40 scheint die These des Hieronymus kaum zu rechtfertigen – Markus unterscheidet die andere Maria ja ausdrücklich vom Elternhaus Jesu, in das er zuvor die Brüder und Schwestern eingeordnet hatte (6,3), und es ist bis heute auch nicht überzeugend gelungen, eine Gleichsetzung von Vettern und (Stief-)Brüdern im griechischen Sprachgebrauch nachzuweisen. Doch halten wir fest, daß es nicht weit führt, die unterschiedlichen Auffassungen der christlichen Kirchen gegeneinander auszuspielen. Ein antiker Leser der Evangelien und des Paulus hätte jedenfalls kaum daran gezweifelt, daß Jesus (ältere) Geschwister hatte, die mit ihm zusammen in Nazareth aufwuchsen, sich in der Frühzeit seines öffentlichen Auftretens von ihm distanzierten und von denen sich dann zumindest zwei, die namentlich genannt werden (Jakobus, Judas), nach der Auferstehung zu ihm bekannten.

Rätselhaft bliebe im Kontext jüdischer Familien – wohlgemerkt ohne den Bezug auf die spätere christliche Theologie, die es zur Zeit der Verlobung von Maria und Joseph natürlich noch nicht gab – die Möglichkeit einer Art freiwilligen Zölibats beider Partner. Denn daß ein Ehepaar Kinder zeugt, war und ist in jüdischem Denken geradezu eine Selbstverständlichkeit. Eine kinderlose Ehe kann ohne weiteres wieder geschieden werden. War Joseph bereits so alt, daß niemand daran Anstoß nahm, als gemeinsame Kinder ausblieben? Viele Interpreten nehmen nach wie vor an, daß Joseph, der schon bald in den Evangelien nicht mehr erwähnt wird, ohnehin früh, noch vor Beginn des öffentlichen Auftretens Jesu, verstarb. Andere Forscher erinnern daran, daß Joseph als Bauhandwerker, möglicherweise sogar Bauunternehmer, kaum Zeit gehabt haben dürfte, überall mitzureisen und einfach deswegen bei späteren Begebenheiten fehlt. Bargil Pixner, der 2002 verstorbene Archäologe und Bibelforscher, der jahrzehntelang in Israel den örtlichen und literarischen Quellen nachging, wies auf eine unbeachtete Stelle in der „Tempelrolle" aus der 11. Höhle von Qumran hin. In einer Auslegung von Numeri/4. Mose 30,4–9 heißt es dort, eine Frau könne in ihrer Jugend das Gelübde fortwährender Enthaltsamkeit ablegen. Erhebt der Vater dagegen keinen Einspruch, dann ist das Gelübde gültig. Heiratet eine solche Frau, kann der Ehemann das Gelübde auflösen oder auch anerkennen (11QMiqd 53,16–54,3). Nun waren weder Joseph noch Maria Essener, und es bleibt fraglich, wie weit solches Denken anderswo im Judentum, unter Nachfahren Aarons und Davids, bekannt war und ob es ernstgenommen wurde. Aber es sollte nicht übersehen werden, daß zumindest ein jüdischer Text aus jener Zeit existiert, der eine kinderlose Ehe nicht nur akzeptiert, sondern sogar begründet.

Bleiben wir eng an dem, was wirklich im Neuen Testament steht, dann führen uns solche Erwägungen auf verschlungene Seitenpfade. Fragen wir nun also nicht nach dem, was frühere Texte erwägen und spätere Texte aus teilweise dunklen Quellen und gelegentlich auch in freier Erfindung zusammenklaubten, sondern nach dem, was uns die Evangelien in aller Sparsamkeit tatsächlich mitteilen, und was wir aus unserem Wissen über die sozialen und kulturellen Gegebenheiten jener Jahre hinzufügen können. Nur Lukas erwähnt eine Begebenheit, die in die Jahre zwischen der Rückkehr nach Nazareth und dem öffentlichen

Auftreten fällt: Im Alter von zwölf Jahren, also kurz vor der Bar-Mitzva, mit der bis heute ein jüdischer Junge volljährig wird, zieht Jesus mit Maria und Joseph zu Pesach, dem Passa-Fest (aus dem in christlicher Tradition später Ostern wurde), als Pilger nach Jerusalem. Es scheint, daß er in diesem Jahr zum ersten Mal auf die Reise mitgenommen wird. In diesem Alter sind die männlichen Kinder bereits in der hebräischen Schriftsprache, im Auswendiglernen der Tora und anderer Teile des Alten Testaments sowie im Vorlesen unterrichtet. Kein Wunder also, daß sich der zwölfjährige Jesus, wie Lukas berichtet (2,41–51), in den Tempel setzt und den Gesprächen der Schriftgelehrten zuhört, und keineswegs unüblich war es, daß ein Kind dieses Alters Fragen stellte und im Gespräch ernstgenommen wurde. Es muß uns auch nicht wundern, daß Maria und Joseph das Fehlen des Kindes erst einen Tag nach der Abreise aus Jerusalem bemerkten. Das hat nichts mit mangelnder Aufsichtspflicht zu tun, sondern mit der Organisation eines großen Verwandten- und Freundesverbandes, der sich aus Nazareth auf die Pilgerreise gemacht hatte: Die Aufsicht über die Kinder der Gruppe lag bei anderen, und in diesem Fall hatten sich, wie das immer wieder einmal vorkommt, alle zu sehr aufeinander verlassen. Bemerkenswert am Bericht des Lukas sind zwei andere Dinge: Die Fragen und Antworten des Zwölfjährigen sind so ungewöhnlich verstandesreich, daß es allgemein auffällt, und als Maria und Joseph ihn nach drei Tagen endlich im Tempel finden, gibt er ihnen auf den Vorwurf, sie in Ängste versetzt zu haben, eine Antwort, die man normalerweise als vorlaut bezeichnen würde: „Warum habt ihr mich gesucht? Wußtet ihr nicht, daß ich in dem sein muß, was meinem Vater gehört?“ Lukas notiert die Reaktion: „Doch sie verstanden nicht, was er damit sagen wollte.“

Die Antwort, die Jesus gibt, ist nicht leicht zu begründen. Denn selbst wenn wir uns daran erinnern, daß Maria und Joseph zu diesem Zeitpunkt längst wußten, welches in jeder Beziehung ungewöhnliche Kind Jesus war, ist nicht sofort klar, warum er gerade zu diesem Zeitpunkt heimlich zurückbleiben und drei Tage im Tempel, dem Haus Gottes, debattieren mußte. Im Jahr der Bar-Mitzva oder danach, also mit der Volljährigkeit, wäre es wohl angemessener und verständlicher gewesen. Wie ist es aber zu verstehen? Sollte Jesus sich für den Moment seines erstes Pilgerfestes entschieden haben, gerade weil es das erste war und er damit zum ersten Mal die Gelegenheit hatte, im Tempel zu sitzen? Sollte er, der zu diesem Zeitpunkt, wie wir wissen, in den Büchern des Mose längst zu Hause war, so weit gedacht haben, daß die Zahl seiner Lebensjahre ein symbolisches Zeichen setzte für die Zwölfzahl der Stämme Israels und damit für die Ganzheit des jüdischen Volkes stand? Lukas enthält sich des Kommentars. Er hält nur die Tatsache des Ereignisses fest und fügt hinzu, daß Jesus danach keine jugendlichen „Eskapaden" mehr beging, seinen Eltern gehorchte und nicht nur physisch, sondern auch geistlich zum Wohlgefallen Gottes heranwuchs. Allen Beteiligten lag schließlich daran, das messianische Geheimnis Jesu nicht zu früh bekanntwerden zu lassen. Jahre der Stille mußten folgen, aber es waren keine Jahre der Untätigkeit.

Nazareth war ein eigenartiger Ort. Zu klein, um im Alten Testament überhaupt erwähnt zu werden, ist es außerhalb der Evangelien nur durch eine hebräische Inschrift belegt, die unter anderem eine in Nazareth lebende Familie priesterlicher Abstammung erwähnt. Und doch enthält der Ortsname eine auf den ersten Blick versteckte Information: Im griechisch geschriebenen Neuen Testament heißt der Ort Nazareth, mit der Schreibvariante Nazara (so im griechischen Text von Matthäus 4,13 und Lukas 4,16). Die 1962 in Caesarea Maritima entdeckte Inschrift belegt, daß die hebräische Schreibweise tatsächlich „Nazara" war, ein Name, der engstens mit „Nezer", „Sproß", „Schößling", verwandt ist. So wird das Wortspiel verständlich, das hinter dem Beinamen steckt, den Jesus immer wieder erhält. Denn er heißt in den Texten nicht eigentlich „der Nazarener", sondern „der Nazoräer", auf griechisch „Nazôraios". Nur selten, wie in Markus 10,47, wird er im Neuen Testament wörtlich „Nazarener" genannt, griechisch „Nazarênos". Die lateinische Fassung dieser Form ist es, die wir alle kennen, wenigstens von der Tafel über dem Kreuz, die in fast allen Kirchen zu sehen ist, INRI, ausgeschrieben als „Iesus Nazarenus

Rex Iudaeorum", wörtlich „Jesus der Nazarener, König der Juden". Die alte Form, die näher am ursprünglichen hebräischen Wortlaut bleibt, „Nazôraios" also, bezieht sich auf die Prophetie in Jesaja 11,1. Dort heißt es: „Doch aus dem Baumstumpf Isais wächst ein Reis empor, ein junger Trieb aus seinen Wurzeln bringt Frucht." Jeder kennt das aus dem Weihnachtslied: „Es ist ein Ros entsprungen aus einer Wurzel zart, wie uns die Alten sungen, von Jesse kam die Art." Hier wird die Herkunft des Messias von David angesprochen, dessen Vater jener Isai, Jesse war. Wer damals von Jesus als dem „Nazoräer" sprach oder schrieb, hatte also zweierlei im Sinn: den Ort, in dem Jesus beheimatet war, vor allem aber seine Abstammung aus der Linie Davids.

Matthäus war kaum der erste, der diese Verbindung erkannte, als er von der Rückkehr Jesu mit Maria und Joseph aus Ägypten nach Nazareth schrieb: „ ... und ließ sich in einer Stadt namens Nazareth nieder. Denn es sollte sich erfüllen, was durch die Propheten gesagt worden war: Er wird Nazoräer genannt werden" (Matthäus 2,23). So darf man vielleicht sogar vermuten, daß Joseph schon vor der reizvollen Gelegenheit, in der Großbaustelle Sepphoris ein vernünftiges Einkommen zu erwerben, in Nazareth gerade deswegen wohnte, weil hier auch andere Nachkommen Davids lebten, weil möglicherweise frühere Generationen von Davididen den Ort gegründet und ihm bewußt diesen Namen gegeben hatten. Manche Forscher nehmen an, daß auch Maria, die mit Sicherheit aaronitischer Abstammung war, davidische Vorfahren hatte und deswegen ihrerseits in Nazareth oder in der näheren Umgebung wohnte. Lukas 1,32 wird als Hinweis darauf gedeutet. Dort sagt der Engel zu Maria: „Er (Jesus) wird groß sein und Sohn des Höchsten genannt werden. Gott, der Herr, wird ihm den Thron seines Vaters David geben." Paulus scheint das im Römerbrief 1,3 sogar noch zu verstärken, wenn er betont, daß Jesus „dem Fleisch nach geboren ist als Nachkomme Davids". Nach damaligem Rechtsverständnis reichte es zwar, wenn Joseph den Sohn der Maria adoptierte, denn bereits das machte ihn zum vollgültigen Nachfahren Davids. Doch die Möglichkeit, daß sowohl Maria als auch Joseph davidischer Abstammung waren, bleibt bestehen. Sie waren nicht ersten Grades miteinander verwandt – Inzucht ist ein auch im Judentum streng verbotenes Verhalten –, führten sich aber in direkter Linie auf den gleichen Stammvater zurück. Diese davidische Verwandtschaft in und um Nazareth könnte auch erklären, warum auf der Pilgerfahrt nach Jerusalem, bei deren Rückreise Jesus kurzfristig verlorenging, ein größerer Verband unterwegs war – die Großsippe aus dem Dorf Nazareth, zu der auch Joseph gehörte. Bethlehem, die Stadt Davids, in der Jesus geboren wurde, und das davidische Dorf Nazareth, in dem er aufwuchs, sind also nicht gegeneinander auszuspielen. Sie gehören im Gegenteil eng zusammen.

Nach den Gepflogenheiten der Zeit erlernte Jesus den Beruf seines (Adoptiv-)Vaters und wurde Bauhandwerker. Trotz der Pachteinnahmen aus Bethlehem war es für die beiden Berufstätigen natürlich reizvoll, eine einträgliche Arbeit zu haben. Viele Forscher sind davon überzeugt, daß die beiden unter den Handwerken und Unternehmern waren, die an der einzigen galiläischen Großbaustelle jener Zeit mitarbeiteten: dem Wiederaufbau der im Jahre 4 v. Chr. bei einer lokalen Revolte zerstörten Stadt Sepphoris (Zippori), die unter Herodes Antipas vorübergehend, bis 18 n. Chr., zur Hauptstadt Galiläas wurde. Nicht auszuschließen ist auch, daß er in Sepphoris die „Septuaginta" kennenlernte, die Übersetzung der hebräischen Bibel ins Griechische, die im 3. und 2. vorchristlichen Jahrhundert in Alexandria von Juden für Juden angefertigt worden war und schnell ihren Siegeszug im ganzen Römischen Reich antrat: Alle Juden, die nicht mehr mit der hebräischen Kultussprache groß geworden waren, und alle Nicht-Juden, die sich für die Kultur und Religion des Judentums interessierten, lasen die „Septuaginta". Auch im jüdischen Kernland von Galiläa, Samaria und Judäa lebten immer mehr Menschen, die leichter Griechisch lasen als Hebräisch. Später begegnet uns z. B. in der Apostelgeschichte eine Gruppe von Judenchristen um Stephanus, die ausdrücklich als „Hellenisten" bezeichnet werden, und mitten in Jerusalem sind mindestens zwei griechischsprachige Synagogen zur Zeit Jesu nachgewiesen. Das gemischte Publikum einer Landeshauptstadt wie Sepphoris mit ihrem Umland umfaßte mit Sicherheit Juden, die ihre Bibel lieber griechisch lasen. Ein neugieriger, aufgeschlossener und sich seines kommenden Auftrags bewußter junger Mann wie Jesus hätte keine Mühe gehabt, sich die wichtigste Verkehrssprache seines Kulturraums anzueignen, und dies sogar, ohne den Bereich seiner eigenen Kultur zu verlassen.

Schon in einer frühen Phase seines öffentlichen Wirkens zeigte sich dann, daß er auch sprachlich gut vorbereitet war. Von Kapernaum aus geht Jesus eines Tages „in das Gebiet von Tyros". Dieses nicht zu Galiläa gehörende Gebiet war in zwei Tagesreisen zu erreichen, es begann einige Kilometer östlich des Hule-Sees und erstreckte sich westlich und nordwestlich bis zum Mittelmeer. Dort wendet sich eine Frau aus Syrophönizien an ihn, die der Evangelist Markus ausdrücklich als griechischsprachig vorstellt (Markus 7,26; deutsche Übersetzungen übergehen diese Nuance, weil sie das griechische Wort „Hellênis" einfach nur als „Griechin" oder sogar ganz falsch als „Heidin" wiedergeben, während es ihre gesamte kulturelle Herkunft einschließlich ihrer Sprache bezeichnet). Mit ihr führt er ein hochtheologisches Gespräch, in dem beide sich gegenseitig erproben. Der eine, immer wieder zu Recht gesehene Aspekt dieser Gechichte ist, daß Jesus schon früh bereit war, in nicht-jüdisches Gebiet zu gehen, Nicht-Juden auf die Möglichkeit eines messianischen Glaubens zu prüfen und ihnen seine Heilkraft zuteil werden zu lassen. Die andere Pointe aber ist, daß dieses Gespräch in griechischer Sprache stattfand. Denn Markus betont ja gerade, daß die Syrophönizierin sich in dieser Sprache verständigte; er will uns also wissen lassen, daß Jesus sich auch auf dieser Ebene komplex argumentierend und schlagfertig bewegen konnte.

Auch das Theater hat er wohl während seiner Jugendjahre in Sepphoris kennengelernt. Entgegen einer noch immer weit verbreiteten Auffassung war es gläubigen Juden damals nicht verboten, ins Theater zu gehen – diese Abneigung, die dann auch vom frühen Christentum geteilt wurde, entwickelte sich erst später. Baute Jesus mit Joseph an diesem beeindruckenden,

5000 Zuschauer fassenden Theater mit? Es stammt aus der Frühzeit des 1. Jahrhunderts. Gekannt hat er es sicher, und als eine Chance, seinen Bildungshorizont zu erweitern, dürfte er es auch besucht haben. Vielleicht kam er bei dem Besuch eines Theaterstücks auf den Gedanken, für die „Heuchler", die er gelegentlich in griechischer Sprache angriff (so z. B. in Matthäus 22,15–22), den Ausdruck „hypokritai" zu benutzen, „Schauspieler", Menschen also, die nur eine Rolle spielen, die so tun als ob. Auch im römischen Palästina wurde Theater, wie überall im Osten des Reichs, nur in griechischer Sprache gespielt. Vielleicht hat Jesus hier einmal einen der Klassiker des griechischen Theaters gesehen, den „Agamemnon" des Aischylos, in dem das geflügelte Wort vorkommt, daß es schwer fallen werde, „wider den Stachel auszuschlagen" (Agamemnon 1624). Wir kennen es aus Apostelgeschichte 26,14, wo Paulus es als Teil der Rede Jesu auf der Straße nach Damaskus zitiert, im Verhör vor dem griechisch-kulturell gebildeten römischen Prokurator Festus und dem ebenfalls seit römischen Studienjahren mit dem Theater vertrauten jüdischen König Agrippa I. in Caesarea, und wo wir lesen, wie er mit diesem Nachweis seiner eigenen Bildung und der Bildung seines Herrn, des Messias Jesus, eine geradezu verblüffende Wirkung erzielt (26,24–28).

Wissenschaftliche Sicherheit können wir hier nicht erwarten; es sind begründete Vermutungen, die sich aus der Beobachtung des kulturellen Umfelds in den Jugendjahren Jesu ergeben. Doch soviel darf gesagt werden: Jesus hat diese Jahre sicher nicht hinter verschlossenen Vorhängen verbracht. Er hat gearbeitet, hat Menschen und ihr Denken kennengelernt, hat von Joseph ein Handwerk und Torah-Treue gelernt, wurde in der Synagogenschule in die Grundkenntnisse der biblischen Sprache und der gesamten hebräischen Bibel eingeführt, er wuchs heran zum frommen Juden, der auch als ganzer Mensch, ohne Rückgriff auf seine Gottessohnschaft, lebenstüchtig und gewandt war, mehrsprachig und fähig, seinen eigenen Lebensunterhalt zu verdienen, ehe er zum ersten Mal öffentlich auftrat. Der alte Irrtum, Jesus sei in einem hinteren Winkel des Römischen Reichs aufgewachsen, wo sich Fuchs und Hase gute

Nacht sagten, in einer „kleinen Welt", von der keiner Notiz nahm, er ist längst korrigiert. Auch die Landschaft, in der Jesus aufwuchs, gehörte zu den kulturell, landwirtschaftlich und religiös lebendigsten Gebieten der damaligen Welt, sie wurde durchquert von der wichtigsten Handelsstraße des östlichen Mittelmeerraums, der „Via Maris", die internationale Waren, Gedanken und Menschen bis vor die Haustür Jesu brachte. Es war eine lebendige Welt, voller ungewöhnlicher Erfahrungen und Konflikte, ideal für einen Heranwachsenden. Selbst wenn wir aus den Evangelien nichts Weiteres über seinen Tagesablauf in den ersten drei Lebensjahrzehnten erfahren, gilt doch, daß es keine „dunklen" Jahre waren, sondern helle und erfüllte, von denen wir uns ein Bild machen können.

Jesus und die Wundertäter

Jesus war Anfang Dreißig, als er sich von seinem Verwandten Johannes, dem Sohn der Cousine seiner Mutter, taufen ließ. Für einen Menschen jener Zeit war das ein fortgeschrittenes Alter. Er war, nach damaligem Verständnis, jedenfalls alles andere als ein junger Mann. Der Vorteil war offensichtlich: Auch ohne ihn gehört zu haben, traute man ihm Lebenserfahrung zu, und die Verbindung seiner Worte und Taten mit seinem Alter steigerte seine Autorität. Es wird immer wieder darüber spekuliert, ob Jesus anfangs ein Jünger des Täufers Johannes war, oder ob wenigstens einige seiner eigenen späteren Jünger – namentlich Andreas und dessen Bruder Simon Petrus, vielleicht auch Philippus – zuerst Jünger des Täufers gewesen waren (vgl. Johannes 1,40–43). Das sind allerdings Spekulationen ohne Grundlage in den Quellen. Sicher hatte Johannes Helfer und Mitarbeiter, und die Evangelisten nennen sie auch Jünger (Markus 6,29; Matthäus 11,2; 14,12; Lukas 7,18), aber es fehlt jedes Anzeichen dafür, daß er eine eigene Glaubensgemeinschaft bildete. Menschen, die sich auf seine Taufe beriefen, gab es noch lange (Apostelgeschichte 19,1–7), und möglicherweise war später die Sekte der Mandäer von ihnen beeinflußt, deren Nachfahren noch heute im Irak leben. Johannes selbst war sich allerdings seiner ebenso wichtigen wie begrenzten Rolle bewußt: Er war nicht selbst der Messias, sondern sein prophetischer Wegbereiter. Wer sich dem Täufer anschloß, sollte es nur vorübergehend tun, bis sich sich der Messias offenbarte. War es überhaupt erforderlich, daß Jesus sich unmittelbar vor Beginn seiner eigenen öffentlichen Tätigkeit taufen ließ? Die Taufe des Johannes galt der Buße, der Umkehr. War Jesus nicht frei von Sünde, wenn er denn wirklich der Messias, der Gesalbte Gottes war?

Johannes erkannte den scheinbaren Widerspruch. Als Jesus zu ihm kam, wahrscheinlich auf der Rückkehr von einer Pascha-Pilgerreise nach Jerusalem im Frühjahr 28 n. Chr., in Bethanien jenseits des Jordans (die Stelle mit späteren Pilgerspuren und noch späteren byzantinischen Kapellen ist erst vor kurzem wieder ausgegraben wurden, beim Wadi el-Charrar knapp 2 km östlich des Flusses), weigerte er sich zuerst, ihn zu taufen: Er selbst müsse von Jesus getauft werden, nicht umgekehrt. Doch er begriff, daß Jesus nicht nur scheinbar wirklicher Mensch war (wie es später irrlehrende Gruppen behaupteten, für die Jesus auch nur scheinbar am Kreuz starb), sondern ganzer Mensch ebenso wie ganzer Gottessohn. Seine Taufe gehörte zur Erfüllung der Gerechtigkeit, die von Gott für alle Menschen gedacht war (Matthäus 3,13–15). Es ist eine aufregende Szene, deren innere Spannung nicht zuletzt darin liegt, daß die beiden sich als enge Verwandte gut genug kennen mußten, um sich rein menschlich einzuschätzen. Traute jeder dem anderen zu, von Gott auserwählt zu sein? Wie viel Sicherheit brauchte der ältere, Johannes, um den jüngeren als den lang erwarteten Heilsbringer anzuerkennen? Unmittelbar nach der Taufe geschieht ein Wunder: Der Himmel öffnet sich, in Gestalt einer Taube erscheint der Heilige Geist, der auf Jesus herabkommt, und eine Stimme aus dem Himmel ist zu hören: „Das ist mein geliebter Sohn, an dem ich Gefallen gefunden habe." Wie auch immer wir das deuten, es ist kaum vorstellbar, daß sich der Täufer, jener todesmutige, unbestechliche Bußprediger, Halluzinationen hingegeben hätte. Der Evangelist Johannes spricht es noch etwas deutlicher aus als die anderen. Er berichtet einen wichtigen Satz des Täufers über Gottes Entscheidung: „Der mich gesandt hat, mit Wasser zu taufen, er hat mir gesagt: „Auf wen du den Geist herabkommen siehst und auf wem der bleibt, der ist es, der mit dem Heiligen Geist tauft." Das habe ich gesehen, und ich bezeuge: Er ist der Sohn Gottes" (Johannes 1,33–34). Was hier geschieht, hatte in dieser Form keine Vorläufer im Judentum. Zwar wird immer wieder spekuliert, Johannes sei ein Essener gewesen und habe wie diese die Taufe praktiziert, nun allerdings öffentlich und für alle, außerhalb der Essenerquartiere in Jerusalem und Qumran. Aber heute wissen wir dank der sorgfältigen Auswertung der Schriftrollen von Qumran, daß keine Zusammenhänge zwischen der essenischen Praxis und der Taufe des Johannes bestehen. Die Essener „tauften" sich regelmäßig selbst, sie reinigten sich durch die Selbsttaufe auch nach der kleinsten Verschmutzung, die nach ihren Regeln rituell unrein machte. Das hat Archäologen dazu geführt, die auffallend große Anhäufung von Reinigungsbädern, „Mikven", auf dem Zionsberg, dem Südwesthügel Jerusalems, als Indiz für die von Flavius Josephus und in der Kupferrolle aus Höhle 3 bezeugte Ansiedlung der Essener in diesem Außenquartier Qumrans zu bewerten. Jedenfalls taufte Johannes nicht sich selbst, sondern andere, nicht gegen rituelle Verunreinigung, sondern gegen die Sünde und als Zeichen der Umkehr („Buße"), und er tat es ein für allemal, nicht in täglich mehrfacher Wiederholung. Mit anderen Worten: Die Taufe des Johannes und jene der Essener haben nicht mehr gemeinsam als die durchaus richtige Erkenntnis, daß Wasser reinigt.

Wem das noch nicht deutlich genug war, dem zeigte der Täufer auch durch die Ortswahl der südlichsten seiner verschiedenen Taufstellen, jener beim Wadi el-Charrar, daß er sich sichtbar von den Qumran-Essenern distanzierte. Denn nur wenige Kilometer von Qumran entfernt, blieb er nicht auf der Qumran-Seite des Jordans und des Toten Meeres, sondern ging auf das Ostufer, in offenbar gewollter Nähe zu jener Stelle, an der einst die Israeliten den Fluß in Richtung des Gelobten Landes überquert hatten. Die legendäre Verbindung des Täufers mit Qumran ruht auf einer einzigen Bibelstelle, Lukas 1,80: „Und Johannes lebte in der Wüste bis zu dem Tag, an dem er den Auftrag erhielt, in Israel aufzutreten." Das ist zu wenig, zu vage, um darauf ein Lehrgebäude von einem angeblichen (Ex-)Essener Johannes zu errichten. Ebenso unwahrscheinlich ist es, daß Jesus selbst jemals Qumran besuchte oder gar ein verkappter Essener war. Dafür fehlt auch nur der kleinste Hinweis in den Quellen. Allerdings kann er ohne weiteres immer wieder Essenern begegnet sein und mit ihnen gesprochen haben, und es ist auch nicht ausgeschlossen, daß er die eine oder andere ihrer Schriftrollen kannte. Denn sobald Essener ihre Ausbildungsstätte Qumran und das andere Zentrum, den Jerusalemer Südwesthügel, nach einer rund dreijährigen Lehrzeit verlassen hatten, siedelten sie überall im Land und gründeten Familien. Sie gehörten zum Judentum ihrer Zeit, nicht als „Sekte", sondern als eine der drei großen Bewegungen neben Sadduzäern und Pharisäern. Wollte Jesus für alle Juden da sein und mit allen ins Gespräch über das Reich Gottes und das Leben in dieser Welt eintreten, dann konnte er es sich – zugespitzt formuliert – gar nicht leisten, auf den Dialog mit Essenern und die Lektüre ihrer Schriften zu verzichten.

Wenig später wandert Jesus zurück nach Galiläa, und Johannes, der in seinen Bußpredigten auch Herodes Antipas wegen seines Ehebruchs angegriffen hatte und unter dem Verdacht stand, eine gefährliche Massenbewegung ins Leben zu rufen, wird nicht lange danach gefangengenommen und auf der Herodes-Festung Machaerus östlich vom Toten Meer hingerichtet. Kurz vor dieser Tötung, die in Legenden, Dichtungen, Malerei und Operngeschichte zahlreiche Spuren hinterlassen hat, kommt es zu einer Begebenheit, deren Dramatik nicht hoch genug eingeschätzt werden kann. Sie dreht sich um eine existentielle Wahrheitsfrage, und um die Bedeutung von Wundern im öffentlichen Leben Jesu.

Die eigenartigen, oft geradezu märchenhaften Kindheitsgeschichten, die seit der Mitte des 2. Jahrhunderts über Jesus verbreitet wurden, ähneln sich alle in einem Punkt: Kaum aus der Krippe herausgekrabbelt, vollbrachte Jesus von Kindesbeinen an zahllose Wunder. Kranke zu heilen, die Menschen Gott wieder näher zu bringen – das ist in diesen Schriften eher zweitrangig. Entweder ist vorwiegend Krankheit, Tod oder Verwundung die Folge eines Kindheitswunders Jesu, oder es geht gar nicht erst um die Heilung und ihre Folgen für das weitere Leben eines kranken Menschen, sondern um die Macht und Selbstbestätigung des Heilenden. So wie die Jünger sich in Kapernaum mit der für sie offenbar dringenden Frage, wer denn nun der größte unter ihnen sei, an Jesus wandten (Markus 9,33–35), so kann man sich leicht auch die Stimmung unter den Beobachtern der religiösen Landschaft in Galiläa zur Zeit Jesu vorstellen: Wer ist der größte unter den Wundertätern? Wer vollbringt noch das eine, unüberbietbare Wunder, das die Rivalen um die Wunderkrone neidvoll applaudieren läßt? Sehen wir uns den Beginn der Tätigkeit Jesu im historischen Umfeld etwas näher an.

Das weitverbreitete Bild von einer Zeit voller Wundertäter, unter denen sich Jesus mit seinen Taten als mindestens gleichrangig behaupten mußte, um überhaupt ernstgenommen zu werden, ist falsch. Wunderheiler gab es schon im Alten Testament, es gab sie – wenngleich sehr selten – auch in der Welt östlicher, griechischer und ägyptischer Religion, aber – und nur darauf kommt es hier an: es gab sie nicht zur Zeit Jesu. Er trat nicht gegen Rivalen an, sondern stand allein. Weder für seine Dämonenaustreibungen, noch für die Krankenheilungen oder die Naturwunder gab es in der Zeit seines öffentlichen Auftretens eine Parallele. Es ist ein weitverbreiteter Irrtum, wenn von „zeitgenössischen Wundertätern" geredet wird. Außerhalb des jüdischen Kernlandes, in dem Jesus sich bewegte, stößt man allenfalls auf einen Griechen namens Apollonius von Tyana. Er wurde zu Beginn des 1. Jahrhunderts n. Chr. im kappadozischen Tyana geboren und lebte bis ungefähr 96 n. Chr. Dies jedenfalls behauptet sein einziger „Biograph", der um 230 n. Chr. aktiv war, also rund 150 Jahre später schrieb. Die Althistoriker sind sich einig, daß der Bericht des Philostrat in seinen Quellen und in den Details höchst fragwürdig ist. Allem Anschein nach ging es ihm darum, eine antichristliche Propagandaschrift vorzulegen, die seiner Auftraggeberin, der Kaiserin Iulia Domna, gefallen sollte. Diese nämlich war die Tochter eines Priesters des Elgabal, einer arabisch-syrischen Sonnengottheit, und Frau des Kaisers Septimus Severus, der verschiedene regionale Christenverfolgungen initiierte, unter anderem in Britannien, wo der erste namentlich bekannte britische Märtyrer, Albanus, sein Opfer wurde. Obwohl also kaum Grund besteht, Philostrat in allen Punkten zu trauen und seine späte Darstellung des Apollonius historisch ernst zu nehmen, besteht kein Zweifel daran, daß es diesen Mann aus Tyana gab und daß er, zeitgleich mit Jesus oder kurz danach, öffentlich in einer Gegend auftrat, die zur heutigen Südtürkei gehört. Von diesem Apollonius heißt es nun, daß er ein wundertätiger Wanderasket war, bis nach Indien kam, Auseinandersetzungen mit Nero und Domitian hatte und nach seinem Tod (der jedenfalls Jahrzehnte nach dem Abschluß der Evangelien eintrat) in den Himmel aufgenommen wurde.

Wahrscheinlich nicht echt, jedenfalls sehr umstritten, sind einige Briefe unter seinem Namen und das Fragment einer Schrift namens „Weihehandlungen oder Über Opfer". Antichristliche Polemiker nutzten ihn als Gegenbild zu Jesus, aber, das muß deutlich gesagt werden, erst lange nach dem Tod Jesu und nach Abschluß der Evangelien. Es ist ausgeschlossen, irgendeine tatsächliche Konkurrenz zwischen Jesus und ihm schon zu Lebzeiten Jesu zu behaupten. Doch was hat nun dieser Apollonius – angeblich – geleistet, um ihn in den Augen von Christengegnern zum nützlichen Instrument hochzustilisieren?

Eine typische Szene wird aus Ephesus berichtet. Dort war, so heißt es bei Philostrat, die Pest ausgebrochen. Als alles andere nichts half, wird Apollonius herbeigeholt. Er verspricht eine umgehende Lösung. Die Jugend der Stadt wird vor das Theater geführt. Dort saß ein alter Bettler. Apollonius befiehlt den Leuten, ihn zu umzingeln und „den Feind der Götter" mit Steinen zu bewerfen. Die Epheser weigern sich zuerst, und der alte Mann fleht um Erbarmen. Apollonius aber besteht auf der Steinigung. Schließlich beginnen diejenigen, die am weitesten entfernt stehen, erste Steine zu werfen. Da zeigt der Bettler plötzlich feurige Augen, sie erkennen in ihm „den bösen Geist" und bewerfen ihn nun richtig, bis er von einem großen Steinhaufen begraben ist. Als Apollonius die Steine wegräumen läßt, ist der Mann verschwunden. An seiner Stelle liegt ein Hund, groß wie ein Löwe, von den Steinen zerschmettert, mit Schaum vor dem Mund wie ein tollwütiges Tier. Das ist nicht nur eine alberne Geschichte voller Aberglauben, sie ist auch Welten entfernt von den Wundertaten Jesu. Philostrat berichtet aber auch eine Art Auferweckungsgeschichte. Folgendes soll geschehen sein: In Rom war eine junge Frau an ihrem Hochzeitstag gestorben. Apollonius bemerkt den Trauerzug und befiehlt, die Bahre abzustellen. Er fragt nach ihrem Namen, und die Umstehenden vermuten, daß er nach damaliger Gewohnheit eine Trauerrede zu ihren Ehren halten will. Stattdessen berührt er die Frau, spricht leise einige unverständliche Worte und bringt sie ins Leben zurück. Die junge Frau sagt etwas (was sie sagt, wird nicht berichtet) und geht zurück ins Haus ihres Vaters. Ihre Verwandten bieten Apollonius einen Lohn von 150 000 Sesterzen an, doch er schenkt ihr die Summe als Mitgift. Philostrat will aufgeklärt erscheinen und kommentiert: „Nun fragt es sich, ob er in ihrem Leib noch einen Funken von Leben entdeckt hatte, den die anderen, die sie pflegten, nicht bemerkt hatten? Es regnete gerade, und doch stieg von ihrem Gesicht eine Art Dunst auf. Oder war das Leben in ihr gänzlich erloschen, und er brachte sie durch die Wärme seiner Berührung ins Leben zurück? Es ist ein unlösbares Rätsel, nicht nur für mich, sondern für alle, die bei dem Geschehen dabei waren." Recht raffiniert bietet Philostrat hier also ein Auferweckungswunder, das an die Auferweckung der Tochter des Jaïrus und des jungen Manns zu Naïn erinnern soll (Unterton: Was Jesus konnte, das konnte Apollonius auch), und zugleich bietet er eine ganz rationale Lösung für das „Wunder" an. Auf den entscheidenden Unterschied weist der Berliner Altphilologe Ulrich Victor hin: Wenn Jesus bei seinen Wunderhandlungen spricht, dann spricht er laut und verständlich. Geheime Formeln, leise und unverständlich, gibt es bei ihm nicht. Apollonius will das „Geheimnis" seiner „Macht" für sich behalten, Jesus dagegen erklärt, was er tut und lädt andere ein, seine Nachfolger mit gleicher Heilungsvollmacht zu werden – wohlgemerkt auch bei Totenerweckungen (Matthäus 10,8).

Wichtiger als Apollonius ist für die Zeit und das Umfeld Jesu die jüdische Situation. Gab es zu seiner Zeit wirklich zahlreiche Wundertäter, die in Galiläa, Samaria und Judäa die Menschen beeindruckten und gegen die er sich beweisen mußte? Die eindeutige Antwort lautet: Nein. Einigermaßen zeitgleich sind nur zwei: Choni der Kreiszieher und Chanina Ben Dosa. Einigermaßen – denn der erste starb, ehe Jesus auftrat, und der andere trat erst auf, als Jesus gestorben (und auferstanden) war. Choni, der im 2./1. vorchristlichen Jahrhundert lebte, sollte allerdings gleich wieder ausgeschieden werden. Denn er vollbrachte nur ein einziges Wunder, und das ist eher ein Beispiel für Gottes (und der Juden) Sinn für Humor als für echte Wunderkraft. Der Talmud berichtet im Traktat Taanit 23a, der seine Endfassung erst im 5. nachchristlichen Jahrhundert erhielt, wie Choni um Hilfe gebeten wurde, als am Ende der Regenzeit noch immer kein Regen gefallen war. Choni betet, doch der Regen bleibt aus. Da zieht er einen Kreis und stellt sich in die Mitte. Wieder betet er innig um Regen. Es tröpfelt. Chonis Schüler sind enttäuscht. Also betet Choni erneut. Es soll so lange regnen, daß auch alle Zisternen gefüllt werden. Jetzt regnet es so heftig, daß „jeder einzelne Tropfen so groß war wie die Öffnung eines Fasses und die Weisen schätzten, daß kein Tropfen kleiner war als ein halber Liter." Das ist nun auch wieder nicht richtig. Chonis Schüler haben Angst, ein solcher Regen könne die Welt vernichten. Wieder betet er, nun „um Regen des Wohlgefallens, des Segens und der Freigiebigkeit". Endlich funktioniert die Sache, und dankbar zieht das Volk auf den Tempelberg. Aber irgendwie will der Regen nicht aufhören, also bitten ihn seine Schüler um ein Ende. Choni erklärt, man solle wegen eines Übermaßes an Gutem nicht beten, aber er tut es doch. Der Regen hört auf, die Sonne scheint, und das dankbare Volk sammelt Trüffeln und Pilze.

Noch im gleichen Talmud-Traktat wird Choni für sein Verhalten kritisiert. Man läßt es ihm aber durchgehen, weil Gott ihn gütig behandelte wie ein Vater sein Kind, obwohl es sich gegen ihn verging. Gegen einen solchen Wundertäter mußte Jesus sich wohl kaum beweisen – in seinen Wundertaten gibt es nichts, was auch nur entfernt an jenen Choni erinnert. Was man von der Geschichtlichkeit der ganzen Erzählung halten soll, ist ohnehin nicht ganz klar. Denn Flavius Josephus erzählt von einem offenbar identischen „Onias" zur Zeit von Aretas, Hyrkanus und Aristobul, der ein Regenwunder vollbringt, sich dann aber weigert, Aristobul zu verfluchen und dafür „von Verbrechern unter den Juden" zu Tode gesteinigt wird (Jüdische Altertümer 14,22–24). Interessanter ist dagegen Chanina Ben Dosa, der wie Jesus aus Galiläa stammte. Doch ehe wir ihn uns etwas näher ansehen, müssen wir daran erinnern, daß er eine ganze Generation nach Jesus auftrat. Wenn es da eine Konkurrenz gab, dann bestenfalls eine des Chanina gegen seinen Vorgänger Jesus. Von Chanina werden im Talmud sechs Wunder berichtet, eine vergleichsweise magere Ausbeute gegen die vierunddreißig, die von Jesus überliefert sind. Eines dieser sechs weist gewisse Parallelen zu Heilungswundern Jesu auf. Der Sohn des Rabbi Gamaliel (der Enkel des Gamaliel, der in der Apostelgeschichte auftritt) war erkrankt. Gamaliel bittet Chanina, für den Kranken zu beten. Chanina geht in sein eigenes Obergemach. Als er wieder herauskommt, erklärt er, das Fieber habe den Sohn verlassen. Skeptische Äußerungen beantwortet er mit dem Hinweis, daß er weder ein Prophet sei noch eines Propheten Sohn (ein Zitat aus Amos 7,14), daß aber ein Gebet, das Gott wohlgefällt, erhört wird. Man schickt Boten ins das Haus Gamaliels, und tatsächlich stellt sich heraus, daß sein Sohn geheilt ist und schon nach Wasser gefragt hat (Talmud, Brachot 34 b).

Selbst wenn wir hier und da bei Chanina Ähnlichkeiten mit den Taten Jesu erkennen wollen, so ist doch offensichtlich, daß es sich bestenfalls um schwache Abbilder handelt, die eben nicht vor der Tätigkeit Jesu oder zeitgleich geschahen, sondern erheblich später. Mit anderen Worten: In seinem gesamten Umfeld, sei es griechisch oder jüdisch, war der Wundertäter Jesus nicht einer unter vielen, sondern eine Ausnahme. Und hier schließt sich der Kreis mit der dramatischen Begebenheit, von der oben kurz die Rede war. Johannes der Täufer, gefangen auf Machaerus, in der Erwartung des sicheren Todes, aber noch nicht verurteilt, kann einige seiner Vertrauten mit einer Frage zu Jesus schicken: „Bist du der, der kommen soll, oder müssen wir auf einen anderen warten? (Matthäus 11,2–6 und Lukas 7,19). Es war die entscheidende Frage. Johannes will noch vor seinem Tod erfahren, ob sein Verwandter, den er beim Jordan zum erwarteten Retter, zum Sohn Gottes, ausgerufen hatte, einen greifbaren Beweis vorzeigen kann, oder ob alles vielleicht nur ein großer Irrtum gewesen war. Denn die Zeichen, die Johannes angekündigt hatte, waren noch nicht geschehen: Jesus hatte weder „mit dem Heiligen Geist und mit Feuer" getauft, noch hatte er sichtbar die Spreu vom Weizen getrennt oder die Spreu in nie erlöschendem Feuer verbrannt (vgl. Matthäus 3,11–12), und selbst dann, wenn man das nur als bildhafte Sprache sehen will, fehlen bis zu diesem Zeitpunkt die Indizien dafür, daß Jesus dies alles bereits getan hätte. So scheint die besorgte Frage des Täufers verständlich. Wie sollte Jesus darauf reagieren? Sollte er Johannes vertrösten, sollte er ihn an alte Zeiten erinnern, an das gemeinsame Erbe? Sollte er Schriftbeweise auflisten? Nichts dergleichen geschieht. Jesus erinnert die Boten des Täufers an seine vielfach bezeugten Wunder. Der Schlüssel liegt in der Art und Weise, wie er das tut.

Matthäus und Lukas, die beiden Evangelisten, die das Ereignis berichten, geben die Antwort an die Boten des Täufers inhaltlich identisch wieder: „Geht und berichtet Johannes, was ihr hört und seht: Blinde sehen wieder, und Lahme gehen, Aussätzige werden rein, und Taube hören, Tote stehen auf, und den Armen wird das Evangelium verkündet." Bemerkenswert ist zuerst, daß Jesus hier von Handlungen spricht, die vor Augenzeugen geschahen. Mit anderen Worten: Es wird mit aller Deutlichkeit ausgeschlossen, daß es sich um phantasievolle Gerüchte handelt. Wir sahen auch bereits, daß selbst ein überzeugter antichristlicher Polemiker wie Kelsos nicht an der Tastsächlichkeit der Wunder zweifelte. Auch der Hohepriester Kaiaphas zweifelte keinen Augenblick daran, daß Jesus das alles tat: Gerade darin lag ja für ihn das Problem, daß er einen vollmächtigen, messianischen Wundertäter mit wachsender Anhängerschaft und denkbaren Herrschaftsansprüchen in seinen realpolitischen Manövern mit der römischen Verwaltung für höchst gefährlich halten mußte. Was uns hier jedoch interessiert, ist nicht die unbezweifelte Wirklichkeit dieser bestens bezeugten Wunder; daran zweifeln auch unter Theologen nur jene, deren historische Rekonstruktionsfähigkeit nicht weit genug reicht, um etwas zu akzeptieren, das sie noch nicht persönlich erlebt haben. Faszinierend und aufschlußreich ist etwas anderes: Es sind fünf Arten von Wundern, die Jesus aufzählt. Als sechste Tat, außerhalb der Wunder, nennt er die Verkündigung der Guten Nachricht, des Evangeliums, an die Armen. Die fünf Wunderarten sind in Zweiergruppen um eine Mitte aufgeführt: 1) Blinde sehen wieder. 2) Lahme gehen. 4) Taube hören. 5) Tote stehen auf. In der Mitte als 3) steht in beiden Berichten: „Aussätzige werden rein."

Die ersten beiden Wunder und das vierte gehören zu den Prophezeiungen, die Jesaja über die messianische Zeit ausspricht:

„Sagt den verzagten Herzen: Seid getrost, fürchtet euch nicht. Seht, da ist euer Gott! Er kommt zur Rache; Gott, der vergilt, kommt und wird euch helfen. Dann werden die Augen der Blinden aufgetan und die Ohren der Tauben geöffnet werden. Dann werden die Lahmen springen wie ein Hirsch, und die Zunge der Stummen wird frohlocken“ (Jesaja 35,4–6). An einer anderen Stelle wiederholt Jesaja die Prophezeiung der Wunder 1 und 4 und fügt indirekt die sechste Heilstat hinzu – daß die Armen und Elenden fröhlich sein werden, weil sie Worte des Buches hören (also die frohe Nachricht, das „Evangelium“): „Zu der Zeit werden die Tauben die Worte des Buches hören, und die Augen der Blinden werden aus Dunkel und Finsternis sehen. Und die Elenden werden wieder Freude haben am Herrn, und die Ärmsten unter den Menschen werden fröhlich sein in dem Heiligen Israels“ (Jesaja 29,18-20). An einer weiteren Stelle vertieft Jesaja gerade diese letzte Ankündigung und spitzt sie auf den kommenden Messias zu: „Der Geist Gottes des Herrn ist auf mir, weil der Herr mich gesalbt hat. Er hat mich gesandt, den Elenden die gute Botschaft zu bringen, die zerbrochenen Herzen zu verbinden, den Gefangenen die Freiheit zu verkünden und den Gebundenen, daß sie frei und ledig sein sollen“ (Jesaja 61,1 – Teil jenes Abschnitts, den Jesus in der Synagoge von Nazareth liest und vor den Ohren der Gemeindemitglieder für erfüllt erklärt: Lukas 4,27). Der Gesalbte des Herrn – das ist hebräisch der Messias, griechisch der Christus. Aber auch das scheinbar auffälligste Wunder, das fünfte, war denen, die der Antwort Jesu zuhörten, als Bestandteil endzeitlicher Prophetie und Hoffnung bekannt: „Deine Toten werden leben, deine Leichname werden auferstehen. Wacht und rühmt, die ihr unter der Erde liegt. Denn ein Tau der Lichter ist dein Tau, und die Erde wird die Toten herausgeben“ (Jesaja 26,19). Tatsächlich hatten die Menschen all das schon vor dem Eintreffen der Boten des Täufers durch Jesus verwirklicht gesehen. Die Heilung eines Blinden (Matthäus 9,27–30) und von Lahmen (Matthäus 8,5–13, 9,2–7), ebenso wie von Tauben bzw. Taubstummen (vor der Begegnung mit den Täuferjüngern indirekt: Matthäus 4,23 und 9,35; kurz danach direkt: Markus 7,31–37). Sogar eine Totenaufweckung hatte man Jesus zu diesem Zeitpunkt bereits vollbringen sehen (die Tochter des Jaïrus, Matthäus 9,18–25). Unter den Ankündigungen Jesajas war auch die Predigt der guten Botschaft an die Armen nicht ausgeblieben: Sie ist eine der Seligpreisungen in der Bergpredigt (Matthäus 5,3).

Nur die mittlere, zentrale der fünf Wunderarten, die Jesus nennt, steht in keiner alttestamentlichen Prophetie: „Aussätzige werden rein". Doch auch das hatte Jesus bereits praktiziert, unmittelbar nach dem Ende der Bergpredigt. „Als er aber vom Berg hinunterging, folgte ihm eine große Menge. Und da trat ein Aussätziger an ihn heran und fiel vor ihm nieder und sagte: ‚Herr, wenn du willst, kannst du mich reinigen.' Und Jesus streckte die Hand aus; berührte ihn und sagte: ‚Ich will es tun. Sei rein!' Und sofort wurde er von seinem Aussatz rein" (Matthäus 8,1–3; Lukas 5,12–14). Man kann das einfach als eine weitere gut bezeugte Wundertat Jesu lesen. Aber ihr Fehlen in den messianischen Prophezeiungen fällt auf, und das wird noch durch ein weiteres Phänomen unterstrichen: In einer kurz vor der Zeit Jesu verfaßten Schrift, die uns als das Qumranfragment 4Q521 erhalten ist, kommen als Teil der messianischen Endzeithoffnung zwar die Fürsorge für die Armen, die Heilung der Blinden, die Heilung der Verwundeten und die Befreiung der Gefangenen vor (wie in Jesaja 61,1), sogar die Auferweckung der Toten und die Überbringung der guten Nachricht an die Armen. Doch die Heilung Aussätziger fehlt auch hier. Sie wurde selbst in der Zeit Jesu offenbar von frommen Juden nicht erwartet. Und doch handelt Jesus so. Und das heißt: Die Liste der Wunder, die er aufzählt, entspricht nicht nur den Hoffnungen, die seine Zeitgenossen in die Wunder des Messias setzten. Diese Liste überbietet sie in einem geradezu revolutionären Punkt. Kein Rabbi, kein Choni der Kreiszieher, kein Chanina Ben Dosa, kein normaler Jude ging freiwillig in die Nähe eines Aussätzigen. Auch Elischa, der ausdrücklich darum gebeten wurde, berührte und heilte den aussätzigen Aramäer Naaman nicht; der Feldherr wird auf andere Weise gesund (2. Könige 5,1–14). Diese Verstoßenen mit ihrer ansteckenden, manchmal wieder verheilenden, nicht selten aber zum Tode führenden Krankheit lebten an den Rändern der Städte und Siedlungen, sich selbst überlassen. So befahl es das Gesetz der Torah (Levitikus/3. Mose 13, 46). Da hatte nun einer den Mut, sich Jesus zu nähern. Er kann kaum Illusionen gehabt haben, aber wer völlig ohne Hoffnung ist, hofft auch gegen jede Hoffnung. Und Jesus stößt ihn nicht weg, er heilt ihn, aber nicht aus sicherer Distanz, sondern durch die körperliche Berührung. Mit dieser Tat war das Gefüge der jüdischen Gesellschaft, die saubere Trennung zwischen Dazugehörigen und Ausgestoßenen, zwischen Gesunden, Heilbaren und Aussätzigen, ein für alle Mal durchbrochen. Der Jude Jesus, der sich als Messias ausweist, fügt eine Tat hinzu, mit der ein neuer Weg zu einer wirklich ganzheitlichen Gemeinschaft des Gottesvolkes möglich wird.

Es ist sicher nicht zuviel gesagt, wenn man feststellt, daß es auf der Ebene der Tat die Wunder sind, die sein Leben von der Hochzeit zu Kana, der Heilung der Schwiegermutter des Petrus bis zu den Auferstehungserscheinungen und der Himmelfahrt prägen. Wir lesen nie von einer handwerklichen Leistung, also etwa eine Notiz, daß der gelernte Bauhandwerker seiner Mutter und seinen Jüngern ein neues Haus einrichtete. Er beteiligt sich auch nicht aktiv am Fischfang, obwohl er mehr als einmal mit im Boot sitzt und mit seinem Ratschlag einen erfolgreichen Fang ermöglicht. Allerdings versteht er es durchaus, Essen und Trinken zu genießen – wofür er von Gegnern sogar kritisiert wird –, und begrüßt noch nach der Auferstehung seine Jünger am See Genezerath damit, daß er sie als Koch beim Braten von Fischen empfängt. Wären da nicht die Wunder, die ihn so radikal von allen seinen Zeitgenossen unterscheiden, so könnte man fast auf den Gedanken kommen, Jesu habe als Mann des Wortes, als Lehrer, Prediger und Prophet, das praktische Handeln den anderen überlassen. Und hier müssen wir nun ernst nehmen, daß seine Wunder gerade nicht der Ausweis magischer Künste und übernatürlicher Kräfte sind, die jenseits der Lebenswirklichkeit normaler Menschen stehen. Vor allem die messianischen Wunder, die er den Jüngern des Täufers auflistete, werden nicht als Schaustücke inszeniert, die seinen Ruhm mehren sollen. Mehr als einmal untersagt er den Geheilten, anderen davon zu berichten, und sogar da, wo er alle Maßstäbe seiner Zeit sprengt, in der Heilung des Aussätzigen, von der gerade die Rede war, hält er sich im Interesse des Mannes – das ihm ganz offensichtlich wichtiger ist als sein eigener Ruhm – an die Regeln: Es oblag den Priestern, das Verschwinden von Aussatz zu bestätigen, nur so konnte jemand als gesund wieder in die Gesellschaft zurückkehren. Also trägt Jesus ihm auf, zuallererst zu den Priestern zu gehen und ihnen seinen gesundeten Leib zu zeigen. Er sagt ihm allerdings nicht, daß er auch berichten solle, auf welche Weise der Aussatz verschwand. Seine messianische Heilkraft wollte Jesus nicht allzu früh offenbaren, denn er wußte, welche Schwierigkeiten ihm der Kreis um den Hohenpriester dann machen würde. Jesus sucht auch nicht nach Gelegenheiten, Wunder vorzuführen. Die Menschen kommen zu ihm, weil er ihre letzte Hoffnung ist, und er verweigert sich nicht, selbst dann, wenn er Ort und Zeitpunkt für ungeeignet hält. Geradezu kennzeichnend dafür ist das erste Wunder, das der Evangelist Johannes berichtet, die Verwandlung von Wasser zu Wein bei der Hochzeit zu Kana (Johannes 2,1-12). Es drängt ihn keineswegs danach, die Weinvorräte der Hochzeitsparty aufzufüllen. Im Gegenteil, die erste Bitte seiner Mutter lehnt er noch ab, mit dem Hinweis, daß seine Stunde noch nicht gekommen sei.

Jedem Leser der Evangelien steht es frei, manche der Wunder als symbolische Handlungen zu deuten. Gerade das Weinwunder zu Kana bietet sich dafür an. Doch dabei bleibt immer wieder zu bedenken, daß der symbolische Charakter eines Geschehens und seine historische Tatsächlichkeit keine Gegensätze sind. Ein durch und durch geschichtlicher Akt kann gelegentlich seinen Sinn erst durch die symbolische Verstehensebene erhalten, ohne dadurch weniger historisch zu werden. Vor allem – aber nicht nur – Johannes legt großen Wert darauf, daß seine Leser das begreifen. Denn auch das letzte Wunder, das er von Jesus berichtet, gehört in diese Kategorie: der wundersame Fischfang, den der Auferstandene durch Zuruf vom Ufer ermöglicht (Johannes 21,3–14). Kaum ist das prall gefüllte Netz an Land geholt, werden die Fische gezählt. Es sind genau 153.

Das hat zu phantasievollen symbolischen Ausdeutungen geführt, z. B. jener, daß diese Zahl alle damals bekannten Fischarten erfaßte, also die Vollständigkeit der Schöpfung symbolisieren soll, die Jesus zur Verfügung steht. Oder, wie der Kirchenvater Augustinus herausbekam, man setzt einen Punkt, darunter zwei, und immer so weiter, Linie für Linie; hat man 153 Punkte gesetzt, ergibt sich ein gleichschenkliges Dreieck, also das Symbol der Trinität, der Dreifaltigkeit. Das ist ja nicht falsch, denn wie man jederzeit ausprobieren kann, funktioniert das tatsächlich. Nur darf der Historiker fragen, ob auch die fischfangenden Jünger oder Johannes (der wahrscheinlich sogar mitfischend dabei war, wenn wir uns denen anschließen, die den Bruder des Jakobus und Sohn des Zebedäus für den Evangelisten halten) als Berichterstatter schon so weit dachten, als sie die Zahl 153 mitteilten. Auf der schlichten historischen Ebene muß „nur" festgehalten werden, daß damals eine Fischfangsteuer zu zahlen war. Fischereiunternehmer wie die Brüderpaare Simon Petrus und Andreas, Jakobus und Johannes zählten einfach den Fisch, wie bei jedem anderen Fang auch. Oder sagen wir es anders: Ohne das nüchterne Faktum, daß gezählt wurde und dabei 153 herauskam, wäre alle diese Symbolik gar nicht erst möglich. Auch beim Weinwunder der Hochzeit von Kana dürfen wir den geschichtlichen Rahmen nicht durch den Vormachtsanspruch der Symbolik überlagern oder gar ersetzen.

Da findet eine große Hochzeit statt. Der feierliche Gottesdienst in der Synagoge, die Segnung durch den Rabbiner, das gemeinsame Singen der Psalmen, all das hat stattgefunden, nun ist das fröhliche Feiern an der Reihe. Trotz sorgfältigster Planung geht plötzlich der Wein aus – eine Erfahrung, die viele schon selbst gemacht haben. Maria, die Mutter Jesu, merkt es als erste. Das ist sehr realistisch beobachtet: Frauen haben das so an sich, daß sie auch auf großen Festen noch am ehesten den Überblick bewahren, wenn die Männer längst nicht mehr merken, was sie trinken. Maria weist Jesus darauf hin. Sie weiß natürlich schon da, daß er die erstaunlichsten Wunder vollbringen kann. Hofft sie, daß er den Tag rettet, ehe die Leute merken, was geschehen ist? Jesus aber lehnt erst ab, und er hat einen guten Grund: Jedes Wunder, das die menschlichen Erfahrungen und Maßstäbe übersteigt, weist auf seine gottgegebenen Kräfte hin. Und er will nicht gleich von allen als Messias und Sohn Gottes erkannt werden. Er will sie vor allem nicht mit Wundern überrumpeln, er will nicht, daß man an ihn glaubt, weil er Dinge tun kann, die kein anderer zustande bringt. Wunder sind kein Selbstzweck. Sie sind Zeichen. Kranke heilen, die Aussätzigen und Ausgestoßenen gesund machen und in die Gemeinschaft Gottes hineinholen und damit zeigen, wie Gott auch in seinem Sohn unter uns handelt: Darum geht es, nicht um Zaubertricks oder verblüffende Veränderungen der Naturgesetze. Das alles geht Jesus durch den Kopf. „Meine Stunde ist noch nicht gekommen," sagt er, und er hat vielleicht in Gedanken hinzugefügt: Sieh sie dir doch an, die Gäste hier, die schon so viel Wein getrunken haben, daß sie kaum noch geradeaus denken können, geschweige denn an Gott, was soll ich denen jetzt zeigen oder sagen? Und gerade an dieser Stelle wird es plötzlich ganz menschlich. Denn Maria, die Mutter Jesu, ist jetzt sehr resolut einfach nur Mutter. Sie sieht die praktischen Bedürfnisse der Menschen, die etwas Heiliges feiern – nämlich die Hochzeit zweier sich Liebender. Und sie tut, als hätte sie gar nicht gehört, welche Bedenken ihr Sohn gerade noch vorgetragen hatte. Sie spricht zu den Dienern: „Was er euch sagt, das tut!" Das ist schon ziemlich resolut. Vor allem bringt sie nun Jesus in eine schwierige Situation. Er will ja eigentlich gar nichts sagen. Und genau hier kommt der Einschub, der von der gut beobachteten Szenerie einer Hochzeitsfeier die Tür zur Symbolik öffnet, ohne dabei den Boden des Geschichtlichen zu verlassen. „Es standen dort sechs steinerne Wasserkrüge, wie es der Reinigungsvorschrift der Juden entsprach; jeder faßte ungefähr hundert Liter". Wie damals überall in jüdischen Dörfern und Städten gab es die großen Steingefäße, aus denen man das Wasser für die rituellen Reinigungen schöpfte. Solches Wasser wurde benutzt, um sich vor jedem Essen die Hände zu waschen, aber auch zu bestimmten Anlässen, um es in Bäder zu füllen und den ganzen Körper darin einzutauchen. Diese Gefäße mußten aus Stein sein, Ton oder anderes Material war dafür nicht zugelassen. Jesus füllt nicht einfach die alten Schläuche wieder auf oder die Tonkrüge, aus denen man Wein in die Pokale goß. Er nimmt die riesigen Steingefäße, die normalerweise nur für heilige Zwecke dienten. Aber was heißt „nur“? Was kann für zwei Menschen, die den Bund vor Gott schließen, heiliger sein als dieser Tag?

Jesus befiehlt den Dienern, die Gefäße bis zum Rand mit Wasser zu füllen. Da stutzen viele Leser wieder. Ist das nicht zuviel des Guten? Sechs Gefäße, mit einem Fassungsvermögen von je hundert Litern, gefüllt bis zum Rand? Damals wie heute wird beim jüdischen Festmahl das Glas des Hausherrn bis zum Rand gefüllt, eigentlich sogar so, daß ein paar Tropfen überfließen. Denn vor Gott soll der Mensch zeigen, daß nichts anderes mehr Platz hat im Augenblick des Feierns, daß sogar der Augenblick größter Freude und Fröhlichkeit keinen Raum läßt für die Einflüsse fremder Mächte, für die Versuchungen des Zeitgeistes, eben, in einem Wort, für Unreines. Weil Gott den Tag dieser Freude schenkt, weil Gott diese Menschen zusammengeführt hat, ist sogar die ausgelassenste Feier viel mehr als nur ein Anlaß zum Trinken. Gott feiert mit, er ist kein Spielverderber, denn er ist es ja, der das „Spiel“ überhaupt erst geschaffen hat. Auch darum werden die Steingefäße bis zum Rand gefüllt. Randvoll soll die Freude sein, als Freude mit Gott, auch darüber, daß diese Hochzeit gefeiert wird.

Johannes zeigt nun – nicht zum letzten Mal in seinem Evangelium – einen feinen Sinn für Humor. Das Wasser in den Gefäßen ist zu Wein geworden, wir wissen nicht wie, und der Hausherr soll nun probieren. „Er kostete das Wasser, das zu Wein geworden war. Er wußte nicht, woher der Wein kam; die Diener aber, die das Wasser geschöpft hatten, wußten es.“ Da hat sich nicht viel geändert. Auch damals schon wußten viele nicht, woher der Wein kam. Schon die ersten Leser des Johannes-Evangeliums haben mit Sicherheit kenntnisreich gelacht, als sie den nächsten Satz hörten, den der Hausherr zum Bräutigam sagt: „Jeder setzt zuerst den guten Wein vor und erst, wenn die Gäste betrunken sind, den weniger guten. Du jedoch hast den guten Wein bis jetzt zurückgehalten.“ Und nicht nur das – es gibt gleich 600 Liter davon. Hat also Jesus seiner Mutter einen liebevollen Streich gespielt, hat er sich vielleicht gedacht: „Wenn du mir schon keine Wahl läßt, dann will ich die Leute wenigstens ein bißchen durcheinanderbringen?“ Läuft man Gefahr, wenn man so fragt, den menschlichen Jesus überzubewerten, der gerade im Wunder einen durchaus jüdischen Sinn für Humor zeigt? Wie es scheint, haben die meisten das gar nicht mehr so richtig mitbekommen. Denn am Ende der Geschichte heißt es: „So tat Jesus sein erstes Zeichen, in Kana in Galiläa, und offenbarte seine Herrlichkeit, und seine Jünger glaubten an ihn.“ Nicht alle also glaubten an ihn, sondern seine Jünger. Das ist ein gelungener Schachzug. Jesus, der zuerst ohnehin nicht wollte, daß nun alle Hochzeitsgäste mitbekommen, wer er ist, vollbringt auf Bitten seiner Mutter ein Wunder, das allen Regeln und Gepflogenheiten widerspricht, aber die meisten Gäste sind wohl schon viel zu betrunken, um die Pointe zu verstehen. Auch der Hausherr und der Bräutigam – wenigstens sie immerhin noch sehr nüchtern – ärgern sich eher ein bißchen darüber, daß solch ein edler Tropfen jetzt erst auf den Tisch kommt. Nur die Jünger begreifen einmal mehr, wer Jesus ist und wie er handelt. Und wir sehen, wie es nicht nur unnötig ist, sondern genau betrachtet sogar unmöglich, die heilsgeschichtliche Symbolik von ihrer Grundlage in der Geschichte trennen zu wollen.

Die Wunder Jesu kommen ohne die Wunderlichkeiten aus, die bei Veränderungen von Seinsformen anderswo erzählt werden. Verändert sich bei Apollonius von Tyana ein alter, erst blinzelnder, dann mit glühenden Augen dasitzender Bettler unter einem Steinhaufen in einen toten Riesenhund mit Schaum vor dem Mund, so ist die Verwandlung von Wasser zu Wein in Kana völlig unspektakulär. Betont wird nicht die Grandiosität des Wunders, sondern die Zurückhaltung, unter der es zustande kommt, und die Zuordnung zur Schöpfungsordnung und Gesetzgebung Gottes: Das Wasser, das Jesus nimmt, befindet sich in reinen Steingefäßen zur Waschung, wie es „die Überlieferung der Alten vorschreibt“ (Markus 7,3–4). Auch andere „Naturwunder“ Jesu beeindrucken durch die nüchterne, unspektakuläre (und unspekulative) Art ihrer Darstellung in den Evangelien. Für den heutigen Menschen mag es schwer vorstellbar sein, wie aus ein paar Broten und Fischen genügend Speise für einmal 5000 und dann wieder 4000 Menschen werden kann. Die neuere Bibelkritik hat an diesem wiederholten Wunder nichts Historisches gelassen, ist es doch – angeblich – nicht nur ohnehin unhistorisch, sondern auch noch eine erzählerische Panne, durch die aus einem einzigen, in den Vorlagen mit unterschiedlichen Zahlenangaben berichteten Symbolwunder bei Markus und Matthäus zwei verschiedene Wunder wurden, während Lukas und Johannes besser aufpaßten und nur die eine Speisung berichteten. Diese zuletzt genannte Kritik hat uns nicht mehr sonderlich zu interessieren: Wir sahen bereits grundsätzlich, daß in antiken ebenso wie in modernen Geschichtstexten keine Notwendigkeit besteht, ein Ereignis nur dann für glaubwürdig zu halten, wenn es in allen erhaltenen Quellen vorkommt. Interessanter ist es, sich die Art und Weise anzusehen, wie die beiden Vermehrungswunder berichtet werden. Markus, der älteste Evangelist, gibt die Grundfassung vor, die von Matthäus im wesentlichen unverändert übernommen wird. Und bei genauem Hinsehen fällt auf, daß er mit der Genauigkeit eines gut informierten Autors schreibt:

Die erste Speisung findet an einem einsamen Ort beim See Genezareth statt (Markus 6,30–44). Jesus und die Jünger wollen allein sein. Ihr Ziel war offenbar ein Refugium, in das sie sich öfter zurückzogen; jedenfalls wird ihre Abfahrt bemerkt, und die große, wachsende Menschenmenge, die von Jesus nicht genug bekommen konnte, eilt dorthin und erwartet ihn bereits, als er schließlich mit den Jüngern eintrifft. Aus Mitleid wendet er sich ihnen zu „und lehrt sie lange". Schließlich wird es Abend, und die Jünger bitten Jesus, die Menschen wegzuschicken, damit sie sich in den umliegenden Dörfern und Gehöften etwas zu essen kaufen können. Jesus möchte diese „Schafe, die keinen Hirten haben" jedoch nicht wegschicken und sagt seinen Jüngern, sie sollen ihnen zu essen geben. Pragmatisch, wie die erfahrenen Fischereiunternehmer im Jüngerkreis und der Finanzverwalter der Jünger, kein anderer als Judas, nun einmal sind, fragen sie: „Sollen wir (selbst) losgehen und für zweihundert Denare Brot kaufen und es ihnen geben, damit sie etwas zu essen haben?“ Wie es scheint, wird mit dieser präzisen Vermögensangabe gleich ein weitverbreiteter Irrtum korrigiert: Die Jünger waren zu diesem Zeitpunkt keineswegs arm. Ein ungelernter Arbeiter verdiente damals einen Tageslohn von einem Denar. Ein römischer Legionär, der in der syrisch-palästinischen Provinz diente, erhielt einen Jahreslohn von 225 Denaren. In Kaufkraft umgerechnet, um zur Verpflegung der Zuhörer Jesu zurückzukehren: Ein Denar entsprach 128 Lepta, und ein Leib Brot kostete sieben Lepta. Das heißt also, die Jünger hätten für einen Denar etwa achtzehn Brote kaufen können, und für ihre 200 Denare dementsprechend rund 3600 Brote. Man sieht, wie realistisch hier berichtet wird: 3600 Laib Brot für 5000 Menschen ist eine vernünftige Menge. Jedenfalls aus der Perspektive des Kassenwarts. Woher zur Abendzeit soviel Brot zusammengekauft werden sollte, ist eine ganz andere Frage, und hier setzt sich der Pragmatismus Jesu durch. Er will erst einmal wissen, wieviele Brote die Jünger bereits haben. Es sind nur fünf, dazu zwei Fische. Erst hier, nach einer gänzlich praxisorientierten Unterhaltung, beginnt das Wundergeschehen. Jesus läßt die Jünger nicht einkaufen, sondern teilt die Menschen in Gruppen ein, an die er, das Brot brechend, Brot und Fisch mit Hilfe der Jünger verteilt. Erfahren wir nun mysteriöse Abläufe? Keineswegs. Markus teilt in karger Sachlichkeit mit, daß alle aßen und satt wurden, und daß die Jünger, als sie die Reste einsammelten, zwölf Körbe füllten. Kommentarlos fügt der Evangelist hinzu: „Es waren fünftausend Männer, die von den Broten gegessen hatten.“ Das ist alles. Das Wunder ist implizit, nicht explizit. Umgangssprachlich gesagt: Man muß es sich als Leser selbst zum „Aha-Erlebnis“ machen, denn Markus spitzt es ja gerade nicht zu, daß 5000 Männer nicht nur von fünf Broten und zwei Fischen satt wurden, sondern daß hinterher mehr übrig blieb, als vorher da war.

Markus (und mit ihm Matthäus, der dieses Wort ganz identisch bietet) legt Wert auf ein meist übersehenes Detail: Die Körbe, in denen die Reste eingesammelt werden, heißen griechisch „kophinoi“. Das ist der im ganzen Römischen Reich bekannte Ausdruck für den Henkelkorb der Juden; sogar in lateinischer

Sprache wurde er als „cophinus“ benutzt, um einkaufende Juden zu charakterisieren. Blicken wir nun auf das zweite Vermehrungswunder, sind die Unterschiede offensichtlich. Die Szene spielt sich in der „Dekapolis“ ab, dem Zehnstädtebund, östlich des Sees Genezareth (nur Skythopolis, hebräisch „Bet-Shean“, lag als Mitglied dieses Bundes westlich des Jordans). Hier wird also eine vorwiegend griechische Kultur vorausgesetzt, mehrheitlich Menschen nicht-jüdischen Glaubens. Drei Tage lang hatte Jesus gepredigt, und die Essensvoräte waren zu Ende gegangen. Man befindet sich erneut in einer Gegend weitab von Dörfen oder Städten – die bekannte Voraussetzung für ungestörtes Reden, Diskutieren und Beten –, und diesmal kommen die Jünger gar nicht erst auf den Gedanken, einen Großeinkauf vorzuschlagen. Sie hatten ja ihre Lektion bereits gelernt, und ihre Vorräte waren geringfügig größer: wieder sieben Brote, aber immerhin „ein paar“ Fische. Jesus spricht – wie schon vorher – das für fromme Juden obligatorische Dankgebet, bricht das Brot und läßt Brot und Fisch durch die Jünger verteilen. Erneut bleibt Brot übrig; diesmal sind es sieben Körbe. Wieder wird vom Evangelisten nicht darüber spekuliert, wie diese Sättigung möglich war. Eine Hilfskonstruktion wird gelegentlich von Interpreten angeboten, die das Ganze nicht gleich in das Reich frommer Legenden verweisen wollen: Hier wie beim ersten Wunder hätten die Menschen eben doch noch einige Vorräte in ihren Taschen gefunden, so daß die Gabe Jesu eher eine symbolische Geste der Zusammengehörigkeit beim gemeinsamen Mahl war als dringende Notwendigkeit. Doch das widerspricht dem eindeutigen Text, und es erklärt nicht, warum auch hier wieder mehr übrig blieb, als vorher zur Verfügung stand. Erst am Ende des Berichts erfahren wir, daß es diesmal 4000 Menschen waren. Und wieder wird für die Körbe ein spezifisches griechisches Wort gebraucht, das auch Matthäus in seinem Parallelbericht benutzt: Diesmal ist es nicht „kophinos“, sondern „spyris“. Und das ist nun wiederum ein typisch griechischer Henkelkorb, anders als der typisch jüdische „kophinos“. Noch in diesem Detail machen also die Evangelisten deutlich, daß es nicht um irgendwelche versehentlich doppelt berichteten

Wunder geht, bei denen die Zahlen der Anwesenden ein wenig durcheinandergeraten sind. Bis in das Detail der Landschaft und der Körbe hinein wird differenziert.

Symbolische Deutungen können an dieser Stelle selbstverständlich einsetzen. Haben die zwölf Körbe der Brotvermehrung am jüdischen Ufer des Sees vielleicht die symbolische Aufgabe, an die zwölf Stämme zu erinnern und damit an die Vollständigkeit des von Jesus angesprochenen Judentums? Sollen die sieben Körbe ebenso symbolisch für die paganen, „heidnischen" Völker stehen? Wir dürfen es allenfalls vermuten, aber wir wissen es nicht, da die Texte es noch nicht einmal andeuten. Wer diese beiden Wunderberichte auf ihre heilsgeschichtliche Symbolik verkürzen und ihnen ihren geschichtlichen Gehalt wegnehmen will, verfälscht sie jedenfalls. Man kann die „Naturwunder" (zu denen auch noch die Stillung des Sturmes gehört) ebenso wenig wegdiskutieren wie die Heilungswunder. Und ebenso wenig läßt sich bestreiten, daß die Jünger von Jesus die Vollmacht erhielten, ihrerseits Heilungswunder bis hin zu Dämonenaustreibungen zu bewerkstelligen (Markus 6,13; Matthäus 10,8; Lukas 9,1), und daß es ihnen gelang, auch schon vor Ostern. Die berühmte Ausnahme ist die fehlgeschlagene Heilung des taubstummen, besessenen Jungen (Markus 9,14–28). Die Jünger scheitern und müssen Jesus um Hilfe bitten. Er heilt das Kind und erklärt ihnen später im kleinen Kreis, daß es besonders schwere Fälle gibt, bei denen die ganzheitliche Vorbereitung von Geist und Körper erforderlich ist: „Diese Art kann nur durch Gebet und Fasten ausgetrieben werden." (Die meisten modernen griechischen Editionen und fast alle Übersetzungen verfälschen das leider, indem sie gegen jede philologische und historische Genauigkeit das Fasten streichen.) Die Wundervollmacht der Nachfolger Jesu reicht sogar bis zu Toten-Auferweckungen (Matthäus 10,8!). Das praktizieren sie zwar erst nach Ostern (Apostelgeschichte 9,40; vielleicht auch 20,9–10); aber zumindest Petrus, der Tabita auferweckt, hatte Jesus zugesehen, bei der Tochter des Jaïrus, beim jungen Mann von Naïn, und bei Lazarus. Vor allem diese letzte Auferweckung kann nicht als der Fall eines Scheintodes verharmlost werden. Denn Lazarus ist seit vier Tagen tot und „riecht schon“ (Johannes 11,39). Mit anderen Worten: An der Beharrlichkeit der Augenzeugen, die uns dieses „So und nicht anders war es“ weitergeben, führt kein Weg vorbei.

Daraus folgt nicht, daß die Wunderberichte in ihrer Gesamtheit ohne Nachdenken hinzunehmen sind. Auch die Zeitgenossen waren verwundert, entsetzt, aus der Bahn ihres geregelten Welt- und Glaubensbildes herausgerissen. Die Wunder Jesu fordern uns heute immer noch zum Nachdenken auf. Nur so viel sollten wir uns eingestehen: Der naive Ausweg, sie als legendär und rein symbolisch erklären zu wollen, steht gerade heutigen, intelligenten Bibellesern nicht offen. Zu Beginn des 2. Jahrhunderts berichtet der christliche Apologet Quadratus, einige von den durch Jesus Geheilten und vom Tod Auferweckten „lebten noch bis in unsere Zeit hinein“. Das ist keineswegs unwahrscheinlich, wenn man z. B. an die Tochter des Jaïrus denkt, die zum Zeitpunkt der Auferweckung, um das Jahr 29 n. Chr., zwölf Jahre alt war (Markus 5,42), und an den wohl nur unwesentlich älteren jungen Mann aus Naïn (Lukas 7,14) – um nur Auferweckte zu erwähnen und von den Heilungen sehr junger Kranker gar nicht erst zu reden. Solche Menschen standen als Gesprächspartner zur Verfügung, noch Jahrzehnte, nachdem die Evangelien publiziert waren. Und so läßt sich zusammenfassend noch einmal ein Wort des Altphilologen Ulrich Victor anführen: Es muß noch genügend mündliche Traditionen gegeben haben, mit deren Hilfe die Zeitgenossen der Verfasser hätten feststellen können, ob deren Berichte zuverlässig waren. „Wären sie es nicht gewesen, hätten sich die Verfasser unglaubwürdig gemacht, und daß Unglaubwürdigkeiten solcher Art eine christliche Kirche hätten begründen können, ist seinerseits völlig unglaubwürdig.“

Auch die Prophezeiungen Jesu werden gelegentlich unter die Wunder gerechnet. Das sind sie sicher insofern, als es später, nach dem Eintreffen, wie ein Wunder erscheinen mag, daß jemand die Zukunft richtig voraussehen kann. Sie sind es allerdings dann nicht, wenn man sie mit den Dämonenaustreibungen, den Heilungen und den Naturwundern vergleicht, denn deren Wirkung liegt gerade darin, daß sie sofort eintreten und daher auch sofort von Augenzeugen bestätigt und dem Wundertäter als Zeichen seiner Vollmacht zugerechnet werden können. Jesus sah sich selbst als Prophet und wurde auch von anderen dafür gehalten. Als er in der Synagoge von Nazareth aus der Schriftrolle des Propheten Jesaja liest, bezieht er die Lesung nicht nur auf sich, sondern fügt anschließend hinzu: „Amen, ich sage euch: Kein Prophet wird in seiner Heimat anerkannt" (Lukas 4,1–24; vgl. Johannes 4,44). Und als er die Jünger zur Befragung ausschickt, um zu erfahren, für wen die Menschen ihn halten, da erfährt er, daß sie ihn für Johannes den Täufer, Elia, Jeremia „oder einen der (anderen) Propheten" halten (Matthäus 16,14), also für einen der Toten, die im messianischen Zeitalter zurückerwartet wurden, um auf das Kommen des Messias vorzubereiten. Tatsächlich hatte ja Johannes der Täufer noch zu Lebzeiten genau diese Funktion bereits erfüllt und wurde von Jesus selbst darin bestätigt, der ihn zum größten aller Propheten erklärte (Matthäus 11,11–15). Jesus erwies sich aber nicht nur in der historischen Voraussage als wahrer Prophet, er beantwortete auch die Herausforderung seiner Gegner, durch „Zeichen" einen Beweis seiner Sonderrolle zu geben, mit Prophezeiungen. So sagte er beispielsweise: „Reißt diesen Tempel nieder, in drei Tagen werde ich ihn wieder aufrichten." Und der Evangelist fügt hinzu: „Er aber meinte den Tempel seines Leibes. Als er von den Toten auferstanden war, erinnerten sich seine Jünger, daß er dies gesagt hatte, und sie glaubten der Schrift und dem Wort, das Jesus gesprochen hatte" (Johannes 2,18–22).

Im engeren Sinne einer Prophezeiung, die sich nicht heilsgeschichtlich, sondern als Ereignis der allgemein erfahrenen Menschheitsgeschichte konkret erfüllte und daher rückblikkend als eine Wunderleistung Jesu verstanden werden konnte, gibt es nur eine: Seine Voraussage der Zerstörung Jerusalems und des Tempels, die dreißig Jahre nach der Prophetie, im Jahre 70 n. Chr., tatsächlich eintraf. Auch hier zeigt sich wieder, daß die angeblichen Parallelen in der Zeitgeschichte nicht überzeugen: Wir stoßen zwar auf einen Essener namens Judas, der

– Josephus zufolge – den Tod des Hasmonäerfürsten Antigonos voraussagte und im Bereich des Tempels Schüler um sich sammelte, doch Antigonos starb 104 v.Chr., rund eineinviertel Jahrhunderte ehe Jesus öffentlich auftrat. Andere, unmittelbare Zeitgenossen, erwiesen sich als Lügenpropheten, wie etwa ein gewisser Samaritaner, der behauptete, er werde die verlorenen Geräte des Tempels auf dem Berg Garizim wiederfinden. Ein Theudas verkündete, er werde den Jordan teilen und damit das Wunder von Josua und Elia (Josua 3,15–17) wiederholen. Zur Zeit der Gefangenschaft des Paulus in Caesarea trat ein namentlich nicht bekannter Pseudo-Prophet auf, der dem Volk der Juden eine von Wundern begleitete Freiheit in der Wüste vorhersagte und damit einen neuen Exodus des Volkes meinte. Josephus berichtet auch noch von einem Mann, der aus Ägypten kam, seine Anhänger auf den Ölberg führte und ihnen prophezeite, auf seinen Befehl würden die Mauern Jerusalems zusammenfallen. Auch daraus wurde nichts, der Prokurator Felix und viele Jerusalemer traten ihm entgegen, es kam zum Kampf, und der Lügenprophet entkam mit nur wenigen seiner Getreuen. Wer solche Berichte liest, erkennt ohne Mühen, daß sie auch nicht ansatzweise mit den Aussagen der Evangelien über Jesus gleichzusetzen sind.

Erstaunlicherweise hat gerade diese Tatsache viele Bibelkritiker in Verwirrung gebracht. Nach deren Logik kann auch Jesus nicht ein tatsächliches Ereignis zutreffend vorausgesetzt haben, war dies doch eine Fähigkeit, die unter seinen unmittelbaren Zeitgenossen nicht (mehr) vorkam und dem Menschen Jesus ohnehin nicht zuzutrauen war. Also versucht man, die Evangelien in die Zeit nach dem Ereignis zu datieren. Denn auf diese Weise kann man wenigstens behaupten, daß die Evangelisten die Prophezeiung über die Zerstörung Jerusalems und des Tempels erst nachträglich erfunden und Jesus in den Mund gelegt hätten. Wer so vorgeht, begeht erkennbar einen Akt interpretatorischer Verzweiflung, der mit intellektueller Redlichkeit nicht viel zu tun hat. Und da die neuere Forschung zumindest unter Historikern und Altphilologen ohnehin bestätigt, daß alle vier Evangelien vor dem Jahr 70, also vor dieser Zerstörung, abgeschlossen vorlagen, scheitert der Versuch, Jesus diese Prophezeiung abzusprechen, zusätzlich an den Entstehungszeiten der Quellen.

Erst nach der Entstehungszeit des Neuen Testaments, Jahrzehnte nach der prophetischen Tätigkeit des Jesus von Nazareth, tritt Flavius Josephus selbst als ein Prophet auf, der sein eigenes Leben mit einer zutreffenden Vorhersage rettete (vgl. S. 33). Im „Jüdischen Krieg" (3,400–402) berichtet er selbst von dieser Prophezeiung, die auch vom römischen Historiker Sueton bestätigt wird. Etwas leichter als Josephus (und Jesus) hatte es ein Jude namens Jesus Ben Ananias, der, wie wiederum Josephus berichtet, bereits kurz vor Beginn der Revolte den kommenden Untergang der Stadt vorhersagte und auf den Mauern Jerusalems starb, als ihn ein Wurfgeschoß der Römer traf. Kurz: Vor und nach Jesus gab es durchaus Männer, die in der Lage waren, Kommendes zutreffend vorauszusagen. Nur zu seinen Lebzeiten war er weit und breit der einzige. Um so irritierender ist es natürlich, daß ausgerechnet Jesus von vielen Forschern diese Fähigkeit abgesprochen wird. Nur bei ihm müssen die Quellentexte als nachträgliche Erfindungen konstruiert werden. Details der Evangelienberichte über die Zerstörung Jerusalems, die man angeblich erst nach dem Ereignis wissen konnte, die in Wirklichkeit aber seit ältester Zeit zu bewährten Belagerungstechniken hörten (Lukas 19,43 und 21,20), sogar eine Gleichnisrede, die sich nachweislich nicht auf den Untergang bezieht (Matthäus 22,1–14), all das muß dazu herhalten, um die Evangelisten als Lügner zu entlarven – denn Lügner wären sie ja, wenn sie nach 70 fälschlich die authentische Prophetie Jesu behauptet hätten. Mit Wissenschaft hat das nichts zu tun, allenfalls mit dem Wort aus Goethes „Torquato Tasso" (II,1): „So fühlt man Absicht, und man ist verstimmt."

Manche Historiker wollen die zutreffende, vierzig Jahre vor dem Ereignis ausgesprochene Prophezeiung Jesu noch nicht einmal als Wunder einordnen. Schließlich hätte jeder klar sehende Jude schon um 30 n. Chr. ahnen können, daß es zu einer Katastrophe kommen müsse, an deren Ende der Tempel untergehen werde. Gern wird da zum Beispiel auf Winston Churchill verwiesen, der schon im Juni 1945 vom „Eisernen Vorhang" sprach, der Europa teilen werde (eine Formulierung, die allerdings bereits auf den wohl kaum der religiösen Prophetengabe zu verdächtigenden Joseph Goebbels zurückgeht, der sie am 25. Februar 1945 in der Zeitschrift „Das Reich" prägte, für den Fall einer Niederlage gegen „die Sowjets"). Vielleicht ist diese Reduktion auf normalmenschliche Kombinationsgabe doch ein wenig zu einfach. Ob wir nun den Propheten Jesus mit dem Wundertäter Jesus gleichsetzen oder nicht: Sicher ist, daß er in seiner Zeit auf beiden Gebieten einzigartig war und zuverlässig bezeugt ist. Seine Auftritte als Wunderheiler und als Prophet gehören durchaus zur christlichen Heilsgeschichte, zum „Christus des Glaubens". Doch in gleichem Maße gehören sie zur gut dokumentierten Wirklichkeit des „Jesus der Geschichte".

Jesus, die Lehren der Juden und die Macht der Römer

Jesus trat als Jude unter Juden auf. Doch die Welt, in der er auftrat, war längst keine rein jüdische mehr. Die Beeinflussung der jüdischen Kernlande, „Eretz Israel“, durch eine fremdsprachige Kultur, die nicht mehr verschwand, hatte bereits 330 v. Chr. begonnen, als der Makedonier Alexander der Große die Herrschaft über Syrien und Ägypten erlangte und 332 persönlich nach Jerusalem kam. Mit ihm kamen griechische Sprache und Kultur. Das änderte sich auch nicht, als die Nachfolger Alexanders sich in den Jahren nach dessen Tod (323) in den sprichwörtlichen Diadochenkämpfen zermürbten und schließlich ab 312 v. Chr. die Ägypter an die Stelle der Makedonen und Griechen traten. Denn auch die Ägypter waren zu dieser Zeit schon beeinflußt von der Kultur der Griechen. Unter den Ptolemäern, deren Dynastie in Ägypten von 323 bis 30 v. Chr. regierte, wurde zuerst das Judentum der Diaspora, schließlich auch jenes in den Kernlanden, in die kulturellen und wirtschaftlichen Ausweitungen einbezogen, die von den Griechen ausgegangen waren. Unter Ptolemäus II. Philadelphos begann die Übersetzung der hebräischen Bibel ins Griechische. Manche Details sind unklar, denn die älteste Erzählung, der sogenannte „Aristeas-Brief“ aus der Mitte des 2. Jahrhunderts v. Chr., enthält vielerlei Ausschmückungen. Doch es ist deutlich genug, daß die Übersetzung als fortlaufendes Projekt, beginnend mit der Torah, die dann griechisch „Pentateuch“ genannt wurde, in gegenseitigem Einvernehmen zwischen dem Herrscher und der jüdischen Gemeinde begann, im Großraum der Metropole Alexandria. Mit dieser Übersetzung wird die jüdische Glaubensliteratur, einschließlich der geschichtlichen Bücher, zum Bestandteil der griechischsprachigen Kulturwelt. Und das gilt, obwohl die Übersetzer keineswegs versuchten, sich den Modellen der griechischen Hochliteratur anzupassen.

Diese Übersetzung, die man später aufgrund der legendären Erzählung von zweiundsiebzig Übersetzern, die sie auf der Insel Pharos in zweiundsiebzig Tagen fertigstellten, „Septuaginta" (lateinisch „siebzig") nannte, blieb sprachlich eng dem Sprachduktus der hebräischen Vorlagen verpflichtet. Das machte sie einerseits für Nicht-Juden nicht unbedingt zur reizvollen Lektüre (direkte Zitate sind in der antiken Literatur denn auch ausgesprochen selten), gab aber den Juden das Instrument einer Verständigung in der gesamten damaligen Welt. Sie wurde, mit anderen Worten, das Bindeglied des allgemeinen Judentums, auch in Galiläa, Samaria und Judäa, wo sie erst zurückhaltend, später spürbar neben die verbindliche hebräische Fassung trat. In der Synagoge von Nazareth liest Jesus den Propheten Jesaja aus der hebräischen Schriftrolle, doch der Evangelist Lukas, der das Ereignis überliefert, ist bereits vom griechischen Text geprägt (Lukas 4,16–21). Die Mehrzahl der alttestamentlichen Zitate im Neuen Testament, darunter auch so unnötig umstrittene wie die Prophezeiung der Jungfrauengeburt in Jesaja 7,14 bei Matthäus (1,23), sind nicht mehr dem hebräischen Text, sondern der griechischen Septuaginta entnommen. Griechischsprachige Synagogengemeinden gab es bereits vor der Zeit Jesu in Jerusalem, darunter eine für Juden aus der Kyrenaika, eine andere, die durch die berühmte Stifterinschrift des Theodotos belegt ist, und jene, zu der Judenchristen wie Stephanus gehörten. Auch aus Galiläa sind unter anderem vorchristliche jüdische Grabinschriften in griechischer Sprache bekannt – ein sicheres Indiz für die tiefgreifende Akzeptanz dieser Sprache, denn den Verstorbenen ruft man keinen letzten Gruß hinterher, der in einem ihnen innerlich fremden Idiom verfaßt ist.

Im ägyptischen Osten blühte das Judentum unter den Ptolemäern, im Westen, den Kernlanden um Jerusalem und den Tempel, war die Lage schwieriger. Nicht zuletzt die ständigen kriegerischen Auseinandersetzungen mit den Seleukiden beeinträchtigten das friedliche Zusammenleben mit den fremden Herrschern. Der angespannte Zustand endete für die Juden in den Kernlanden und im Osten endgültig 198 v. Chr., als in der Schlacht von Paneas (dem neutestamentlichen Caesarea Philippi) die Seleukiden unter Antiochus III. die Ägypter unter Ptolemäus IV. besiegten. Machtpolitisch änderten sich die Verhältnisse, sprachlich blieben sie unverändert. Antiochus III., genannt der Große, privilegierte die Juden, gab ihnen völlige religiöse Freiheit und genehmigte einen Brauch, der später noch von den Römern respektiert wurde: Nur Juden, keine Fremden, „Unbeschnittenen", durften den Tempel betreten. Wie ernst das genommen wurde, sehen wir noch in der Apostelgeschichte, die von einem beinahe tödlichen Zwischenfall berichtet: Aufgebrachte Juden wollen Paulus umbringen, denn „‚er hat sogar Griechen in den Tempel mitgenommen und diesen heiligen Ort entweiht'. Sie hatten nämlich kurz zuvor den Epheser Trophimus mit ihm zusammen in der Stadt gesehen und meinten, Paulus habe ihn in den Tempel mitgenommen." Erst der kommandierende Offizier der römischen Tempelwache rettet Paulus, indem er ihn in Schutzhaft nimmt (Apostelgeschichte 21,27–36). Die seleukidische Herrschaft wurde von den Juden im wesentlichen nicht als Bedrückung empfunden; auch Steuererleichterungen halfen. Jerusalem wurde religiös streng orthodox, das umliegende Land allerdings nutzte die andere Seite der großzügigen Seleukidenherrschaft. Internationaler Handel, und damit auch die griechische Verkehrssprache, nahmen an Bedeutung zu, nicht zuletzt im für den durchreisenden Handel so wichtigen Galiläa.

Allerdings unterlief Antiochus III. ein strategischer Fehler. Er stellte sich gegen die Römer und erlitt 190 v. Chr. eine vernichtende Niederlage bei Magnesia in Lydien. Die hohen Reparationszahlungen und der Verlust fruchtbarer Landstriche, einschließlich der kleinasiatischen Silberminen, veranlaßte den König dazu, sich am Besitz der Untertanen zu vergreifen. Auch das ging nicht gut und führte mittelbar zu weiteren langfristigen Nachteilen für die Juden: Antiochus wurde 187 v. Chr. von Elamitern (vgl. Apostelgeschichte 2,9!) umgebracht, als er den dortigen heidnischen Tempel ausrauben wollte. Seine Nachfolger vergriffen sich auch an jüdischem Besitz, und zur Katastrophe kam es, als der abgesetzte Hohepriester Jason mit einer Streitmacht Jerusalem überfiel, seinen Nachfolger Menelaus und die Seleukiden vertrieb und damit den Gegenschlag des Königs Antiochus IV. provozierte, der den aus jüdischer Sicht blasphemischen Titel „Epiphanes“ trug, „die Erscheinung (Gottes)“. Der nahm 169 v. Chr. den Tempel in Jerusalem ein und räumte ihn vollständig aus. Ein Jahr später schickte er seinen Bevollmächtigten Apolllonius nach Jerusalem, der die Stadt weitgehend zerstörte, den jüdischen Tempelgottesdienst verbot, heidnische Tieropfer im Tempel einführte und in der Davidsstadt eine Zwingburg errichtete, die „Akra“. Jerusalem wurde praktisch zur Militärkolonie. Die Stadt war jetzt griechischsprachig, die Mehrheit der Bevölkerung bestand aus Nicht-Juden, der Tempel war zu einer multikulturell-synkretistischen Veranstaltungsstätte geworden. Auf den Brandopferaltar wurde ein heidnischer Kultaltar gesetzt. Am 6. April 167 v. Chr. wurde der Tempel dem Olympischen Zeus geweiht. Nun war es eine Frage des Überlebens: Die Juden hatten neben der politisch-nationalen auch ihre religiöse Freiheit und Selbständigkeit verloren, die Beschneidung und die Einhaltung des Sabbats wurden durch Dekret bei Todesstrafe verboten.

Der Konflikt ging allerdings auch mitten durch das Judentum. Denn der pro-hellenistische Flügel, der das Judentum kulturell der Welt öffnen wollte, hatte sich gegen den orthodox-frommen Flügel unter Jason in Jerusalem nicht durchsetzen können. Die extremen Unterdrückungsmaßnahmen des Antiochus IV., die gerade den charakteristischen Ausdrucksformen des traditionellen Glaubens und ihrer heiligen Stätte galten, fielen um so brutaler aus, als die Gegner eben aus den Frommen bestanden, nicht aus den „liberalen“ Hellenisten. Noch bis in die Zeit Jesu hinein blieb das ein innerer Konflikt, der zwar nicht immer zu offen sichtbaren Auseinandersetzungen führte, aber doch Parteilichkeiten förderte: Wie fromm, wie orthodox konnten Juden in den jüdischen Kernlanden, im von den Römern später sogenannten „Palästina“ wirklich sein, wenn sie sich offen zur griechischen Sprache und deren kulturellen Begleiterscheinungen „bekannten“? Selbst die nachweisbar zweisprachige judenchristliche Urgemeinde läßt um 33 n. Chr. noch etwas von dieser Problematik erkennen, denn der Kreis um den vorhin schon genannten Stephanus hat ein Problem zu lösen, das als diskriminierend empfunden wird: „In diesen Tagen, als die Zahl der Jünger zunahm, begehrten die Hellenisten gegen die Hebräer auf, weil ihre Witwen bei der täglichen Versorgung übersehen wurden“ (Apostelgeschichte 6,1). Unter Antiochus IV. „Epiphanes“ wirkte sich die innere Spaltung noch auf andere Weise aus: Es gab nun, nach der Einführung des heidnischen Götterkultes, die Kollaborateure, die stillen Mitläufer, die innere Emigration und den offenen Widerstand. Das 1. Buch der Makkabäer, das zu den deuterokanonischen Texten der Heiligen Schrift des Judentums gehört (und sich in nicht-katholischen Bibeln unter den sogenannten „Apokryphen“ befindet), gibt eine historisch plausible Darstellung der Zusammenhänge. Der bewaffnete Aufstand gegen die Seleukiden und ihre Beauftragten begann, als 166 v. Chr. ein Priester namens Mattatias in der Stadt Modi'in einen Juden niederstach, der am neuerrichteten heidnischen Altar der Stadt opfern wollte, und den königlichen Beamten, der die Opferungen überwachte, gleich noch mit umbrachte. Die Söhne dieses Mattatias, unter ihnen der „Hammer“ (hebräisch „Makkabah“) Juda(s) Makkabi, organisierten in den folgenden Jahren einen erfolgreichen Aufstand, dem auch viele pro-seleukidische, pro-hellenistische Juden zum Opfer fielen. Eine im orthodoxen Judentum noch heute verbreitete Deutung des Namens „Makkabäer“ unterstreicht, wie sehr dieser siegreiche Aufstand als Gehorsam gegenüber dem Willen Gottes verstanden wird. Das Wort soll gebildet sein aus dem Anfangsbuchstaben, den mittleren Initialien und dem Schlußbuchstaben von Exodus/2. Mose 15,11: „M(i) ka(mocha) b(a'elim Adona)i“, „Wer ist wie du unter den Göttern, o Herr?“

Eine Folge der Reinigung und Wiederweihung des Tempels im Jahr 165 v. Chr. war die Einrichtung eines neuen jüdischen Festes, „Chanukka“. Es wird bis heute nach jüdischem Kalender vom 25. Kislew bis zum 2. oder 3. Tewet begangen, d. h. im Dezember, nach christlicher Chronologie in der Adventszeit. Maria und Jesus dürften es, vielleicht in Jerusalem, auf dem Weg nach Bethlehem als letztes Fest vor der Geburt Jesu gefeiert haben, und Jesus selbst hat es natürlich ebenso wie die ersten, jüdischen Christen jedes Jahr gehalten. Moses Maimonides (1135–1204, der große „Rambam“) beschreibt das Fest so: „Sie (die Makkabäer) betraten am 25. Kislew den Tempel und fanden nur ein Fläschchen mit Öl, das für einen einzigen Tag reichte. Und dennoch brannte dieses Öl acht Tage lang, bis man Oliven gepreßt und aus ihnen reines Öl gewonnen hatte. Aus diesem Grund ordneten die Weisen damals ein achttägiges Freudenfest an, das am 25. Kislew beginnt. Es soll ein Fest der Freude und des Lobpreises sein, an dem zu jeder Nacht brennende Leuchter in die Eingänge der Häuser gestellt werden, die an das Wunder erinnern und es bezeugen sollen. Diese Tage werden als ‚Chanukka' bezeichnet, an ihnen ist ebenso wie beim Purim-Fest jede Trauer verboten“ (Chanukka 3,1–3; vgl. 1. Makkabäer 4,52–59). Der achtarmige Leuchter ist bis heute die besondere Form der siebenarmigen „Menorah“, die an diesem Fest benutzt wird.

War dies alles nun eine Abkehr von der zwar nicht politischen, aber doch sprachlich-kulturellen Geschichte der jüdischen Öffnung gegenüber dem Griechischen? Allem Anschein nach nicht – denn die Makkabäer-Bücher, die vom Triumph gegen die Seleukiden berichten, sind in griechischer Sprache überliefert. Die These, wenigstens das 1. Buch sei ursprünglich hebräisch verfaßt, konnte bisher nicht belegt werden. Ihre innerjüdische Überlieferung fand jedenfalls durch die Jahrhunderte in griechischer Sprache statt; einen Widerspruch zum Inhalt hat man darin nicht gesehen. Viel eher haben wir in der griechischen Abfassung und Überlieferung gerade solcher Schriften eine Anknüpfung an das zu sehen, was mit der Septuaginta begonnen hatte: Das Judentum des wiedergewonnenen Tempels war sich in seinem religiösen Selbstverständnis so sicher wie zur Zeit Ptolemäus III. in Ägypten, und sah wie damals keinen Anlaß, sich von den griechischen Kulturvölkern unter die „Barbaren“ rechnen zu lassen, unter die Anderssprachigen, Ungebildeten, die man verachten und wie Sklaven behandeln durfte. Die Benutzung der griechischen Sprache für die eigenen heiligen Schriften und schließlich auch für die

Siegesliteratur unterstrich den doppelten Anspruch, Eigenes zu besitzen und dennoch zur ganzen damaligen Kulturwelt zu gehören. Philo von Alexandria, der als Zeitgenosse Jesu und der frühneutestamentlichen Zeit schrieb (er starb um 50 n. Chr.), unterstrich das auf seine Weise: „Verschiedene Völker haben verschiedene Gebräuche und Gesetze, die Erfindungen und Ergänzungen (zum Weltregiment Gottes) sind. Der Grund dafür liegt in der Zögerlichkeit, sich miteinander zu verbinden oder Gemeinschaft miteinander zu haben, wie das nicht nur von den Griechen den Barbaren und von den Barbaren den Griechen gegenüber demonstriert wird, sondern auch von allen diesen je für sich in der Art, wie sie mit ihren eigenen Leuten umgehen" (Über Joseph, 29–30). Das Gesetz Gottes, so Philo, sei dagegen das über allen Stehende. Mehr als alle anderen seien die Juden weder Griechen noch Barbaren, daher die wahren Weltbürger. Und Philo schreibt, wie könnte es anders sein, diese Sätze in griechischer Sprache.

Es steht auf einem ganz anderen Blatt, daß die Vertreter der griechischen Kultur, auch die griechisch gebildeten Römer, in den Juden gern nach wie vor „Barbaren" sahen, wenn ihnen der Sinn danach stand. Flavius Josephus zitiert in seiner Streitschrift „Gegen Apion" den griechischen Rhetor und Grammatiker Apollonius Molon (spätes 2., frühes 1. Jahrhundert v. Chr.), der ein überzeugter Antisemit war und eine Schrift „Über die Juden" verfaßte, in der er unter anderem behauptet, die Juden seien gottlos, menschenfeindlich, feige und fanatisch; sie seien „die ungebildetsten unter den Barbaren und hätten deshalb allein keinen Beitrag zu den für das Leben nützlichen Erfindungen geliefert" (Gegen Apion II, 14 [148]). Unter den vorchristlichen Römern ist es unter anderen Cicero (106–43 v. Chr.), der das Judentum einen barbarischen Aberglauben („barbara superstitio") nennt; den Juden geschehe es recht, daß sie – wie es traditionell nach graeco-römischer Vorstellung den Barbaren gebührte – versklavt wurden („serva facta"; Für Flaccus 67, 69). An Selbstbewußtsein nahmen sich Griechen und Juden dennoch nichts. Die Benutzung des Griechischen und die Anverwandlung bestimmter Ausdrucksformen griechischer Kultur bis hin zum Theater (der einzige uns namentlich bekannte jüdische Theaterautor, Ezechiel der Tragöde, schrieb zu Beginn des 2. Jahrhunderts v. Chr. in griechischer Sprache) war nie ein Zeichen der Schwäche, sondern expandierender Stärke. Wenn einem Thales der Ausspruch zugeschrieben wurde, er danke der Tyche, der Schicksalsgöttin also, daß er „als Mensch geboren wurde und nicht als Tier, als Mann und nicht als Frau, als Grieche und nicht als Barbar", dann konnte der Rabbi Jehuda Ben Elai Gott dafür preisen, daß er ihn nicht als Weib geschaffen hat, nicht als Unwissenden und „nicht als Heiden" (Tosefta Bereschit 7,18).

Die von Philo beklagte Trennung der Völker und ihrer Loyalitäten, die von Thales vor und von Jehuda nach seiner Zeit so provokativ betont wird, hebt schließlich erst das Christentum auf. Der ebenso griechisch wie jüdisch gebildete römische Bürger und Pharisäer Sha'ul, der Apostel Paulus also, sagt es in seinem Brief an die Galater 56 n. Chr. so: „Es gibt nicht mehr Juden und Griechen, nicht Sklaven und Freie, nicht Mann und Frau, denn ihr seid alle einer in Christus Jesus." Paulus erfindet das nicht, er führt weiter, was Jesus selbst gesagt hatte: „Alle sollen eins sein: Wie du, Vater, in mir bist und ich in dir, sollen auch sie in uns sein, damit die Welt glaubt, daß du mich gesandt hast" (Johannes 17,21). Die Welt wohlgemerkt – griechisch der „kósmos". Von diesem „Kosmos" spricht nicht viele Jahre nach Jesus und nur wenige vor Paulus auch Philo von Alexandria, in dem oben erwähnten Abschnitt seiner Schrift „Über Joseph", als er die Welt mit einer großen Stadt („megalópolis") vergleicht, die als „kósmos" einer Politik und einem Gesetz unterstehen solle. Für Philo ist das noch, wenn auch unter Gott, „die Vernunft der Natur (lógos ... phúseôs), die befiehlt, was getan werden sollte und verbietet, was nicht getan werden sollte" (Über Joseph, 28–29). Bei Jesus und Paulus ist es ganz direkt der vereinende Gott selbst. Wir dürfen das in Anspruch nehmen, erklärt der Apostel, denn „ihr alle seid durch den Glauben Söhne Gottes in Christus Jesus" (Galater 3,26).

In der von den Makkabäer-Brüdern begründeten Herrschaft der Hasmonäer-Dynastie war Torah-Treue oberstes

Gebot. Längst war aber vor allem unter den Führungsschichten, im „Mittelstand" der Firmenbesitzer – man denke hier durchaus an Fischereiunternehmer Galiläas, zu denen dann auch die Firmen des „Zebedäus und Söhne" und der Brüder Simon und Andreas in Kapernaum gehören – und darüber hinaus in weiten Bevölkerungsteilen des Landes, das Praktische am hellenistischen Einfluß erkannt worden. Es war eine Zivilisation, die Vorteile brachte. Sie sollte nicht gegen das traditionelle Judentum ausgespielt, sondern mit ihm verbunden werden. Der Primat des Gesetzes war dabei nicht in Frage gestellt. Bis in die Zeit Jesu und in die Seiten des Neuen Testaments hinein wirkte dann jedoch die innerjüdische Kontroverse zwischen Sadduzäern und Pharisäern, zu denen als dritte einflußreiche Bewegung die Essener hinzukamen. Diese Auseinandersetzung entwickelte sich zur Zeit der Hasmonäer. Soweit man das heute noch den wenigen erhaltenen Quellen entnehmen kann, bildeten sich die Sadduzäer, auch in der Namensform erkennbar unter Berufung auf Zadok, den Hohepriester Salomos, zur Zeit der Makkabäer als eine Bewegung frommer Priester, die den Freiheitskampf religiös auch gegen die hellenistischen Einflüsse unterstützen wollten. Da die sadduzäischen Priester der jüdischen Aristokratie entstammten, verloren sie bald den direkten Kontakt zur Bevölkerung, bauten jedoch ein landesweites Netz von Hilfspriestern auf, die turnusmäßig im Tempel Dienst taten. Auch der Vater Johannes des Täufers gehörte zweifellos zu diesem Kreis nicht ständig in Jerusalem amtierender Priester, ohne daß er deswegen ein Anhänger der sadduzäischen Lehren sein mußte.

Die engere sadduzäische Priesterelite war im Volk nicht sonderlich beliebt; allerdings gehen die Meinungen darüber auseinander, ob man sie nun als erzkonservativ oder im heutigen Wortsinn als erzliberal bezeichnen soll. Konservativ waren sie in ihrer kompromißlosen Auslegung der Torah, des mosaischen Gesetzes in seiner Gesamtheit. Eine ergänzende mündliche, also modernere Auslegung lehnten sie ab. Liberal waren sie darin, daß sie auch vieles ablehnten, was außerhalb der Torah in der von allen Juden ansonsten akzeptierten Heiligen Schrift verkündet war, zum Beispiel die Existenz von Engeln und Geistern, endzeitliche Offenbarungen (also zum Beispiel die Apokalyptik, wie sie schon bei Jesaja und Daniel ausgeformt ist) und vor allem die von allen anderen jüdischen Bewegungen akzeptierte, eindeutige und frühe Lehre der Heiligen Schrift (Ezechiel, Jesaja, Daniel u. a.) von einer leiblichen Auferstehung der Toten. Der Streit, den sie darüber mit anderen Juden führten, ist auch in den Evangelien gut dokumentiert (Markus 12,18–27; Matthäus 22,23–33; Lukas 20,27–40; vgl. Apostelgeschichte 23,8). Trotz ihrer priesterlichen Macht über den Tempel waren sie damit, jüdisch-theologisch gesprochen, eine Sekte. Nicht zuletzt ihre Fixierung auf Tempel und Torah trug zu ihrem Untergang nach der Zerstörung des Tempels im Jahre 70 n. Chr. bei. Es half ihnen auch nichts, daß sie nach dem Untergang der Hasmonäer gegen die Stimmung im Volk mit den neuen Machthabern, den Römern, kooperierten: Die Kollaboration des sadduzäischen Hohenpriesters Kaiaphas mit dem Präfekten Pontius Pilatus ist dafür das bekannteste, aber keineswegs einzige Beispiel. Kurz, die Sadduzäer hatten keine gute „Presse“, weder bei Josephus noch im Neuen Testament, und erst recht nicht in den von Pharisäern redigierten Schriften des Talmud. Da uns eigenes Schrifttum fehlt (es ist sehr umstritten, ob unter den Schriftrollen von Qumran doch auch sadduzäische Texte sein könnten), mag unser Bild gefärbt sein. Unbestreitbar ist jedenfalls, daß sie mit der Bibel ausgesprochen selektiv umgingen und schon deswegen weder im Volk noch später im Dialog mit Jesus auf Zustimmung stoßen konnten.

In der Zeit der Hasmonäer-Dynastie entwickelte sich auch die zweite große Bewegung, der wir im Umfeld Jesu wiederbegegnen, die Pharisäer. Auch sie gingen ursprünglich aus den frommen Juden hervor, die den Makkabäer-Aufstand unterstützt hatten. Doch einerseits gehörten sie mehrheitlich nicht dem Adel an, und andererseits widersetzten sie sich bald dem Machtmißbrauch der Hasmonäer. Vor allem die gleichzeitige Inanspruchnahme von weltlichem Herrscheramt und hohepriesterlicher Autorität am Tempel wurde von ihnen bekämpft; hasmonäische Hohepriester galten in ihren Augen als illegitim.

Alexander Jannai (103–76 v. Chr.) ging mit Gewalt gegen sie vor. Ihre breite Basis im Volk führte jedoch unter seiner Witwe Salome Alexandra zu einer Kehrtwende. Nun erhielten die Pharisäer alle gewünschten Freiräume. Es waren die Pharisäer, die mit dem systematischen Bau von Synagogen im Lande begannen, Elementarschulen einrichteten und die Schriften der gesamten biblischen Tradition für ihre Zeit auslegten. Dabei waren sie keineswegs eine monolithische Bewegung. Es entwickelten sich konkurrierende Schulen – im Jahrhundert vor Jesus z. B. die des Schammai und des Hillel, die aber stets den engen Kontakt zur Bevölkerung suchten. Die Lebendigkeit ihres Handelns, das bewußt jeder Erstarrung entgegentrat, machte sie weithin beliebt. Viele einfachen Juden fühlten sich von ihnen gut vertreten, weil sie alles taten, was man selbst im täglichen Leben nicht leisten konnte – die strikte Einhaltung aller 613 Reinheitsgebote, die Abgabe des zehnten Teils ihrer eigenen Einkünfte und Lebensmittel für die vom Tempel organisierte Armenfürsorge sowie eine Vielzahl weiterer Werke der Nächstenliebe. Die Schattenseite war ein nicht nur von Jesus wahrgenommener, ostentativer Aktionismus, der zur Ausprägung selbstgerechten Verdienstdenkens führte. Die Menschen sollten sehen, daß die Pharisäer besonders gerecht waren, besonders gesetzestreu, und sich Gottes Wohlwollen noch durch Leistungen erwarben, die über das Gebot der Torah hinausgingen. Diese Überzeugung der eigenen, werkgerechten Besonderheit schränkte ihre Beliebtheit unter der Bevölkerung spätestens zur Zeit Jesu ein, hinderte sie aber nicht daran, missionarisch tätig zu werden. Jesus spielt darauf an, als er die Aktivitäten der Pharisäer über die jüdischen Kernlande hinaus erwähnt: „Ihr Heuchler zieht über Land und Meer, um einen einzigen Menschen für euren Glauben zu gewinnen“ (Matthäus 23,15).

Aus der Sicht Jesu kam erschwerend hinzu, daß die Pharisäer die zuerst nur mündlich überlieferten Lehren der pharisäischen Rabbinen neben die Torah stellten. Da für ihn nur das Wort Gottes galt (im Gegensatz zu den Sadduzäern bestand dieses aber auch über die Torah hinaus in der Gesamtheit der Heiligen

Schrift), mußte er die extrovertierte, biblisch nicht nachvollziehbare Seite ihrer Gesetzesfrömmigkeit kritisieren. So klagte er sie als Heuchler und Verführer an, teilweise in einer sehr scharfen Sprache, die allerdings nur uns befremdet: wer die Schriften von Qumran liest, der weiß, daß die zum Teil überscharfe Kritik gewissermaßen zur damaligen innerjüdischen Streitkultur gehörte. Wir dürfen darüber nicht vergessen, daß die Pharisäer über eine lange Zeit konstruktiv, bewahrend und bildend im Judentum wirkten, und daß Jesus sie keineswegs pauschal kritisiert. Und wir müssen uns daran erinnern, daß es bereits in vorchristlicher Zeit ein pharisäisches Meinungsspektrum gab, daß auch tolerante(re) Lehrmeinungen zuließ. Jesus selbst begegnete solchen Pharisäern. Nikodemus war einer von ihnen, und das gelehrte Gespräch zwischen den beiden, von dem Johannes berichtet (3,1–21), fand nicht etwa deswegen zur Nachtzeit statt, weil Nikodemus Angst davor gehabt hätte, von anderen Pharisäern gesehen zu werden, sondern weil schwierige theologische Debatten in der Regel nach Einbruch der Dunkelheit geführt wurden. Nikodemus hat nicht Angst vor der Meinung der anderen, vielmehr ehrt er Jesus als gleichberechtigten Gesprächspartner. Angst hat er auch später nicht, als er zusammen mit einem nicht weniger mutigen Mitglied des Sanhedrin, Joseph von Arimathäa, den als Verbrecher hingerichteten Jesus zu Grabe trägt (Johannes 19,38–42).

Die für Gottes Wort in der Gegenwart offene Haltung unter zumindest manchen Pharisäern zeigt sich auch in der Zeit der Urgemeinde. Gamaliel, ein Mann aus der Schule Hillels des Alten, verhindert einen Versuch des Hohen Rats, die Apostel umzubringen, mit einem berühmt gewordenen Satz: „Laßt von diesen Männern ab, und gebt sie frei; denn wenn dieses Vorhaben oder dieses Werk von Menschen stammt, wird es zerstört werden. Stammt es aber von Gott, so könnt ihr sie nicht vernichten, sonst werdet ihr noch als Kämpfer gegen Gott dastehen" (Apostelgeschichte 5,38–39). Nicht zuletzt war auch Paulus ein Pharisäer, der als Sha'ul/Saulus zwar ursprünglich auf seiten jener Pharisäer stand, die den Tod Jesu gewollt hatten und nahezu übergangslos mit Maßnahmen gegen seine Anhänger vorgingen, aber er sah nach seiner Bekehrung zum Auferstandenen keinen Grund, seine pharisäische Vergangenheit zu beklagen. Aufschlußreich ist hier ein Abschnitt der Apostelgeschichte: Paulus rechtfertigt sich vor dem Hohen Rat. „Da Paulus aber wußte, daß der eine Teil zu den Sadduzäern, der andere zu den Pharisäern gehörte, rief er vor dem Hohen Rat aus: ‚Brüder, ich bin Pharisäer und ein Sohn von Pharisäern; wegen der Hoffnung und wegen der Auferstehung der Toten stehe ich vor Gericht.' Als er das sagte, brach ein Streit zwischen den Pharisäern und den Sadduzäern aus, und die Versammlung spaltete sich. Die Sadduzäer behaupten nämlich, es gebe weder eine Auferstehung noch Engel noch Geister, die Pharisäer dagegen bekennen sich zu all dem. Es erhob sich ein lautes Geschrei, und einige Schriftgelehrte aus dem Kreis der Pharisäer standen auf und verfochten ihre Ansicht. Sie sagten: ‚Wir finden nichts Schlimmes an diesem Menschen. Vielleicht hat doch ein Geist oder ein Engel zu ihm gesprochen'" (Apostelgeschichte 23,6–9). Paulus selbst betont sein fortdauerndes Pharisäertum auch in einem seiner Briefe: „Wenn ein anderer meint, er könne auf irdische Vorzüge vertrauen, so könnte ich es noch mehr. Ich wurde am achten Tag beschnitten, bin aus dem Volk Israel, vom Stamm Benjamin, ein Hebräer von Hebräern, lebe als Pharisäer nach dem Gesetz" (Philipper 3,4–5). Und er fügt hinzu: „Ich war untadelig in der Gerechtigkeit, wie sie das Gesetz vorschreibt." Die Überwindung dieser Art der Gesetzesfrömmigkeit durch „die Erkenntnis Christi Jesu", die Absage an eine Gerechtigkeit, „die aus dem Gesetz hervorgeht" und die nun abgelöst ist durch die Gerechtigkeit, „die durch den Glauben an Christus kommt, die Gerechtigkeit, die Gott aufgrund des Glaubens kennt", hindert ihn nicht, sich im Sinne Gamaliels I., der sein Lehrer war (vgl. Apostelgeschichte 22,3), weiterhin als Pharisäer zu bezeichnen. Und die Jerusalemer Urgemeinde war offen genug, auch solche zu Jesus Christus bekehrte Pharisäer aufzunehmen, deren strikte Gesetzesobservanz von der Position des Paulus abwich (vgl. Apostelgeschichte 15,5).

Ebenfalls auf die Zeit der Hasmonäer geht die dritte bedeutende Bewegung zurück, die zur Zeit Jesu großen Einfluß auf das Judentum hatte: die Essener. Mit den Pharisäern und mit Jesus hatten sie gemeinsam, was sie von den Sadduzäern trennte: den Glauben an eine leibliche Auferstehung. Das ist zwar von der Forschung lange bestritten worden, steht aber heute zweifelsfrei fest. Schon der römische Christ Hippolyt, ein Sammler alter religiöser Schriften (170–236 n. Chr.), kannte offensichtlich essenische Schriften oder Schriften über sie, die heute nicht mehr existieren. Eine seiner Aussagen über essenisches Denken hat man lange für frei erfunden gehalten, da sie den Berichten Philos von Alexandria und des Flavius Josephus zu widersprechen schien, bis sie durch die Entdeckung einer Schriftrolle in Qumran bestätigt wurde: „Auch unter ihnen hat die Lehre der Auferstehung Verbreitung gefunden," schreibt Hippolyt in seiner „Widerlegung aller Häresien" über die Essener (9,27). „Sie erkennen an, daß sie im Fleisch wiedergeboren werden, und daß das Fleisch unsterblich ist, so wie bereits die Seele unvergänglich ist." Als das Qumran-Fragment 4Q521 veröffentlicht wurde, stellte sich heraus, daß Hippolyt genau wußte, wovon er sprach. Philo, der das Thema in seinen Ausführungen über die Essener gänzlich übergeht, und Josephus, der den Essenern nur einen Glauben an die Auferstehung der Seele zugestehen wollte, mögen Gründe für ihr Schweigen gehabt haben. 4Q521 ist dagegen eindeutig: „Der Herr wird die Toten auferwecken," heißt es da. Dann, etwas später, ist die Rede von „dem Einen, der auferweckt, der die Toten seines Volkes auferstehen läßt", und um sicherzugehen, daß hier wie bei Jesaja (26,19 usw.) und Ezechiel (37,1–14) die körperliche Auferstehung verstanden wird, steht fast am Ende des letzten erhaltenen Bruchstücks von 4Q521: „Und er wird öffnen die Gräber."

Die Essener führten sich wie die Sadduzäer auf den Priester Zadok zurück, den Ahnherrn des wahren Priestertums. Zur Zeit des hasmonäischen Hohenpriesters Jonathan (152–134 v. Chr.) trennten sie sich von den Sadduzäern, gingen erst nach Damaskus, später nach Qumran (das zu ihrer Zeit hebräisch Sechacha hieß und in Josua 15,61 erwähnt wird) und auf den Südwesthügel Jerusalems. Qumran und Jerusalem waren ihre Ausbildungszentren. Nach der dreijährigen Studienzeit, in der die

Männer zölibatär leben mußten – bereits Verheiratete mußten vorübergehend von ihren Frauen getrennt leben, Unverheiratete durften keine Ehe schließen –, gingen sie in die Städte und Dörfer, um Familien zu gründen und die essenische Auslegung der Torah, der Messias-Erwartung und des kommenden Endes der Zeiten unter ihren Mitjuden zu verbreiten. Ihr zwischen dem Toten Meer und der judäischen Wüste gelegenes Zentrum Sechacha/Qumran war im Blick auf Exodus/2. Mose 19,10–19 gewählt: In der Wüste und aus der Wüste kommt Gott zu seinem Volk, und die neue Zeit des Heils wird von Gott vorbereitet, wenn er sein ihm treues Volk noch einmal in die Wüste führt (Hosea 2,16–25). Die essenische „Gemeinderegel" 1QS 8,13–14 macht diese Erwartung deutlich. Auch der Prophet Jesaja, der von den Essenern unter allen Propheten besonders geschätzt wurde, betont das endzeitliche Geschehen: „In der Wüste bereitet dem Herrn einen Weg, macht in der Steppe eine ebene Bahn unserem Gott!" (Jesaja 40,3).

Darin, daß Johannes der Täufer gerade diesen Vers Jesajas zitiert und ihn auf sich als Wegbereiter des Messias Jesus bezieht (Matthäus 3,3; Lukas 3,4), hat man oft einen der Scheingründe für die essenische Herkunft des Täufers sehen wollen. Wie wenig Johannes in Wirklichkeit mit den Essenern zu tun hatte, sahen wir bereits im Kapitel „Jesus und die Wundertäter". Dennoch ist dieser Vers eine Schlüsselstelle für die Heilserwartungen der Juden zu dieser Zeit. Auch Jesus ging für vierzig Tage in die Wüste, um sich dort durch Fasten im Widerstand gegen satanische Versuchungen auf sein öffentliches Wirken vorzubereiten. Man mußte nicht Essener sein, um wie er und wie sein Verwandter Johannes in der Wüste die Kraft zu finden, die von Jesaja und Hosea verheißen worden war. Welche Nuancen hier gegenüber der Einstellung der Essener wichtig wurden, betonen die Evangelisten übereinstimmend: An Stelle der Vorbereitung und Erwartung ist nämlich in dem Augenblick, in dem sich Johannes und Jesus an der Taufstelle gegenüberstehen, die Erfüllung gekommen. Der hebräische Satz von Jesaja 40,3 erfährt eine kleine, aber ausschlaggebende Umstellung. Im hebräischen Text, der für diese Zeit auch von der in Qumran gefundenen großen Jesaja-Rolle bestätigt wird, heißt es noch so: „Es ruft eine Stimme: In der Wüste bereitet dem Herrn den Weg!" Johannes aber sagt: „Es ist eine Stimme (eines Predigers) in der Wüste: Bereitet den Weg des Herrn!" Auch die griechische Übersetzung des hebräischen Textes, die im 3./2. Jahrhundert v. Chr. angefertigt wurde – die Septuaginta –, verstand den Satz schon so, wie ihn die Evangelien wiedergeben. Es ist diese Fassung, die – wenn man so will – noch konkretere, die hier in Anspruch genommen wird. Der Täufer war bereits in der Wüste gewesen, er hatte sich in der Wüste auf sein Amt als Rufer vorbereitet, und so spricht er nun als derjenige, der, aus der Wüste kommend, die Erfüllung der Prophetie verkündet, während die Essener sich nach wie vor am Rande der judäischen Wüste, im Anblick des Toten Meeres, in Armut und Keuschheit schulten, um sich dort für den Weg des Herrn vorzubereiten.

Die messianische Zukunft, wie die Essener sie sahen, stand unmittelbar bevor, aber die entscheidende Stunde war noch nicht gekommen. In ihrer „Kriegsrolle" 1QM sprechen sie im übertragenen, metaphorischen Sinn von der Botschaft, die von ihnen zu denen gelangen wird, die noch in der geistigen Wüste der von Gott entfernten Menschen leben: „ ... wenn die ins Exil gegangenen Söhne des Lichts aus der Wüste der Völker zurückkehren, um in der Wüste Jerusalems zu lagern" (1QM 1,3) – eine Deutung von Levitikus/3. Mose 26,40–45. Nicht nur einen Messias erwarteten sie, sondern zwei: den davidischen, der den militärischen Sieg über die Römer, die „Kittim", und andere Feinde bringen sollte, und den priesterlichen, aus dem Stamme Aarons. Und sie hatten Geduld. Als Jesus auftrat und von seinen Anhängern als Messias ausgerufen wurde, waren über anderthalb Jahrhunderte seit dem Beginn ihrer eigenen Hoffnungen und Erwartungen vergangen, seit dem Auftreten ihres „Lehrers der Gerechtigkeit" (der nie als Messias verstanden wurde) und dem Entstehen ihrer Hauptschriften. Diese Geduld hilft uns auch, einen weitverbreiteten Irrtum über das frühe Christentum zu korrigieren: Wenn ein Judenchrist wie Paulus, der ursprünglich wohl noch gehofft haben mag, die Wiederkunft Jesu selbst erleben zu dürfen, schon in seinem ältesten Brief davor warnt, Tag und Stunde ungeduldig zu berechnen (1. Thessalonicher 5,1–2), wenn ein Judenchrist wie Petrus die drängende Ungeduld und den Spott jener, die es nicht erwarten können, verurteilt und dabei auf Psalm 90,4 verweist, auf den Tag des Herrn, der wie tausend Jahre ist (2. Petrus 3,3–9), dann sind das keine billigen Vertröstungen, sondern tiefe Überzeugungen, die messianisch gesinnten Juden jener Zeit nachweislich nicht fremd sein konnten.

Obwohl Josephus sie unter die drei großen Bewegungen des Judentums rechnet, waren die Essener im öffentlich-politischen Leben nicht aktiv. Sie gehörten nicht dem Hohen Rat an und traten in der Alltagswirklichkeit der hasmonäischen und römischen Epochen nicht als geschlossene Kraft mit Machtansprüchen auf. Der Name, der ihnen von Beobachtern wie Philo von Alexandria, Plinius dem Älteren und Flavius Josephus gegeben wurde, „Essener“ oder „Essaioi“, ist wohl vom aramäischen „hassaja“, die Frommen, abzuleiten. Sie selbst nannten sich allem Anschein nach nicht so. Die Auswertung neuerer Funde macht eher wahrscheinlich, daß sie sich „Jachad“ nannten, „die Einung“ (unter der Torah). Mehr als alle anderen jüdischen Bewegungen verstanden sie sich als die reine Gemeinde Israels, der heilige, unbefleckte Rest des Gottesvolkes, der sich für die Endzeit wappnete, strengste Regeln für das gemeinschaftliche Leben zur Bewahrung der Reinheit aufstellte und anderen Juden die Chance geben wollte, rechtzeitig umzukehren. Das heißt, daß sie keineswegs elitär-exklusiv waren, sondern missionarisch wirkten. Von Qumran aus wurden ihre Schriften überallhin verbreitet, und ihre Mitglieder siedelten überall im Land, während sie umgekehrt alles sammelten, was anderswo im Judentum über messianische Erwartungen geschrieben wurde.

So blieben auch sie nicht auf die hebräische Sprache der Heiligen Schrift fixiert. Die frühen und späteren Übersetzungen ins Aramäische, die „Targumim“, sind in Qumran ebenso belegt wie griechische Übersetzungen und Kommentare. Die eigenartige Bibliothek der Höhle 7, in der ausschließlich griechische Texte nur auf Papyrus gesammelt wurden, dürfte wohl mit dieser Strategie der umfassenden Ausbildung zu tun haben: Wie die neuere Forschung nach Jahren erbitterter Kontroversen nun doch wieder zeigt, handelt es sich hier um eine Sammlung von Schriften und Belegtexten der um 30 n. Chr. plötzlich aufkommenden, rivalisierenden jüdischen messianischen Bewegung, die für sich selbst zuerst ebenfalls keinen eigenen Namen hatte, deren Anhänger später aber „Christen" genannt wurden. Als diese Bewegung auch literarisch tätig wurde, mußte man ihre Texte – auch die Schriften, auf die sie sich beriefen – in einer eigenen Sammlung zusammenstellen, um sich argumentativ darauf einstellen zu können. So kam auch das älteste bis heute gefundene Fragment der Schrift des Markus (die damals natürlich noch nicht den Gattungsbegriff „Evangelium" trug) in einer heute als Fragment 7Q5 erhaltenen Abschrift aus der Zeit um oder kurz nach 50 n. Chr. dorthin. Ein Phänomen der Literaturgeschichte dieser Epoche, die man meist die „herodianische" oder auch die Spätzeit des Zweiten Tempels nennt, ist es jedenfalls, daß nur zwei ihrer Textsammlungen erhalten sind: Die Schriftrollen aus den Höhlen von Qumran als essenische Studienbibliothek (einschließlich der nicht-essenischen Schriften, die dort gesammelt wurden), und das später sogenannte Neue Testament als Texte der jüdischen Bewegung, die Jesus von Nazareth als den gekreuzigten und auferstandenen Messias verkündete. Dies zumindest haben Essener und Christen gemeinsam, denn weder von den Sadduzäern noch von den Pharisäern ist Schrifttum überliefert, das mit Sicherheit in der Zeit vor 70 n. Chr. veröffentlicht wurde.

Herodes der Große förderte die Essener. Als Qumran vorübergehend zerstört war, wohl im Zuge von Kämpfen zwischen Herodes und dem Hasmonäer Antigonos zwischen 37 und 40 v. Chr., zogen sie unter seinem Protektorat auf den Südwesthügel Jerusalems und blieben dort mit einer „Außenstelle" auch nach dem Neuaufbau Qumrans, der kurz nach dem Tod des Herodes begann. Herodes war wohl durch die erfüllte Prophezeiung des Esseners Menachem, der ihm die Thronbesteigung vorausgesagt hatte, zu einem Befürworter der Bewegung geworden. Realpolitischer noch wichtiger war aber die gemeinsame Gegnerschaft zur mächtigen Tempelpriestergemeinschaft der Sadduzäer. Eine Tatsache ist jedenfalls, daß Herodes nur die Essener vom Treueeid, den alle Juden ihm zu schwören hatten, ausnahm. Nicht ganz abwegig ist daher die häufig geäußerte Vermutung, daß die Essener im Neuen Testament als „Herodianer" auftauchen (u.a. Markus 3,6 und 12,13), als Gegner Jesu, aber stets nur zusammen mit den Pharisäern, nie mit den Sadduzäern. Mit Sicherheit gab es Berührungen zwischen Jesus und den Essenern, auch schon deswegen, weil er mit allen Juden und ihren Bewegungen ins Gespräch kommen wollte und dieser eindeutig messianischen Gruppierung gar nicht aus dem Weg gehen konnte. Zugleich ist nach der Quellenlage eindeutig, daß die Essener vor allem in der Endphase seines öffentlichen Auftretens nicht zu seinen Befürwortern gehörten, sondern zu seinen Todfeinden.

Einzelne Essener mögen das ebenso anders gesehen haben wie einzelne Pharisäer (Nikodemus) und Mitglieder des Hohen Rats (Joseph von Arimathäa), doch bereits die Interpretation des Sabbats durch Jesus konnte von der Mehrheit nur als eine an ihre Substanz gehende Provokation verstanden werden. Zwei Beispiele: „Der Sabbat ist für den Menschen da, nicht der Mensch für den Sabbat. Deshalb ist der Menschensohn Herr auch über den Sabbat" (Markus 2,27–28). Und: „Jesus wandte sich an die Gesetzeslehrer und die Pharisäer: ‚Ist es am Sabbat erlaubt zu heilen oder nicht?' Sie schwiegen. Da berührte er den Mann, heilte ihn und ließ ihn gehen. Zu ihnen aber sagte er: ‚Wer von euch wird seinen Sohn oder seinen Ochsen, der in den Brunnen fällt, nicht sofort herausziehen, auch am Sabbat?' Darauf konnten sie ihm nichts erwidern" (Lukas 14,3–6). Sobald Essener – die hier nicht als anwesend genannt werden – von solchen Lehren erfuhren, mußten sie in Jesus einen gefährlichen Liberalen sehen, den es zu bekämpfen galt. Erst nach der Auferstehung konnte die Urgemeinde intensiv in einen nun ihrerseits missionarischen Dialog eintreten, der durch die Nachbarschaft auf dem Zionshügel sicher begünstigt wurde. Die Berührungen zwischen essenischen Erwartungen und der Messiasgestalt Jesu waren jetzt deutlicher zu erkennen, und manchen Essenern könnten sie überzeugender erschienen sein als die Unterschiede. Es hat daher viel für sich, wenn man annimmt, daß die „vielen Priester", die sich mitten in der Geschichte von den Hellenisten in der Urgemeinde dem Weg Jesu anschließen (Apostelgeschichte 6,7), griechischsprachige Essener waren. Sadduzäer können damit jedenfalls schon grundsätzlich nicht gemeint sein, und die Pharisäer hatten nur wenige Priester, sie waren keine Priesterbewegung, aus deren Kreis „viele" den Weg zum Messias Jesus hätten finden können.

Als der jüdische Aufstand gegen die Römer 66 n. Chr. begann, wurde er von den Essenern befürwortet; Josephus erwähnt namentlich sogar einen essenischen General, Jochanan, der in der Schlacht von Aschkelon zu Tode kam. Doch mit der Eroberung Qumrans 68 n. Chr. und dem Ende Jerusalems und des Tempels 70 n. Chr. verloren sie die Zuversicht in die Richtigkeit ihrer Lehre. Wie die Sadduzäer verschwanden sie nahezu spurlos aus dem Judentum; einige wurden Christen, andere gingen in Randbewegungen wie den Ebioniten auf. Als jüdische Bewegung gab es sie nicht mehr. Nur ihr Schrifttum wurde noch lange gelesen, örtlich bis ins Mittelalter hinein, wie uns eine Abschrift der „Damaskus-Schrift" aus dem 10. Jahrhundert zeigt, die in der Ben Esra–Synagoge von Fostat (Alt-Kairo) gefunden wurde.

Während die Sadduzäer, Pharisäer und Essener in der Folge des erfolgreichen Makkabäer-Aufstandes an Profil gewannen, zeichnete sich bereits eine neue und radikalere Veränderung der politischen Landschaft ab. Wie wir schon sahen, waren im Nordosten des seleukidischen Großreichs die Römer Ende 190 v. Chr. die beherrschende Macht geworden. 133 v. Chr. weiteten sie ihre Herrschaft über Kleinasien durch die Eroberung des Königreichs Pergamon aus; 86 v. Chr. eroberten sie Athen – eine auch symbolisch weitreichende Vereinnahmung dieser zumindest traditionell noch als Zentrum alter griechischer Kultur geltenden Stadt. Es war nur noch eine Frage der Zeit, bis sie in die jüdischen Kernlande vordringen würden. Die Juden selbst halfen dabei durch einen Bürgerkrieg, der als Bruderzwist begonnen hatte. Hyrkan II., ein Sohn des Pharisäer-Verfolgers Alexander Jannai, war Hohepriester geworden. Sein Bruder Aristobul II. wartete bis zum Tod ihrer Mutter, der Pharisäer-Freundin Salome Alexandra, und erklärte sich 67 v. Chr. selbst zum Herrscher und Hohenpriester. Die Sadduzäer schlossen sich Aristobul an, die Pharisäer Hyrkan. Der römische Oberbefehlshaber Gnaeus Pompeius Magnus unterwarf mittlerweile den Rest des seleukidischen Rumpfstaats und schuf 64 v. Chr. die römische Provinz Syrien. Mit freier Hand, nach Süden zu gehen, nahm er 63 v. Chr. Judäa und Jerusalem ein. Er betrat das Allerheiligste des Tempels, entweihte ihn damit und machte auf diese Weise alle frommen Juden von Anfang an zu leidenschaftlichen Feinden der römischen Eroberer. Im innerjüdischen Konflikt entschied er sich für Hyrkan, ernannte ihn zum Regenten und bestätigte ihn als Hohenpriester.

Die inneren Unruhen flackerten danach immer wieder auf, bis der römische Statthalter Gabinius zwischen 57 und 55 v. Chr. die Trennung von Tempelmacht (Hohepriestertum) und politischer Struktur durchsetzte. Hyrkan hatte keine realen Machtbefugnisse mehr, das Land wurde in fünf Verwaltungsdistrikte unterteilt, und die Wiederbelebung der in den Städten zwischenzeitlich zurückgedrängten griechischen Kultur wurde nachhaltig gefördert. Als Pompeius 48 v. Chr. in Ägypten ermordet wurde, mußte die Gunst des Julius Caesar gewonnen werden, der sich in Rom als Judenfreund erwies (unter anderem befreite er sie vom Militärdienst). Caesar griff in den Konflikt zwischen Hyrkan und seinem Neffen Antigonos ein, dem überlebenden Sohn Aristobuls, der in Rom von Anhängern des Pompeius vergiftet worden war. Nun kam es zu einer Entwicklung, die sich auf Jesus und seine Zeit unmittelbar auswirkte. Das Gebiet südlich von Jerusalem und westlich des Toten Meeres, Idumäa, war von Johannes Hyrkan I., einem Sohn des Makkabäers Simon, kurz nach 134 v. Chr. erobert und mit Gewalt – z. B. durch Zwangsbeschneidung – judaisiert worden. Der Militärbefehlshaber dieses Gebiets war ein gewisser Antipater. Da er zuvor Caesar bei dessen ägyptischen Unternehmungen militärisch unterstützt hatte, revanchierte sich dieser nun, indem er sich gegen Antigonos und für Antipater mit dessen jüdischem Verbündeten Hyrkan entschied. Mit einer Reihe von Dekreten gewährte Caesar eine Teilautonomie. Dazu gehörte für Hyrkan die erbliche Hohepriesterschaft in Verbindung mit der gleichfalls erblichen Herrschaft über das Volk („Ethnarchie"), während Antipater das römische Bürgerrecht erhielt und zum Statthalter („Epítropos") über Judäa eingesetzt wurde. Die weitgehenden Freiheiten, die Judäa nun genoß, hätten zu einer neuen, auch wirtschaftlichen und kulturellen Blüte führen können, wenn der Streit der Parteiungen innerhalb des Landes aufgehört hätte. Der Idumäer Antipater nutzte jedoch seine Macht, die anders als jene Hyrkans nicht symbolisch, sondern sehr real war, um seine beiden Söhne als Militärbefehlshaber von Galiläa und Jerusalem einzusetzen. Phasael, der in Jerusalem amtierte, hat kaum bleibende Spuren in der Geschichte hinterlassen. Mit dem anderen aber trat nun ein Mann auf die Bühne, der an Grausamkeit und Prachtentfaltung alles übertraf, was man bis dahin im Judentum kannte: Herodes.

Alle Versuche der alten hasmonäischen Aristokratie und der Jerusalemer Priesterklasse, ihn an der selbstherrlichen Entfaltung seiner Macht zu hindern, scheiterten an seiner Unterstützung durch die Römer, die in ihm einen rücksichtslos-tatkräftigen Bundesgenossen sahen. Als Caesar 44 v. Chr. ermordet wurde und ein Jahr später auch Antipater, der Vater des Herodes, stellte er sich mit seinem Bruder Phasael kompromißlos auf die Seite der Römer und half ihnen, das Land zugunsten des in Syrien wirkenden Caesar-Mörders Cassius mit enormen Zwangssteuern auszupressen. Die Einwohner von Städten, die nicht zahlen konnten, wurden in die Sklaverei verkauft. Die Brutalität, mit der Herodes dabei gegen seine eigenen Landsleute vorging, weckt frühe Zweifel an der Berechtigung, ihn noch heute „den Großen" zu nennen. Er war von Anfang an ein erbarmungsloser, größenwahnsinniger Ausbeuter und Mörder, dessen prachtvolle Kaisertempel, Theater, Amphitheater, Burgen, Paläste und Erweiterungsmaßnahmen am Jerusalemer Tempel ihn zwar zu einem Albert Speer seiner Zeit machten, Größe in jedem vernünftigen Sinn dieses Wortes aber ausschlossen. Groß war allerdings sein Geschick, aus veränderten

Machtverhältnissen den größtmöglichen Profit zu schlagen: Als 42 v. Chr. Octavian (der spätere Augustus) und Antonius über Cassius gesiegt hatten, erlangte Herodes gegen innerjüdischen Widerstand für sich und seinen Bruder die Herrschaftsämter von Tetrarchen über alle jüdischen Gebiete.

Noch ein weiteres Mal machte er aus einer gefährlichen Situation persönlichen Machtgewinn: 40 v. Chr. überrannten die Parther das Land – in diesem Zusammenhang kam es wohl zur schon erwähnten vorübergehenden Zerstörung des essenischen Zentrums von Sechacha/Qumran –, der alte Rivale Antigonos gelangte durch eine Tributzahlung an die Parther (zu der auch die Lieferung von 500 Frauen gehörte) an die Königsmacht, Herodes brachte seine Familie auf die sichere Festung Masada und floh nach Rom, Phasael wurde gefangengenommen und beging Selbstmord, Hyrkan schnitt man beide Ohren ab, um ihn gemäß Levitikus/3. Mose 21,16–21 für immer vom Amt des Hohenpriesters auszuschließen. Der römische Senat zog den erwiesenen Römerfreund und idumäischen Halbjuden Herodes dem jüdisch-aristokratischen Antigonos vor und ernannte ihn zum König von Judäa. Der fürchterliche Bürgerkrieg, der nun erst in Galiläa, später im ganzen Land einsetzte, endete 37 v. Chr. mit der Eroberung Jerusalems. Antigonos wurde in Antiochia von den Römern auf Bitten des Herodes enthauptet – auch dies eine ganz besondere Errungenschaft des Herodes, denn nie zuvor hatten die Römer einen König zum Tode verurteilt und hingerichtet. Von nun an herrschte er unangefochten, war aber trotz der Bestätigung seines Königtums durch Augustus im Frühjahr 30 v. Chr. kaum mehr als einer der vielen Vasallenherrscher im Römischen Reich. Nur eines hatte er wie gewünscht erhalten: Die völlige Freiheit, im eigenen Land zu schalten und zu walten, wie er wollte. Die Juden hatten ihm einen Treueeid abzulegen, sie wurden von einer Stasiartigen Geheimpolizei bespitzelt und mußten es sich gefallen lassen, daß der traditionelle Vorrang der Torah von den Normen römischen Rechts abgelöst wurde. Damit der Hohe Rat, der Sanhedrin, gar nicht erst auf den Gedanken kam, Widerstand zu leisten, hatte er fast alle Mitglieder schon bei seinem Machtantritt ermorden lassen. Den letzten Hasmonäer im Amt des Hohenpriesters, Aristobul, ließ er 36 v. Chr. umbringen; damit beendete er die hasmonäische Erbfolge in diesem Amt und wählte sich die Hohenpriester so aus, wie er es wollte – seit der Zeit des Herodes war damit in den Augen frommer Juden der Hohepriester mehr als je zuvor illegitim, er war ein Erfüllungsgehilfe des Königs. Das änderte sich auch nach dem Tod des Herodes nicht, und so waren noch die Hohenpriester zur Zeit Jesu, Hannas und Kaiaphas, vom Volk verachtete Herrscherfreunde. Als Herodes sich endgültig der Freundschaft des Augustus versichern wollte – nach dessen entscheidendem Sieg über Antonius in der Schlacht von Actium –, ließ er 31 v. Chr. sicherheitshalber auch noch den Letzten der Hasmonäer umbringen, den ehemaligen Hohenpriester und „Ethnarchen" Hyrkan II. Es ist geradezu vornehm formuliert, wenn man feststellt, daß Herodes über Leichen ging. Seine eigene Frau Mariamne war 29 v. Chr. die nächste. Im darauffolgenden Jahr ließ er seine Schwiegermutter Alexandra hinrichten.

In den Jahren unmittelbar vor der Geburt Jesu trat Herodes als Förderer der Künste und der griechischen Kultur auf. Was seit der Zeit Alexanders des Großen begonnen hatte, gelangte nun zu einer neuen Blüte. Mit den exorbitanten Steuern, die er von seinen Untertanen erhob, finanzierte er sogar in großherrschaftlicher Manier Tempel und Theater außerhalb seines eigenen Herrschaftsbereichs und zeigte sich als Sportsfreund, indem er die Olympischen Spiele bezahlte. Die Beziehung zu Augustus war, von einer vorübergehenden Trübung unmittelbar vor der Geburt Jesu abgesehen, so gut, daß der Kaiser das herodianische Herrschaftsgebiet mehrfach durch Schenkungen erweiterte. Seine Söhne Alexander und Aristobul schickte Herodes zum Studium nach Rom, ließ sie jedoch nach Hofintrigen im Geburtsjahr Jesu, 7 v. Chr., hinrichten – und zwar in Samaria, der Stadt, die er zu Ehren des Kaisers in Sebaste („Augusta") umbenannt hatte und in der ein Tempel stand, in dem Augustus als „Sohn Gottes" verehrt wurde. Seinen ältesten Sohn, Antipater, ließ er noch fünf Tage vor seinem eigenen Tod mit Genehmigung des

Augustus töten. Zu diesem Zeitpunkt war Jesus gerade drei Jahre alt. Er war dem vielfachen Mörder Herodes, einer der übelsten Gestalten der antiken Geschichte, noch knapp entronnen. Andere Kinder in Bethlehem fielen ihm zum Opfer. So hat es, nun wieder in der Geschichte der Kirche, durchaus seinen Sinn, daß am 28. Dezember jeden Jahres der „Tag der unschuldigen Kinder" begangen wird – jener Kinder, die auf Befehl des Herodes ermordet wurden, weil er einen weiteren Rivalen, den künftigen Heiland und Messias, noch rechtzeitig ausschalten wollte.

Als Jesus zwischen 28 und 30 n. Chr. öffentlich auftrat, war das ehemalige Herrschaftsgebiet längst aufgeteilt. Im Jahr 6 n. Chr. hatte Augustus die Teilautonomie aufgehoben und Judäa, Samaria und Idumäa in die Provinz Syrien eingegliedert. Galiläa mit Nazareth und Kapernaum blieb der Herrschaft des Herodes Antipas unterstellt, der Johannes den Täufer umbringen ließ und beim Prozeß gegen Jesus eine Gastrolle spielte. Der Nordosten zwischen Bethsaida und Caesarea Philippi verblieb bei dem Augustus-Freund Philippus; in seinem ausgesprochen prohellenistischen Herrschaftsgebiet wurden Simon Petrus, Andreas, Philippus und wohl auch die Zebedäus-Söhne Johannes und Jakobus geboren, und in dieser aus griechisch-multikulturellen Einflüssen, dem heidnischen Götterkult ebenso wie dem Kaiserkult und Orten frommen Judentums gemischten Tetrarchie ließ sich Jesus von Petrus zum Messias erklären. Friedlich war auch diese Zeit nicht. Zu den vielen Bewegungen des Judentums waren, von Galiläa ausgehend, die Zeloten gekommen. Als „Eiferer" – nichts anderes bedeutet das griechische Wort ursprünglich – traten sie seit 6 n. Chr. zuerst unter Judas von Galiläa auf, der aktiven Widerstand gegen die steuerpolitischen Maßnahmen des syrischen Legaten Quirinius leistete. Die meisten der Zeloten stammten aus den Kreisen der Pharisäer. Allerdings warteten sie nicht, wie es pharisäische Mehrheitspolitik war, auf Zeichen Gottes in der Geschichte, sondern wollten selbst dazu beitragen, daß sich der Messias zeigen und die Fremdherrscher besiegen würde. In diesem Sinne war selbst ein Simon Petrus zelotisch gesinnt, der noch im Garten Gethsemane dem bei der Gefangennahme Jesu stellvertretend für den Hohenpriester anwesenden Malchus bewußt das rechte Ohr abschlug, um damit das hohepriesterliche Amt des Kaiaphas für beendet zu erklären und mit dem Schwert in der Hand den messianischen Endkampf zu erzwingen – erst die Korrektur dieser Handlung durch Jesus, der dieser Messias gerade nicht war und die Wunde des Malchus heilte, beendete dieses dem Geiste nach zelotische Zwischenspiel. Anfangs waren die Zeloten keineswegs unpopulär, zumal sie gegen die Ausbeutung des Landes durch die Römer und ihre Vasallen opponierten und damit vor allem aus der hart arbeitenden Landbevölkerung Zulauf erhielten. Jesus selbst band zumindest einen Zeloten in seinen Jüngerkreis ein, Simon „ton kaloúmenon zêlôthên", „genannt der Zelot" (Lukas 6,15; vgl. Markus 3,18, wo das aramäische „kananaîos" des Markus gleichbedeutend mit „Zelot" ist). Manche Forscher nehmen an, daß auch Judas aus Kerijot (Iskariot) ein Anhänger der Zeloten gewesen sein könnte. Zur nationalen Katastrophe führten ihre Aktivitäten, als sie 66 n. Chr. einen offenen Aufstand gegen die Römer einleiteten, der schließlich 70 n. Chr. in der Zerstörung Jerusalems und des Tempels durch die Römer gipfelte. Eine ihrer Festungen während des Aufstands, Gamla, lag unweit des Sees Genezareth, östlich der Grenze von Galiläa zur Gaulanitis, die zu Lebzeiten Jesu zum Herrschaftsgebiet des Tetrachen Philippus gehörte.

Vor einem solchen Hintergrund fällt es schwer, dem alten Klischee von der „kleinen Welt" des Jesus Christus Glauben zu schenken. Die Menschen, die zwischen dem Mittelmeer und dem Jordan, zwischen dem Hermon-Gebirge und der Negev-Wüste, oder, um es in alter biblischer Sprache zu sagen, zwischen Dan und Beer-Sheva lebten, waren freiwillig und oft auch unfreiwillig einbezogen in die politischen, wirtschaftlichen, kulturellen und religiösen Entwicklungen der mediterranen Welt. Zuerst, zwischen Alexander dem Großen, den Seleukiden und den Makkabäern, in einer östlichen Hälfte, die von Alexandria bis nach Makedonien, von Euphrat und Tigris bis nach Zypern reichte, dann, unter den Römern, bis an die westlichen Enden eines Reichs, in dem die Menschen miteinander kommunizierten, ohne von politischen

Grenzen behindert zu werden. Was unter Pompeius begonnen hatte, führte Augustus zu Ende: Er befriedete das Imperium, befreite – worauf er besonders stolz war – das Mittelmeer von den Piraten, baute die Handelsnetze aus und bereitete so den Boden für die Ausbreitung nicht nur von Waren, sondern auch von Ideen, Philosophien und Religionen. Es ist in gewisser Weise durchaus eine Ironie der Geschichte, daß sowohl das traditionelle Judentum als auch das aufkommende Christentum sich in einer Zeit verbreiten konnten, deren Herrschaftsform ihren religiösen Voraussetzungen diametral entgegengesetzt war. Überall im Römischen Reich, von der iberischen Halbinsel über Rom bis nach Alexandria, standen die Handelszentren offen, hatten sich unter Augustus und Tiberius, den beiden Kaisern, unter denen Jesus lebte, Juden niederlassen können, wo sie wollten, ohne behindert oder beargwöhnt zu werden. Umgekehrt ging die Integrationswilligkeit der Juden so weit, daß Philo von Alexandria Tiberius für einen guten Kaiser halten konnte, der 19 n. Chr. die Juden nur deswegen vorübergehend aus Italien verbannte und 4000 von ihnen nach Sardinien auswies, wo sie gegen Banditen kämpfen mußten, weil er von Sejanus schlecht beraten worden war (so jedenfalls argumentiert Philo in seiner Schrift an Kaiser Gaius Caligula). Allein in Rom lebten zur Zeit des Urchristentums mindestens 60 000 Juden.

Anders gesagt: Die Machtkämpfe in den jüdischen Kernlanden, in denen sich seit Pompeius die Römer engagierten, und die römischen Eingriffe in die politischen Strukturen sind nicht ein Indiz für die bedeutungslose Provinzialität einer östlichen Ecke des Reichs, sondern umgekehrt für die Bedeutung, die von den Kaisern gerade dieser wichtigen Region des östlichen Mittelmeerraums beigemessen wurde. Und die Juden der Diaspora, ob sie nun in Alexandria, Rom, Athen oder im griechischsprachigen Marseille lebten, standen in einer regen Wechselbeziehung zum Zentrum ihres Glaubens. Dazu trug nicht nur der schnelle Handels- und Postverkehr über das Mittelmeer, entlang der Küsten und auf den großen Landtransversalen bei. Auch die Hochfeste des jüdischen Kalenders garantierten mehrmals im Jahr den Besuch hundertttausender jüdischer Pilger aus allen Reichsteilen, die nach Jerusalem kamen, um im Tempel zu beten und zu opfern, die Impulse aus ihren Heimatländern mitbrachten und ihrerseits nach Hause mitnahmen, was sie zwischen den Küstenhäfen und Jerusalem an Neuigkeiten erfuhren. Die Liste, die wir in der Apostelgeschichte über die Schawuot-/Pfingst-Pilger im Jerusalem des Jahres 30 n. Chr. lesen, ist sicher nicht vollständig, vermittelt uns aber einen guten Einblick in die Internationalität des Judentums in der Stadt des Tempels nicht nur in diesem einen Jahr: „Parther, Meder und Elamiter, Bewohner von Mesopotamien, Judäa und Kappadozien, von Pontus und der Provinz Asia, von Phrygien und Pamphylien, von Ägypten und dem Gebiet Libyens nach Kyrene hin, auch die Römer, die sich hier aufhalten, Juden und Proselyten, Kreter und Araber" (Apostelgeschichte 2,9–11).

Es hat also nichts mit der Wirklichkeit zu tun, wenn wir uns einen provinziellen Jesus einbilden, der sein öffentliches Auftreten, seine Reden und Wunder, nur zum Nutzen einer galiläisch-judäischen Provinz inszeniert hätte, nur und ausschließlich für fromme Juden seiner engeren Heimat, die er über den Willen Gottes und seinen Sohn, den Messias aus Nazareth, hätte aufklären wollen. Von Anfang an bezog Jesus Juden ein, deren Horizont weiter reichte, und von Anfang an blickte er über das Judentum hinaus. Die Aufnahme von Männern wie Simon dem Zeloten aus Galiläa oder der Gaulanitis und Judas aus Kerijot südlich von Hebron steht neben der Jüngerschaft von mittelständischen Fischereiunternehmern wie Simon Petrus und seinem Bruder Andreas, die in der hellenistischen Stadt Bethsaida aufgewachsen und ebenso wie der Familienbetrieb des Zebedäus mit seinen Söhnen Johannes und Jakobus über die Grenze ins galiläische Kapernaum gezogen waren – nicht etwa, weil sie es in einem Provinznest etwas ruhiger haben wollten, sondern weil gerade hier, unmittelbar an der Via Maris, der bedeutenden Handelsstraße zwischen Syrien, dem Mittelmeer und Ägypten, die internationale Handelswelt mit ihren Wirtschafts- und Kulturgütern vorbeikam, und weil hier mit einer kleinen, aber im Grenzbereich wichtigen römischen Garnison noch zusätzlich die Präsenz der Römer wirtschaftliche Vorteile und Sicherheit brachte. Diese vier Jünger, dazu noch ein fünfter aus Bethsaida – Philippus –, verkörpern im von Jesus strategisch zusammengestellten Jüngerkreis die Gewandtheit zwischen den Kulturen und Sprachen. Ein Indiz dafür ist auch die Szene in Jerusalem, in der griechischsprachige Festpilger mit Jesus ins Gespräch kommen wollen, sich zuerst sachkundig machen und dann zielsicher auf Philippus zugehen, „der aus Bethsaida in Galiläa stammte" und der seinerseits Andreas hinzuzieht. So ist man unter „Hellenisten" und kann manches klären, ehe die Gruppe dann zu Jesus geht (Johannes 12,20–22).

Die frühe Öffnung Jesu gegenüber der breitgefächerten jüdischen und außerjüdischen Welt wurde durch die Wahl von Kapernaum als erstem längeren Aufenthaltsort und Ausgangspunkt mit Sicherheit erleichtert. Auch die Aufnahme eines weiteren Jüngers bestätigt diese Planung. Levi-Matthäus war Zollpächter, wie uns das griechische Wort „telônês" in den Evangelien verrät, nicht nur ein einfacher Zollbeamter. Ihm unterstand eine Zollstation, die er vom Staat – hier also von der galiläischen Vasallenregierung unter Herodes Antipas – gepachtet hatte. Das setzte eine bereitwillige Zusammenarbeit mit den übergeordneten Behörden voraus, die ihre Bürger steuerlich auspreßten, machte ihn aber dank seiner Anteile an den Einnahmen bald wohlhabend. Vor allem hier, wo eine Land- und Seegrenze zusammenkamen und die Fischfangsteuer zu erheben war, fiel das nicht schwer. Das alles führte dazu, daß ein Zollpächter wenig Aussichten hatte, in der Bevölkerung beliebt zu sein. Aus dieser Perspektive war also Levi das Gegenteil eines Zeloten wie Simon. Zugleich verkörperte er aber im Jüngerkreis ein strategisch wichtiges Element: die direkte Berührung mit der Welt der Bürokratien und Behörden und mit der Geldaristokratie, und damit die Insider-Kenntnisse, die einem Juden aus anderen Erwerbszweigen so nicht zugänglich waren. Und ähnlich wie Philippus, Andreas und die anderen aus der hellenistischen Nordostgegend des Sees Genezareth ihre ökonomische und sprachlich-kulturelle Weltläufigkeit mitbrachten, die sie sich vor der eigenen Haustür erworben hatten, hatte auch Levi-Matthäus eine Qualifikation, die Jesus erkannte und nutzte: Als „telônês“ benötigte er die Fähigkeit, schnell und knapp zu protokollieren und hatte die damals geläufige Form der Kurzschrift zur Verfügung. Es gab zu dieser Zeit verschiedene Formen der Stenographie – die in der Antike meist Tachygraphie genannt wird. Für das Judentum ist sie spätestens seit der Übersetzung der hebräischen Bibel ins Griechische belegt, also seit dem 3./2. vorchristlichen Jahrhundert. Denn in der Septuaginta heißt es bei der Übersetzung von Psalm 45,2 nicht: „Meine Zunge gleicht dem Griffel des flinken Schreibers“, sondern: „Meine Zunge ist wie das Schreibrohr des Stenographen“. Die Übersetzer präzisierten das hebräische „sôfêr mâchêr“ durch das griechische „oxygráphos“, ein Synonym für „tachygráphos“, um die Beherrschung der Technik durch die Juden der Zeit deutlich zu machen. Und da eine Übersetzung ihren Sinn nicht zuletzt darin hat, daß die Leser verstehen sollen, wovon die Rede ist, ist die Beherrschung dieser Technik seit dem 3./2. Jahrhundert v. Chr. zuerst, dann aber nicht nur, in der griechischsprachigen Diaspora sicher vorauszusetzen. Neben diesem literarhistorischen Beleg steht ein späterer Fund, aus dem späten 1., frühen 2. Jahrhundert n. Chr.: In einer Höhle des Wadi Murabba'at wurde ein Lederfragment mit griechischer Stenographie entdeckt. Der Text konnte noch nicht identifiziert werden, gilt aber aufgrund des mitten im Text eingesetzten Christus-Monogramms als Beleg für frühchristliche Kurzschrift, als erster Fund mit diesem Zeichen und als Raubgut der Männer des Bar Kochba, die das Leder in einer ihrer Fluchthöhlen zur Umhüllung eigener Texte benutzten.

Aufschlußreiche Belege wie diese sprechen einmal mehr für die alles andere als provinzielle Kultur des Judentums zwischen den Anfängen der Hellenisierung und der frühen, judenchristlichen Epoche im Heiligen Land. Und sie helfen uns, die Lebenswirklichkeit eines von Jesus sicher nicht zum Spaß ausgewählten Levi-Matthäus besser zu verstehen. Manche Neutestamentler, die große Berührungsängste vor der altkirchlichen Überzeugung haben, daß dieser Jünger identisch ist mit dem Verfasser des unter seinem Namen veröffentlichten Evangeliums, bemühen sich zwar unermüdlich darum, das Evangelium in die 80er Jahre zu verlegen, lange nach der Zerstörung Jerusalems und ohne direkte Berührung mit dem historischen Jünger Matthäus, doch Historiker müssen schon etwas genauer hinsehen und haben die Texte vorurteilsfrei als Quellen ernst zu nehmen. Tun sie das, dann ergibt sich ein erstaunliches Bild gerade bei der Berufung dieses Jüngers: Schon immer ist Lesern des Matthäus-Evangeliums aufgefallen, daß es unter den drei synoptischen Evangelien die meisten und längsten aller Jesus-Reden enthält, aber gerade die wohl wichtigste galiläische Rede, die Bergpredigt, vor der Berufung des Levi liegt (Matthäus 5,1–7,27; 9,9). Eine historisch-archäologische Rekonstruktion könnte die Antwort geben. Der wieder ausgegrabene Bereich der Zollstation des Levi am Seeufer vor Kapernaum liegt unterhalb des Hügels, der traditionell als „Berg der Seligpreisungen" bezeichnet wird. Oben auf dem Gipfel, wo die Kirche vom Anfang des 20. Jahrhunderts steht, kann Jesus seine Bergpredigt sicher nicht gehalten haben – da behindert der Wind selbst an ruhigeren Tagen das Verstehen schon auf kurze Entfernung. Aber am rechten Abhang, mit Blickrichtung nach Tabgha, liegt windgeschützt ein natürliches Halbrund, wie der Zuschauerraum eines antiken Freilichttheaters, vor dem eine ebene Fläche wie die „Orchestra" und die „Szene" eines solchen Theaters wirkt. Wer dort spricht, kann noch heute von jedem Zuhörer gut verstanden werden, ohne schreien zu müssen. Hier ist tatsächlich der vernünftige Platz für eine solche „Großveranstaltung", wie ihn die älteste christliche Ortstradition festhält.

Levi hatte es nicht weit, er mußte nur den Hügel hinauf, den anderen nach, als er davon hörte, daß der aufregende Wanderprediger Jesus zu den Menschen sprechen wollte. Im „Theater"-Halbrund sitzt er und hört zu, und als er merkt, wie ungewohnt neu und wichtig die Dinge sind, die er da hört, fängt er an, mitzustenographieren. Dies wiederum fällt Jesus auf, der sich natürlich seine Zuhörer auch ansieht. Ein gebildeter Mann, der seine Worte notieren kann, wäre eine Bereicherung für seinen Jüngerkreis. Ein paar Tage später geht er wie zufällig an der Zollstation des Levi-Matthäus vorbei und lädt ihn ein, sich ihm anzuschließen. Inzwischen hatte auch der Zollpächter Bedenkzeit gehabt, hatte seine Notizen noch einmal in Ruhe gelesen. Er versteht, daß auch er gemeint ist mit den Mahnworten über den unverantworteten Reichtum und die zwei Wege ins Verderben oder zum Leben, daß aber auch ihm die Verheißungen gelten, wenn er sein Leben ändert. Und als Jesus vor ihm steht, ist er sofort bereit, aufzustehen und mitzugehen. Es ist eine Rekonstruktion, die sämtlichen Gegebenheiten entspricht. Indirekt bestätigt wird sie durch das Lukas-Evangelium: Lukas hat die Bergpredigt nicht und bietet stattdessen die „Feldrede". Naive Forscher haben daraus ableiten wollen, daß Lukas aus seinen Quellenvorlagen einfach eine andere Rede Jesu zusammenstellte; in Wirklichkeit habe es weder eine Bergpredigt noch eine Feldpredigt als tatsächliche, in sich geschlossene Ereignisse gegeben. Historiker, die sich in der antiken Literatur auskennen, haben diese Auffassung nie ernst nehmen können. Wanderprediger benutzten ihre Lehreinheiten natürlich mehrmals, verwendeten Elemente daraus mehr als einmal, fügten manches bei bestimmten Anlässen hinzu, ließen anderes dagegen weg. Und niemand wird ernsthaft behaupten, daß die Bergpredigt jedes Wort Jesu wiedergibt, das er bei diesem Anlaß sprach – andernfalls müßte sie das halbe Evangelium füllen –, und ebenso ist die Feldpredigt, für die sich Lukas entscheidet, nicht der gesamte Lehrvortrag, den Jesus hielt. Beide halten die entscheidenden Aussagen zweier verschiedener Anlässe fest. Wichtig für unsere Rekonstruktion ist nun vor allem ein chronologisches Detail: Während im Matthäus-Evangelium die Berufung auf die Bergpredigt folgt, steht im Lukas-Evangelium die Berufung des Levi-Matthäus vor der Feldpredigt. Auch dieses Indiz bestätigt die Unterschiedlichkeit der beiden Reden und unterstreicht, daß wir die Abfolge des Matthäus-Evangeliums ernst nehmen dürfen.

Beide Evangelien sind sich mit Markus (2,13–17) darin einig, daß Jesus im Anschluß an die Berufung im Hause des Levi-Matthäus zum Essen eingeladen ist. Es ist das Abschiedsessen, und Lukas hebt hervor, daß es sich um ein „großes Gastmahl" handelt. Noch einmal läßt der reiche Zollpächter auffahren, was er zu bieten hat, seine ehemaligen Kollegen sind ebenfalls eingeladen, und Jesus verweigert sich dem offenbar fröhlichen Essen und Trinken nicht, zum Entsetzen der frugalen Pharisäer und ihrer Schriftgelehrten. Hier wird eine Einstellung deutlich, die aus der Sicht der Gegner Jesu seine Frömmigkeit und Torah-Treue in Frage stellte, für ihn und seine Nachfolger aber ein wichtiges Instrument der Verbreitung des Glaubens an den für alle Menschen, Juden und Nicht-Juden, gekommenen Messias und seine Heilsbotschaft wurde. „Nicht die Gesunden brauchen den Arzt," sagt Jesus, „sondern die Kranken. Ich bin gekommen, um die Sünder zur Umkehr zu rufen, nicht die Gerechten" (Lukas 5,31–32). Wichtig ist hier auch, daß es sich um eines der Worte Jesu handelt, die nicht nur die Juden verstehen konnten, die sie als erste hörten und nach der Veröffentlichung der Evangelien lasen, sondern auch die „Heiden", die sich für Jesus interessierten und von frühester Zeit an unter den Lesern der Evangelien (nicht nur dem des Lukas) waren. Denn einerseits ist diese Belehrung für alle Juden nachvollziehbar eine messianische Beantwortung des Abschnitts über die schlechten Hirten in Ezechiel 34,4: „Die schwachen Tiere stärkt ihr nicht, die kranken heilt ihr nicht, die verletzten verbindet ihr nicht, die verscheuchten holt ihr nicht zurück, die verirrten sucht ihr nicht, und die starken mißhandelt ihr". Denn wie Gott der Herr bei diesem Propheten nun selbst zum Guten Hirten wird, so handelt Jesus: „Ich selbst sorge für Recht zwischen den fetten und den mageren Schafen. Weil ihr mit eurem breiten Körper und eurer Schulter alle schwachen Tiere zur Seite gedrängt und weil ihr sie mit euren Hörnern weggestoßen habt, bis ihr sie weggetrieben hattet, deshalb will ich meinen Schafen zu Hilfe kommen. Sie sollen nicht länger eure Beute sein; denn ich werde für Recht sorgen zwischen Schafen und Schafen" (Ezechiel 34,20–22). Dies ist der Anspruch, den Jesus hier stellt, und das ist deutlich genug. Und andererseits war das Heilen der Kranken, die mehr als die Gesunden den Arzt brauchten, der zu ihnen kommt, ein Gedanke, den auch nicht-jüdische Leser ohne Befremden in ihr Weltbild einbinden konnten. Stobaeos, ein nicht-jüdischer, nicht-christlicher Zitatensammler aus dem Makedonien des frühen

5. Jahrhunderts n. Chr., zitiert einen solchen Gedankengang der griechischen Antike in seinen „Eklogai", 3,13–43.

Nur konsequent sind daher die immer wieder von den Evangelisten beschriebenen Ereignisse, in denen Jesus über die natürliche Konzentration auf die Mitjuden, unter denen er lebte, hinausgreift auf Randgruppen, zu denen „Gottesfürchtige" gehören – Nicht-Juden also, die sich dem Judentum angenähert hatten, die Heiligen Schriften lasen und viele Gebräuche einhielten, ohne zu konvertieren –, aber ganz dezidiert auch Heiden des griechischsprachigen Kulturraums. Der Syrophönizierin waren wir bereits begegnet, ebenso der Brotvermehrung auf dem östlichen Ufer des Sees Genezareth, im Gebiet des Zehnstädtebunds, der „Dekapolis". Ist man auf diese Strategie Jesu erst einmal aufmerksam geworden, erkennt man sie an vielen Stellen wieder. Stellvertretend sei hier nur an die Heilung des Besessenen von Gerasa erinnert (Markus 5,1–20; Matthäus 8,28–34; Lukas 8,26–39). Wo auch immer der genaue Ort lag, er befand sich mit Sicherheit im Gebiet des hellenistisch geprägten Zehnstädtebunds östlich des Sees Genezareth. Im Kern geht es um einen Exorzismus, bei dem – um es in der Sprache der Berichte direkt zu sagen – die Dämonen unter erheblichem Widerstand in Schweine getrieben werden, die sich in den See stürzen. Die Schweine, als Tiere, die für Juden unrein waren, erinnern auch einen Nicht-Juden wie den gerade noch Besessenen daran, daß Jesus als Jude auftritt und als Jude zu ihm kommt. Jüdische Leser der Evangelien konnten daran keinen Anstoß nehmen, und nicht-jüdische nahmen bei diesem Detail allenfalls zur Kenntnis, daß die Dämonen selbst darum bitten, vom Besessenen in die Schweine auszuweichen: Der Mensch gilt mehr als das Tier – jeder hellenistisch geprägte Mensch war davon fraglos überzeugt. Innerhalb dieses Rahmens fällt auf, daß der aus dem Besessenen sprechende Haupt-Dämon in Jesus „den Sohn des höchsten Gottes" erkennt (Lukas 8,28), also eine Formel des Kaiserkultes (Sohn Gottes) mit der Einsicht in die Überlegenheit des jüdischen Gottes verbindet, die Lesern des Evangeliums aus dem ersten Kapitel vertraut war (1,32), und sich schließlich mit dem Namen „Legiôn" vorstellt: Im übertragenen Sinne konnte „Legion“ eine große Anzahl meinen, technisch war es vor allem zu dieser Zeit aber erst einmal die Bezeichnung für die größte römische Truppeneinheit. Auch im Gebiet, das für „Gerasa“ in Frage kommt, waren römische Einheiten stationiert; in Gadara wurde sogar das Grab eines Offiziers der 14. Legion gefunden.

Es geht hier in unserem Zusammenhang nicht um die Dämonologie – Dämonenglauben und Exorzismen – im Judentum zur Zeit Jesu. Dazu ist nur in aller Kürze festzustellen, daß auch die von der Heilungskraft Jesu verängstigten nicht-jüdischen Menschen der Gegend die Heilung nicht bezweifeln, aber doch lieber kein weiteres Wunder dieser Art erleben wollen, um nicht mehrere Schweineherden zu verlieren, während der Geheilte im Auftrag Jesu „überall in der Stadt“ erzählt, was Gott (also Jesus, nach der ausdrücklichen Gleichsetzung Lukas 8,39!) für ihn getan hatte. Worum es geht, ist die von den Evangelisten übereinstimmend notierte Lokalisierung „gegenüber Galiläa“ (Lukas 8,26; ganz ähnlich Markus 5,1 und Matthäus 8,28) und damit die unmißverständliche Aussage, daß Jesus auch außerhalb der jüdischen Kernlande, unter Nicht-Juden, auftritt und heilt. Und gehen wir noch für einen Augenblick der nicht ganz leichten Frage nach, welchen exakten Ort in diesem Gebiet wir zu suchen haben, erkennen wir weitere Zusammenhänge. Wer deutsche Bibelausgaben zur Hand nimmt, findet beispielsweise in der Einheitsübersetzung bei Matthäus die Angabe „Gadara“, bei Markus und Lukas dagegen „Gerasa“. Das ist schon auf den ersten Blick nicht sonderlich logisch, da doch zweifelsfrei in allen drei Texten vom gleichen Ereignis am gleichen Ort die Rede ist. Das Problem liegt in den erhaltenen Handschriften der drei Evangelien. Owohl es für alle drei Evangelien Handschriften gibt, die den Ort Gerasa, Gadara oder sogar Gergesa nennen, gibt es keine einzige (der frühen erhaltenen), die in allen drei Evangelien stets den gleichen Ortsnamen nennt. Daraus folgt selbstverständlich nicht, daß auch in den verlorenen Erstexemplaren keine Übereinstimung herrschte. Die älteste erhaltene Bezeugung ist der Papyrus P75 aus dem 2. Jahrhundert, der das Lukas-Evangelium enthält und „Gerasa“ schreibt. Aus dem Alter der Handschrift und dem Beschreibstoff – Papyrus – folgt nicht, daß es auch die ursprüngliche Lesart sein muß. Die Herausgeber des griechischen Neuen Testaments nach Nestle-Aland und den United Bible Societies haben sich immerhin so entschieden, zumal auch der Codex Vaticanus und die ältesten Übersetzungen es so bieten. Auch in Markus 5,1 entschieden sie sich für Gerasa, und dafür spricht, daß noch der Codex Vaticanus es bei Markus so hat, zusammen mit weiteren, späteren Kodizes und Übersetzungen, die darin mit dem Lukas-Text übereinstimmen.

Wie kommt es dann aber, daß bei Matthäus, dessen Entstehungszeit zwischen Markus und Lukas liegt, alles ganz anders sein soll und plötzlich „Gadara" favorisiert wird, in den griechischen Textausgaben ebenso wie in der ihnen hier folgenden Einheitsübersetzung? Unter den alten Kodizes hat diese Lesart nur der Vaticanus, deren Abschreiber sich bei den beiden anderen Evangelien auf „Gerasa" festgelegt hatten. Umgekehrt hat aber der Codex Alexandrinus bei Markus und Lukas „Gadara", während leider der entsprechende Matthäus-Abschnitt in diesem Codex nicht erhalten ist. Stand dort vielleicht auch Gadara, und wenn ja, was hätte das zu bedeuten? Kurz – und ohne weiter in den überlieferungsgeschichtlichen Einzelheiten zu versinken –, es ist einer der in den Evangelien ausgesprochen seltenen, in der klassischen Antike aber geradezu ständig auftretenden Fälle von Unklarheiten. Wollen wir vernünftig eine übereinstimmende Lösung finden, müssen wir nach Auskünften außerhalb der Handschriften fragen. Welcher Ort ist aufgrund seiner Lage – zum Beispiel nahe des Sees – wahrscheinlich? Gegen Gerasa spricht, daß der Ort – das heutige Jerasch – ungefähr 50 km südöstlich des Sees Genezareth liegt und kein Umland hatte, das bis an den See heranreichte. Gadara, heute Um Qeia, liegt rund 8 km südöstlich des Sees und reichte mit seinem Gebiet bis an den See, wie übrigens auch Josephus berichtet (Lebensbeschreibung 42). Josephus ist hier ein glaubwürdiger Informant, denn er lebte lange Zeit am See Genezareth und war während der Revolte gegen die Römer in den ersten Jahren nach 66 n. Chr. sogar in marineartigen Booten im Einsatz. Mehr noch, viele der städtischen Münzen zeigen ein Schiff als Motiv; die Verbindung mit dem See war der Stadt also wichtig. Damit ist die historisch-topographische Antwort gegeben: Gerasa scheidet aus, Gadara bleibt übrig. Wie Gerasa in manche alten Handschriften gelangte, ist eine ganz andere Frage. Verschreibungen sind immer möglich, und zu einer Zeit, als man die Geographie dieser Gegenden nicht mehr kannte, war es unschwer möglich, aus Gadara Gerasa zu machen. Hinzu kommt, daß bis in die Zeit der großen christlichen Kodizes gerade Gerasa eine bedeutende Siedlung war. Seit der Bronzezeit bewohnt, hatte die an einer wichtigen Karawanenroute liegende Stadt schon unter Pompeius Selbstverwaltungsrechte erhalten, unter Konstantin wurde sie Bischofssitz. Ein Zeustempel und Theater, aus der Zeit der ältesten neutestamentlichen Belege für diese Lesart, bestätigen ihre herausragende Bedeutung. Gadara dagegen spielte weder kulturell noch politisch eine wesentliche Rolle, als die erhaltenen Handschriften mit der Lesart „Gerasa" entstanden.

Gadara war auch eine Stadt der Dekapolis und genoß als Teil der römischen Provinz Syria eine Selbstverwaltung mit dem besonderen Privileg des Münzrechts. Anders als im Fall von Gerasa lag ihre Bedeutung jedoch in der Vergangenheit. Berühmte Vertreter griechischer Kultur – unter ihnen Meleager, Menippos und Philodem (dessen nahezu vollständige Produktion in der „Villa dei Papiri" in Herculaneum wiederentdeckt wurde) – kamen aus Gadara. Es war ein Ruhm, der zur Zeit Jesu noch nachgewirkt haben dürfte, in der späteren Zeit der Evangelien-Abschriften aber längst verblaßt war, während Gerasa ein wichtiger Fixpunkt der geopolitischen Landkarte geblieben war. So spricht die historische Wahrscheinlichkeit dafür, daß Gerasa später aus Unkenntnis und nicht zuletzt dank der leichten Veränderbarkeit an die Stelle Gadaras trat. Vor allem spricht nun wieder ein Detail im Text selbst für Gadara: Der Geheilte eilte in die Stadt, um vom Wunder zu erzählen (Lukas 8,39). Auch Matthäus, dem man ja tatsächlich die ursprüngliche Fassung „Gadara" zutraut, berichtet von der Nähe der Stadt (8,33–34). Rund acht Kilometer sind da durchaus plausibler als gut 50 – das eine war in anderthalb Stunden zu erreichen, für das andere brauchte es fast zwei Tage. Und gegen die noch gelegentlich zu lesende Auffassung, daß Gadara keinen eigenen Zugang zum See hatte, gelang jüngst dem israelischen Forscher Mendel Nun sogar die Wiederentdeckung des Hafens der Stadt, beim Seevorort Tell Samra. Daß Markus die anderen Städte der Dekapolis auf der Route des Geheilten gleich noch hinzunimmt, steht dazu nicht im Widerspruch. Doch selbst wenn hier die Meinungen weiterhin auseinandergehen sollten, haben beide Städte mindestens dies gemeinsam: Sie gehörten zur Zeit der Heilungsgeschichte zu einem Gebiet, das seit langer Zeit fest in der griechischen Kultur verwurzelt war und in dem zur Zeit Jesu eine Mehrheit von Nicht-Juden lebte.

Eher eine historische Randnotiz, die vielen Israel-Touristen heute begegnet, ist die Folge eines Irrtums des Origenes. Er hatte zu Beginn des 3. Jahrhunderts n.Chr. Gerasa zu Recht ausgeschlossen, weil es zu weit entfernt lag, aber mit dem unbedeutend gewordenen Gadara auch nicht mehr viel anfangen können. So suchte er sich eine Stätte ganz nah am See, schräg gegenüber von Kapernaum, wo steile Klippen einen Abhang bilden, bei dem er sich den Sturz der Schweine vorstellen konnte. Er nannte das Gebiet „Gergesa", berichtete von einer angeblichen Ortstradition, bot aber keinen einzigen handschriftlichen Beleg dafür, erfand sich jedoch dazu eine abenteuerliche Etymologie: die Bedeutung von Gergesa sei „Wohnstätte derer, die weggetrieben haben" – und somit eine „Prophezeiung der Handlung gegenüber dem Heiland, die von den Bewohnern der Gegend ausging, die Jesus baten, aus ihrem Land wegzugehen". Nichts spricht dafür, doch Origenes, ein geachteter christlicher Philosoph und Gründungsdirektor der bedeutenden Bibliothek von Caesarea am Mittelmeer, hatte genügend Einfluß, um einen Teil der Evangelien-Abschriften zu prägen, darunter auch Korrekturen des Codex Sinaiticus. „Gergesa" wurde nie gefunden; doch im späten 4. Jahrhundert trieb der Kirchenvater Hieronymus die Verwirrung noch einen Schritt weiter, indem er den Ort des Origenes mit Chorazin nordöstlich oberhalb des Sees gleichsetzte. Als schließlich die byzantinische Kirche im 5. Jahrhundert ihren Ort der Heilung des Besessenen brauchte, gefiel ihr die Lage bei den Klippen, und sie übernahm einfach den Namen des verehrten Hieronymus. Heute wird den Touristen „Kursi" gezeigt, mit den von Archäologen wieder freigelegten byzantinischen Ruinen, und mit einem Ortsnamen, der eine Verballhornung von Chorazin ist, das nicht hier, sondern gut 3 km oberhalb von Kapernaum liegt und mit der Geschichte der Austreibung nichts zu tun hat. Zu allen diesen Punkten kommt wieder einer, den wir als Leser der Texte nicht vergessen dürfen: Eine Stadt muß nun einmal in Fußwegentfernung sein, und davon ist bei diesem Kursi weit und breit nichts zu sehen. So bleibt der Ort der Dämonenaustreibung, mitten unter hellenistisch geprägten Menschen, für Touristen heute nicht greifbar. Nur die sichtbare Erinnerung an die frommen, byzantinischen Christen des 5. Jahrhunderts, die in Kursi betend an dieses Heilungswunder dachten, tröstet darüber hinweg, daß man zu den vergleichsweise sanften Abhängen am Südostufer des Sees reisen müßte, um den Ort aufzusuchen, an dem Jesus bei den Menschen von Gadara auftrat.

Markante Spuren dieser Querverbindungen zwischen jüdischem, hellenistischem und römischem Leben durchziehen alle Evangelien bis zum Ende. Auch der dreisprachige „Titulus", die Tafel am Kreuz Jesu, gehört dazu. Im nächsten Kapitel wird mehr darüber zu lesen sein. Anknüpfend an Stätten wie Gadara soll hier noch die vielleicht wichtigste Begebenheit vor dem letzten Weg nach Jerusalem aufgegriffen werden: Die Wanderung Jesu mit seinen Jüngern von Bethsaida nach Caesarea Philippi. Denn sie endet mit dem Bekenntnis des Simon, Sohn des Jona: Jesus und kein anderer ist der Messias, der Sohn Gottes. Die Reise beginnt in Bethsaida, wo Jesus gerade einen Blinden geheilt hatte (Markus 8,22–26). So befindet sich die Gruppe im Herrschaftsgebiet des Tetrarchen Philippus, jenes überzeugten Griechenfreundes, dessen kulturprägender Einfluß wohl auch dazu beigetragen hatte, daß gleich drei der Männer, die aus dieser Stadt kamen und zum Jüngerkreis Jesu stießen, von ihren Eltern griechische Namen erhielten – Philippus, Andreas und sein Bruder Simon, dessen Geburtsname zwar auch in der jüdischen Tradition vorkam, aber bereits im 5. vorchristlichen Jahrhundert griechisch belegt ist; ein Freund des Philosophen Sokrates hieß so, mitten in Athen, der Theaterautor Aristophanes nennt ihn, und das Türschild seines Schuhmacherladens wurde von Archäologen wiederentdeckt. Der Weg von Bethsaida führt zu den „Gehöften (Dörfern) bei Caesarea Philippi". Unterwegs, noch immer im Gebiet des Tetrarchen Philippus, will Jesus von seinen Jüngern wissen, für wen ihn die Menschen halten.

Es beginnt die erste überlieferte Meinungsumfrage der Geschichte. Aufschlußreich ist schon hier, daß die Befragten links und rechts der Reiseroute in einem Mischgebiet lebten, wo Juden und Nicht-Juden wohnten, und daß der jüdische Bevölkerungsanteil abnahm, je weiter man nach Norden kam. Das heißt: Die Juden, die von den Jüngern befragt werden, waren nicht tumbe Provinzler, sie standen auch geistig in der Auseinandersetzung mit einer Umwelt, in der viele Einflüsse zusammenkamen. Zurückhaltend erkennen sie in Jesus den Besonderen, sie nennen ihn einen Vorläufer des Messias, den fromme Juden vor dem Auftreten des Messias zurückerwarteten – Elia vielleicht, Jeremia, einen der anderen Propheten, vielleicht auch den wiedergekehrten Täufer Johannes, den sogar Herodes Antipas in Jesus sehen wollte, nachdem er den Täufer gerade erst umgebracht hatte (Matthäus 14,2). Das alles paßt in die messianische Erwartungsstimmung der Zeit, es ist viel, aber nicht genug: Vom Norden bis zum Süden warteten Juden in dieser Zeit geradezu angespannt, daß sich der Messias zeigen werde, doch nicht zuletzt hier oben, im Gebiet des Philippus, aus dem auch die Zeloten kamen, sollte er vielleicht nicht ganz so friedfertig auftreten wie Jesus. Einen Vorläufer – das konnte man in ihm sehen. Aber mehr? Als die Gruppe bei Caesarea Philippi angekommen ist, will Jesus es von den Jüngern selbst wissen, für wen sie ihn halten. Zwei der Evangelisten, Markus und Matthäus, legen großen Wert auf die Bestimmung des Ortes. Und wenn wir der Route folgen, die der älteste unter ihnen festhält, Markus, der Schüler des Simon Petrus, dann wissen wir nicht nur, daß der Weg entlang der alten Römerstraße durch das hellenisierte Gebiet der Gaulanitis führte, Galiläa also gewissermaßen „links liegen ließ". Wir wissen auch, daß ernst zu nehmen ist, worin sich Markus und Matthäus einig sind: Die entscheidende Frage wird nicht in der Stadt Caesarea Philippi gestellt, sondern noch vor ihr. Unmittelbar südlich vor der eigentlichen Stadt, aus der Richtung Bethsaidas kommend, lag eine Stätte, die seit einigen Jahren dank archäologischer Tätigkeit wieder sichtbar ist. Noch immer wird dort ausgegraben, aber das Entscheidende ist für jeden Besucher erkennbar:

Unübersehbar liegt ein großes, langgestrecktes Felsgelände vor der Gruppe aus Bethsaida. Der rötliche Stein ist geprägt von zahlreichen Nischen mit Götterstatuen und Inschriften, sowie von einer großen, dunklen Höhle. Es ist das Heiligtum der Gottheit Pan, des Gottes der Fruchtbarkeit, der Hirten und des Eros, jenes Gottes, aus dem mit einem kleinen griechischen Wortspiel der All-Gott gemacht wurde, zu dem die Menschen pilgerten, vor dem sie opferten und von dem sie Hilfe erhofften. Pan, der All-Gott, hatte hier seit Jahrhunderten sein wichtigstes Heiligtum in diesem Teil der syrischen Provinz. Paneas hieß der Ort denn auch ursprünglich, ehe Philippus darauf kam, die Stadt zu Ehren des Kaisers in „Caesarea", die Kaiserliche, umzubenennen und sie zur Unterscheidung vom anderen Caesarea, jenem am Mittelmeer, das sein Vater Herodes prachtvoll ausgebaut hatte, die Kaiserliche (Stadt) des Philippus zu nennen, Caesarea Philippi. Auch in diesem nördlichen Caesarea hatte Herodes bereits seine Spuren hinterlassen: Hier hatte er einen großen Tempel für Augustus, den Sohn Gottes, errichten lassen. Zwischen Pan-Heiligtum und Tempel entsprang damals und entspringt noch heute – wenngleich nach einem Erdbeben mit leicht anderem Verlauf – einer der Quellflüsse des Jordan, der heute „Nar Banjas" genannt wird. Das alles sehen Jesus und die Jünger vor sich. Hier, unmittelbar vor den Symbolen des griechisch geprägten Heidentums, des römischen Kaiserkults und des jüdischsten aller Flüsse, der das Land von Norden bis Süden durchzog und in dem Jesus selbst getauft worden war, hier fragt er seine Jünger, für wen sie ihn halten, und hier nimmt Simon seinen Mut zusammen und spricht es aus: Jesus ist kein Vorläufer, er selbst ist der Messias, der Sohn des lebendigen Gottes.

Über die Folgen des Bekenntnisses soll hier nicht geschrieben werden (vgl. dazu ausführlich C. P. Thiede, Der Petrus-Report, 2002). Im Zusammenhang dieses Kapitels zählt etwas anderes: Jesus hätte sich in oder bei Bethsaida viele Orte für die Frage an die Jünger aussuchen können. Auch über Kapernaum hätte sich niemand gewundert, den Ort, in dem er im Haus von Petrus und Andreas Quartier genommen hatte, und wo nebenan eine Kaserne der Römer lag, dort, wo er mit einem römischen Offizier in Verbindung getreten war, dessen Diener er heilte und der als judenfreundlicher Mäzen Geld für den Bau der Synagoge gegeben hatte. Eindeutiger aber war Caesarea Philippi. Im Norden, unmittelbar neben Dan, das seit altersher als nördliche Bestimmung des jüdischen Gebietes bis hinunter nach Beer-Sheva galt (1. Samuel 3,20; 2. Samuel 3,10 u. a.), dort trafen zu jener Zeit alle kulturellen, politischen und religiösen Elemente zusammen: Jüdisches, Hellenistisches, Römisches. Wer sich hier zum Messias, griechisch zum Christos, erklären läßt und dem ausdrücklich zustimmt, der hat die Welt im Blick, die jüdische und außer-jüdische. Jesus der Jude war zu den Juden gekommen, und es ist unbezweifelbar, daß er das nie vergaß, ja daß er Nicht-Juden wie die Syrophönizierin selbst darauf hinwies, um das Bekenntnis hervorzulocken, daß nicht irgendein Weltenheiland aufgetaucht war, sondern ein Jude, und daß das Heil für die Welt von den Juden kam – wie er es auch an anderer Stelle deutlich genug sagte (Johannes 4,22; vgl. die Prophetie bei Jesaja 2,2–5!). Hier in Caesarea Philippi nimmt er die Fäden zusammen. Seine Messianität, seine Gottessohnschaft, sie gilt allen. Nicht nur bequem ist das, wie Simon Petrus Minuten später erfährt, als Jesus sein traditionelles, auf leidensfreien Triumph ausgerichtetes Messiasbild korrigiert, und es wird auch den nachfolgenden Generationen von Christen das Leben jahrhundertelang nicht leicht machen: Der Kaiser mit seinem Kult ist herausgefordert, an der Stätte, an der sein Tempel steht, in dem er als Sohn Gottes verehrt wird. Die Vielfalt des paganen Götterglaubens ist herausgefordert, dort, wo der Schrein des „All-Gotts“ Pan die Pilger anzieht. Jesus ist der Messias, der

Sohn Gottes, für die ganze Menschheit. Er weiß es, er zeigt es, und er verpflichtet seine Nachfolger darauf.

Nicht destruktiv ist dieser Weg, sondern einladend. Der Jesus, der mit dem Sünder Levi-Matthäus, dem verachteten, reichen Zollpächter, zum Entsetzen der puritanischen Beobachter bei einem Gastmahl ißt und trinkt, das einem Sokrates und einem Platon alle Ehre gemacht hätte, ist auch der Jesus, der seinen Jüngern durch die Jahrhunderte die Tür öffnet, um auf andere zuzugehen, da, wo sie sich mit ihrer Herkunft, ihren Prägungen, ihren Gaben befinden. Aristoteles, der Schüler des Platon, hatte in seiner philosophischen „Werbeschrift" (griechisch „Protreptikós") gesagt, die Menschen müßten sich vergegenwärtigen, daß Lebensglück nicht darin bestehe, ein großes Vermögen zu besitzen, sondern darin, daß man sich „in einer guten Seelenverfassung befindet". Gut gesagt, und ein Punkt, an dem nun mit Jesus die christliche Verkündigung einsetzen kann, um zu begründen, was gemeint ist. „Was nützt es dem Menschen, wenn er die ganze Welt gewinnt, dabei aber an seiner Seele schaden nimmt?", sagt Jesus (Markus 8,36; Matthäus 16,26). Es ist ein Gedanke, den auch jeder Jude begreifen konnte, denn er knüpft unmittelbar an einen wohlbekannten Psalm an (Psalm 49,8–16; vgl. auch Lukas 2,16–21). So schließt sich wieder ein Kreis. Alle Schöpfung verweist auf Gott, und Jesus, der Sohn Gottes, zeigt den Weg zurück zum Vater, er verbindet die Kulturen, herausfordernd, kompromißlos und einladend.

Jesus und der Sieg am Kreuz

Das Sterben Jesu am Kreuz gehört, anders als seine Geburt und seine Auferstehung, zu jenen Ereignissen, an denen außerhalb eines unbelehrbaren Seitenzweiges von Theologie und Journalismus niemand zweifelt. Nur die Begleitumstände sind umstritten. Wer tötete ihn – die Juden oder die Römer? Wer die Evangelien liest, kennt die historische Antwort: Der römische Präfekt Pontius Pilatus im Namen des Kaisers Tiberius. Wer allerdings die bereits im 2. Jahrhundert einsetzende, bis heute aus vielen Köpfen nicht herauszubekommende Auffassung kennt, glaubt zu wissen: Es waren die Juden, die seit Melito von Sardes „Gottesmörder" genannt wurden. Wann wurde er getötet? Im Jahre 30, 32, 33 oder 36 n. Chr., oder zu einem ganz anderen Datum? Brachte der Präfekt eine Schuldtafel über seinem Kopf an, und falls ja, was stand darauf? Was sagte Jesus am Kreuz? Sagte er überhaupt etwas, waren es ein oder zwei Worte oder alle sieben, von denen die Evangelien insgesamt berichten? Und wer war dabei? Einige Frauen? Auch Jünger? Was geschah nach der Kreuzigung? Wurde der Leichnam verscharrt oder bestattet? Und ist die Geschichte von der Auferstehung am dritten Tag die ungeheure Selbsttäuschung Hunderter von Menschen oder ein historisches Faktum?

Für alle diese Fragen gibt es zahlreiche Informationen in den Quellen. Wenn allerletzte, hunderprozentige Sicherheit nicht möglich ist, dann liegt das nicht an diesen erhaltenen Quellen, sondern wie in anderen, schon erwähnten Fällen, an Begleitinformationen, die es einst gab, die aber heute nicht mehr erhalten sind. Vergleichsweise einfach ist die Bestimmung des Todestages. Denn die Auskünfte des Johannes-Evangeliums sind präzise genug und stehen nicht, wie man lange glaubte, im Widerspruch zu den drei „Synoptikern", sondern beruhen auf unterschiedlichen, damals parallel benutzbaren Kalendersystemen. So ergibt sich umgerechnet, daß Jesus am 14. Nisan, Freitag, den 7. April des Jahres 30 n. Chr. starb. Aus heutiger Sicht ist wieder die Frage berechtigt, warum die Evangelisten so vieles dazu sagen, sogar die Todesstunde angeben (15.00 Uhr), aber das Tages- und Jahresdatum unklar zu bleiben scheint. Noch einmal: Unklar, wie es scheint, ist das nicht, weil die Evangelisten es nicht wußten oder nicht sagen konnten, sondern weil uns wenigstens zum Teil die Schlüssel fehlen, die es damals noch für jedermann gab. Immerhin ist auch unter denen, die das genaue Todesdatum noch debattieren, die Tatsache des Kreuzigungstodes am Freitag vor dem Sabbatbeginn eines Paschafestes nicht strittig. Und noch eines ist zu beachten: Die frühe Kirche hat zwar jahrhundertelang darüber debattiert, zum Teil erbittert und zum Teil – im Verhältnis von West- zu Ostkirchen – bis heute ohne vollständige Einigung, nach welcher Form des Sonnen-/Mondkalenders das Osterfest jährlich festgelegt werden soll, aber darin sind sich alle doch einig: Es ist kein festes Datum, nicht also jedes Jahr z. B. der 7. April, ganz gleich, auf welchen Wochentag der fällt, sondern es ist immer ein Sonntag, der dritte Tag nach dem Sabbatbeginn, und das ist, unabhängig vom Datum selbst, historisch ganz und gar zutreffend.

Die gegen Jesus handelnden Personen sind ausnahmslos als Gestalten der Geschichte bekannt, auch außerhalb der vier Primärquellen im Neuen Testament. Und von ihnen allen hatten offenbar auch nicht-judenchristliche Autoren den gleichen Eindruck gewonnen wie Markus, Matthäus, Lukas und Johannes: Der verschlagene Ex-Hohepriester Hannas und der hemmungslos opportunistische Realpolitiker Kaiaphas, dessen Sippe später im Talmud (Pesachim 54) verflucht wird, der Vasallenfürst Herodes Antipas, der bereits Johannes den Täufer auf dem Gewissen hatte, und der teils zaudernde, teils um so grausamere Präfekt Pilatus, dem seine Macht und das Wohlwollen des Kaisers über alles gingen. Erst als er den Bogen maßlos überspannte und einen Massenmord unter Samaritanern veranstaltete, wurde er vom syrischen Legaten Vitellius abgesetzt und 36 n. Chr. nach Rom geschickt, wo er im März 37 n. Chr. eintraf. Danach verlieren sich seine Spuren in der Geschichte. Wir kennen diese vier in dieser Weise auch aus den Schriften des Flavius Josephus, der keinen Grund hatte, pro-christliche Positionen zu vertreten. Gelegentlich hilft uns die Archäologie, das Bild zu ergänzen. Die 1961 in Caesarea am Meer entdeckte Inschrift, die von Pilatus offenbar an einem öffentlichen Bauwerk zu Ehren des Tiberius angebracht worden war, einem „Tiberieum", nennt ihn den „Praefectus Iudaeae" und bestätigt damit, daß sich der römische Historiker Tacitus irrte, als er ihn vordatiert „Prokurator" nannte – das Amt des für Judäa zuständigen römischen Verwaltungsbeamten wurde erst unter Kaiser Claudius aufgewertet. Felix und Festus, die uns zur Zeit des Paulus im Neuen Testament begegnen, waren bereits Prokuratoren, Pilatus war noch ein Präfekt. Die Evangelisten dagegen gebrauchen den griechischen Ausdruck „hêgemôn", der die übergreifende Bezeichnung für den zuständigen Beauftragten des Kaisers war und daher für Pilatus, Festus und Felix gleichermaßen galt.

Auch für Kaiaphas und seine Familie gibt es einen archäologischen Fund. Er liegt erst einige Jahre zurück und ist noch um einiges sensationeller als die Pilatus-Entdeckung. Im Südjerusalemer Vorort Talpiot wurde 1990 beim Bau der „Haas-Promenade" eine große Grabanlage freigelegt. Es war auf den ersten Blick die Grablege einer frommen jüdischen Familie, aus der Zeit zwischen 41 und 48 n. Chr. Dort standen mehrere Ossuarien, jene Knochenkästen, in denen einige Monate nach der Erstbestattung die vom verwesten Fleisch befreiten, reinen Knochen in Erwartung der leiblichen Auferstehung feierlich zweitbestattet wurden. Häufig wurden diese Knochenkästen kunstvoll ausgeschmückt und mit dem Namen des oder der Toten gekennzeichnet. Das auffälligste der Ossuare dieser Grabanlage trägt die Inschrift „Jehosaf Bar Qajfa", Joseph Sohn des/aus der Familie des Kaiaphas. Die Knochenanalyse ergab, daß hier ein etwa sechzig Jahre alter Mann lag. Qajfa (hebräisch) bzw. Kaiaphas (griechisch), das wissen wir, war nicht der Vor- oder Nachname des Priesters, sondern sein Beiname, unter dem man ihn allgemein kannte. Flavius Josephus bezeichnet den Hohenpriester als „Joseph genannt Kaiaphas" und nennt ihn ansonsten einfach Kaiaphas. Der Beiname bedeutet wohl soviel wie „Korbträger" und hatte möglicherweise bereits Vorfahren gehört. Im gleichen Familiengrab wurde jedenfalls ein weiteres Ossuar gefunden, auf dem nur „Qajfa“ stand. Ähnlich heißt Petrus „nur“ mit seinem Beinamen Petrus, hebräisch bzw. aramäisch auch „Kepha(s)“, während er von Hause aus „Simon Bar Jona“ war. Das lateinische Namenssystem folgte zwar anderen Prinzipien, kannte aber nach dem Vor- und Familiennamen auch einen Beinamen. So wissen wir beispielsweise nicht, wie Pilatus mit Vornamen hieß, da alle Quellen, auch die außerbiblischen einschließlich der nur fragmentarisch erhaltenen Inschrift von Caesarea Maritima, ihn höchstens Pontius (Familienname) Pilatus (Beiname, soviel wie „Speerträger“) nennen. Um noch ein Beispiel zu geben: Vom ersten Römer, der Christ wurde, kennen wir nur den Familiennamen, nämlich Cornelius (Apostelgeschichte 10). Dadurch wissen wir aber immerhin, daß er zur gleichen römischen Großsippe gehörte wie rund sechzig Jahre später der berühmte Historiker Publius (?) Cornelius Tacitus, der wiederum meist nur unter seinem für einen vielschreibenden Mann etwas ungewöhnlichen Beinamen Tacitus, „der Verschwiegene“, zitiert wird. Nun war der Hohepriester ein Sadduzäer, und die Sadduzäer waren die einzige nennenswerte Bewegung des Judentums, die nicht an eine leibliche Auferstehung der Toten des Gottesvolkes am Ende der Zeiten glaubte. Gerade diesem Zweck, der Bereitschaft der bloßen Knochen für die körperliche Auferstehung, diente aber diese Zweitbestattung in Knochenkästen. Waren also der Sadduzäer Kaiaphas und seine Familie heimlich, hinter den verschlossenen Türen von Grabkammern, von der eigenen sadduzäischen Lehre nicht ganz so überzeugt und rechneten sicherheitshalber doch damit, daß es eine Auferstehung geben würde?

Noch eigenartiger ist ein Fund in einem Ossuar neben dem des Kaiaphas. Dort wurde eine Miriam bestattet, und in ihrem Schädel, auf dem Gaumen, übersahen die Grabräuber, die einst schon dagewesen waren, eine auf das sechste Herrschaftsjahr Herodes Agrippas I. (42/43 n. Chr.) datierte Münze. Wahrscheinlich war eine solche Münze auch anderen Toten dieses Familiengrabes beigegeben worden; hier jedenfalls blieb sie für die Archäologen erhalten. Man legte jedoch einem oder einer

Toten nur dann eine Münze auf die Lippen oder zwischen die Zähne, wenn man dem heidnischen Glauben anhing, die Verstorbenen müßten das Geld für Charon dabeihaben, den Fährmann, der die Toten über den Styx, den Fluß der Unterwelt, zu den Pforten des Hades brachte, zu jenem Reich, das die Toten von den Lebenden trennte. Griechische Mythologie mitten in der hohepriesterlichen Familie – auch das stimmt nicht unbedingt zuversichtlich bei der Frage, wie ernst es diese Leute mit ihrem Glauben meinten. Nennen wir Kaiaphas einen Zyniker, dem es um Macht ging, dann hatte er mit Pilatus einen Mann eigener Couleur gefunden. Tatsächlich arbeiteten die beiden in den entscheidenden Jahren, in denen Jesus öffentlich auftrat, bestens zusammen. Der eklatanteste Fall trat ein Jahr vor der Hinrichtung Jesu auf, als Pilatus Geld aus der Tempelkasse entnahm, um damit eine Wasserleitung zu bauen. Schon der Gedanke war ein Sakrileg, doch Josephus, der den Vorgang kritisch beschreibt, erwähnt auch nicht andeutungsweise einen Protest des Kaiaphas, und die Wasserleitung wurde trotz erheblicher Unruhen in der (nichtpriesterlichen) Bevölkerung gebaut, die Pilatus mit brutaler Gewalt – es kam zu Toten – niederschlagen ließ. Der Hohepriester schwieg auch dazu. Möglicherweise trug das Einverständnis der beiden dann dazu bei, daß Pilatus sich für dieses Entgegenkommen des Kaiaphas später beim Prozeß gegen Jesus mit der Zustimmung zur politischen Vorgehensweise revanchierte, die der Hohepriester wünschte. Reste der Wasserleitung sind noch heute in der Landschaft südlich von Jerusalem zu sehen, zwischen Har Homa und dem Rahel-Grab.

Ähnlich gut war die Zusammenarbeit des Pilatus mit Herodes Antipas. Da hatte es zwar Reibereien gegeben, denn Antipas hatte stets mehr Macht gewollt, als der Kaiser in Rom ihm zugestand, und sein Widerstand gegen die Aufstellung vergoldeter Votivschilder am Jerusalemer Hasmonäerpalast kann Pilatus ebenfalls kaum gefallen haben, doch die Realpolitik bei der Ausschaltung eines gemeinsamen Gegners brachte sie zusammen. Ganz zutreffend steht es so auch im Neuen Testament (Lukas 23,12). Das Ende ihrer Laufbahn kam nahezu gleichzeitig:

Kaiaphas wurde ebenso wie Pilatus 36 n. Chr. vom syrischen Legaten Vitellius abgesetzt, drei Jahre später wurde Herodes Antipas von Kaiser Gaius (Caligula) abgesetzt und nach Lyon oder Nordspanien verbannt. Herodes Agrippa I., jener Mann, dessen Münze auf dem Gaumen der Miriam gefunden wurde und der gegen Ende 41 n. Chr. Jakobus, den Bruder des Johannes, umbringen ließ, erhielt die Herrschaftsgebiete (Galiläa, Peräa), die bis dahin dem Antipas unterstanden hatten.

Diese drei Männer machten das Urteil über Jesus untereinander aus. Über die minutiösen Details der Tage und Stunden vor der Hinrichtung Jesu müßte ein eigenes Buch geschrieben werden; alles Wesentliche wurde mehrfach von Experten für römisches und jüdisches Recht untersucht, ohne daß sich trotz mancher Wissenslücken unauflösbare Widersprüche zwischen den Berichten ergeben hätten. So soll es hier genügen, jene entscheidenden Schritte zusammenzufassen, die aus der Sicht des Historikers nicht zu bezweifeln sind: Am Anfang steht die Beobachtung, daß es entgegen anderslautenden, noch immer wiederholten Behauptungen, in den neutestamentlichen Quellen keine Entlastung der Römer von ihrer juristischen und praktischen Schuld gibt. Wer die vier Evangelien unbefangen liest und die jeweils anders gelagerte Betrachtungsweise zu einem Gesamtbild koordiniert, kommt zu dem nachvollziehbaren Schluß: Jesus wird bei Dunkelheit in Getsemane am Fuße des Ölbergs gefangengenommen, auf Anweisung des Kaiaphas, der sich als Freund der Römer ein Kontingent der Tempelwache gesichert hatte (Johannes 8,12 gebraucht mit der ihm eigenen historischen Präzision die militärischen Fachausdrücke „speira", Kohorte, und „chiliarchos", kommandierender Offizier). Nach einer nächtlichen Sitzung des Sanhedrin unter Kaiaphas, die wegen des bevorstehenden Passah-Sabbats in großer Eile einberufen wurde und der ein erstes Verhör vor dem ehemaligen Hohenpriester vorausgegangen war, dem einflußreichen Hannas, den die Römer zwar 15 n. Chr. abgesetzt hatten, der aber unter Juden noch immer als Hohepriester galt, wurde der weitere Ablauf dem Präfekten überlassen, der nach geltendem römischen Recht einen ordnungsgemäßen Prozeß durchführte, die sogenannte „cognitio extra ordinem". In den römischen Provinzen bedeutete dieses Verfahren, das sich seit Augustus durchsetzte, daß der zuständige Beamte nicht mehr eine Art Geschworenengericht einsetzte, sondern nun außerhalb dieser herkömmlichen Ordnung, also „extra ordinem", das Verfahren allein leitete und auch allein das Urteil fällte. Die „cognitio" folgte präzisen Regeln, an die Pilatus sich hielt. Auf die formelle Anklage der „delatores", hier also der Vertreter des Hohen Rates, folgte die Prüfung der Anklage durch das Verhör. Hier ging Pilatus besonders sorgfältig vor, denn er verhörte Jesus nicht nur einmal, sondern insgesamt dreimal und ließ dazwischen noch den zum Passahfest in Jerusalem eingetroffenen galiläischen Fürsten Herodes Antipas, den „Heimatherrscher" Jesu, ein Kontrollverhör durchführen. Das zwei- bis dreimal wiederholte Verhör mit Androhung der Todesstrafe praktizierte auch der römische Statthalter von Pontus und Bithynien, Plinius der Jüngere, der um 109 n. Chr. Christen verhörte und sie erst nach dem letzten Verhör, wenn die Anklage auf Christsein nicht widerlegt wurde, zur Hinrichtung abführen ließ. Setzt man die beharrenden Formen römischer Rechtsprechung voraus, dann hat Pilatus ebenso wie nach ihm Plinius im juristischen Sinne ordnungsgemäß gehandelt (was im übrigen Kaiser Trajan in einem Brief an Plinius auch bestätigt), und die Evangelien haben den Sachverhalt exakt wiedergegeben. Anders gesagt: Pilatus sicherte sich, juristisch gesprochen, einwandfrei ab. Nach der Verhörphase, gegebenenfalls – wie hier – auch unter Folter, war zu prüfen, ob der Angeklagte gestanden hatte. Auch Schweigen galt als Geständnis und konnte zudem als widerspenstige Verachtung des Vertreters der römischen Macht gedeutet werden, als „contumacia", die ihrerseits zu bestrafen war. Gestand der Angeklagte oder schwieg er, mußte kein Urteil gesprochen, sondern anhand der geltenden Gesetze nur noch ein Strafmaß festgesetzt werden. Da Jesus sich nicht verteidigte und auf die Frage, ob er „König der Juden" sei, also als Königs-Prätendent eines todeswürdigen Verbrechens gegen das römische Volk und seinen Kaiser schuldig war („crimen laesae maiestatis", daher der französische Ausdruck „lèse-majesté"), nicht ablehnend sondern mit dem eindeutigen, zustimmenden „Du sagst es“ antwortete, war der Sachverhalt formaljuristisch geklärt. So betrachtet bedurfte es gar nicht mehr der weiterführenden Erläuterung Jesu, von der Johannes berichtet.

Auch außerhalb der Evangelien wird das Ergebnis bestätigt: Der römische Historiker Tacitus, der ein überzeugter Judenhasser war, erwähnt weder den Sanhedrin noch den Hohenpriester als verantwortlich oder auch nur mitverantwortlich; allein Pontius Pilatus war zuständig (Annalen 15,44,3). Wären in seinen Augen einige oder viele Juden am Todesurteil und dem Vollzug der Hinrichtung mitschuldig gewesen, hätte er sich den Hinweis darauf wohl kaum entgehen lassen. Auch der jüdisch-römische Historiker Flavius Josephus stellt den Sachverhalt nicht anders dar; er fügt nur hinzu, daß der Prozeß aufgrund einer Anzeige aus Kreisen der jüdischen Hierarchie eröffnet wurde (Jüdische Altertümer 18,63–64). Da spätestens seit 6 n. Chr. das Recht, Todesstrafen zu vollstrecken, auch in Judäa allein den Römern vorbehalten war und die seltenen Verstöße dagegen bei Bekanntwerden geahndet wurden, ist es auch aus diesem Grund unmöglich, den Juden eine Schuld oder Mitschuld an der Kreuzigung Jesu zuzuschreiben. Der Evangelist Johannes gibt das sachlich-korrekt wieder, als er die Wortführer der Juden zitiert: „Es ist uns nicht gestattet, jemanden hinzurichten“ (Johannes 18,31).

Allerdings ist diese nüchterne Analyse des Todesurteils und seiner Folgen erst rückwirkend eindeutig. Denn die Evangelien machen teils indirekt (Markus), teils direkt (Matthäus, Lukas, Johannes) klar, daß Pilatus die Volks- und Majestätsbeleidigung anfangs noch nicht wirklich ernst nahm und mit der Unschuldsvermutung operierte. Angesichts der Machtverhältnisse und der nirgends mehr sichtbaren Anhängerschaft des vor ihm Stehenden mag er ihn zuerst für einen harmlosen Träumer gehalten haben, der ihm seltsame Antworten gab, jedenfalls nicht für einen wirklich gefährlichen Revoluzzer. Mußte hier dennoch, auch zur Abschreckung in einer unruhigen Zeit, ein Exempel statuiert werden? Pilatus hört erneut die Vertreter der Anklage. Sie bekräftigen, daß Jesus das Volk „aufgewiegelt“

habe, von Galiläa bis nach Judäa (Lukas 23,5). Nun ist Herodes Antipas gefragt, der es als Fürst über Galiläa wissen mußte. Pilatus schickt Jesus zu ihm – kein weiter Weg, denn auch der Tetrarch residierte, wenn er nach Jerusalem kam, wie der Präfekt im Hasmonäer-Palast. Antipas ist ein Mann, der an Zeichen und Wunder glaubt. Schon oben in Galiläa hatte er Jesus für einen Wiedergänger Johannes des Täufers gehalten (Matthäus 14,2). Nun will er Zeichen sehen. Aber Jesus verweigert sich ihm und verteidigt sich auch nicht gegen die Anklagen, die von Hannas und Kaiaphas gegen ihn vorgebracht werden. Damit ist die Sache klar. Antipas und seine Garde verspotten Jesus voller Verachtung, und Antipas legt ihm ein hell leuchtendes (weißes) Gewand an (Lukas 23,8–12). So schickt er ihn zu Pilatus zurück, und der Präfekt begreift die Botschaft: Im machtpolitischen Sinne harmlos mag dieser Jesus zwar sein, aber man kann ihn auch nicht einfach frei herumlaufen lassen. Mit dem weißen Gewand unterstreicht Antipas spottend, aber mit ernstem Unterton, daß es nicht ratsam ist, die Angelegenheit auf die leichte Schulter zu nehmen. Denn ein solches Obergewand wurde von jüdischen Königen und hohen römischen Beamten bei formellen Anlässen getragen. Für dieses Zeichen ist Pilatus dankbar, und so werden Antipas und er von diesem Tag an Freunde – eine prägnante Notiz des Lukas. Pilatus braucht nun nur noch eine abschließende Bestätigung durch die Vertreter der Anklage, um die juristisch leicht zu begründende Todesstrafe wegen eines „crimen laesae maiestatis" vollziehen zu lassen, ohne Unruhen im Volk auszulösen. Pilatus stellt dem Sanhedrin eine Falle. Er behauptet, Herodes Antipas und er selbst hielten Jesus für unschuldig. Das trifft jedoch eindeutig nicht zu. Sie haben ihn allenfalls für ungefährlich im Sinne der realpolitischen Konsequenzen seines Handelns gehalten, nicht aber für unschuldig im Sinne der Anklage. Und die Wortführer der Jesus-Gegner gehen dem Präfekten in die Falle. Als Pilatus ankündigt, er werde ihn nur auspeitschen lassen und dann losgeben, kommt es zu einem leidenschaftlichen Protest. Sie wollen die jährliche Amnestie zur Passahzeit keineswegs für Jesus in Anspruch nehmen – dann schon lieber für einen ihren religiösen Interessen völlig ungefährlichen Schwerverbrecher namens Barabbas. Nach römischem Prozeßrecht stellt der Präfekt die Frage an die Ankläger drei Mal (Lukas 23,22). Dreimal wird ihm bestätigt, daß der Tod Jesu gewünscht ist.

Johannes fügt noch eine sehr realistische Ergänzung hinzu: Die Wortführer der Juden weisen Pilatus darauf hin, daß das Vergehen der „lèse-majesté" kein Kavaliersdelikt ist. Es ist Auflehnung gegen den Kaiser, und wer das nicht unterbindet, ist „kein Freund des Kaisers" (Johannes 19,12). Das war zweifellos korrekt beobachtet. Den begehrten Ehrentitel „amicus Caesaris", Freund des Kaisers, hatte gerade erst unter Augustus der Präfekt C. Cornelius Gallus verloren, wegen mangelnder Loyalität und Undankbarkeit. Gallus wurde aus dem Staatsdienst entlassen und vom kaiserlichen Hof ausgeschlossen. Neider und Feinde intrigierten gegen ihn, und schließlich beging er Selbstmord. Ob mit oder ohne Fingerzeig des Sanhedrins, dem Präfekten Pilatus mußte ein solcher Präzedenzfall als Warnung vor Augen stehen. Er selbst und Herodes Antipas mochten zwar zu dem Ergebnis gekommen sein, daß Jesus harmlos war, aber des Vergehens gegen Volk und Kaiser war er nun einmal zumindest „de iure" überführt. Dagegen nicht vorzugehen, konnte in Rom leicht mißverstanden werden, zumal Pilatus ohnehin im Verdacht stand, gute Kontakte zu Gegnern des Kaisers zu pflegen. Noch Jahre später zeigt sich, daß Kaisertreue als ein Argument unter Juden galt, die bereit waren, „dem Kaiser zu geben, was des Kaisers ist": Als Paulus, Silas und Jason in der Synagoge von Saloniki (Thessalonich) von Jesus erzählen, kommt es zu einem Protest reichsloyaler Juden, die keine religiöse, sondern eine politische Klage vorbringen: Die drei hätten gegen die Gebote des Kaisers gehandelt, indem sie behaupteten, „ein anderer sei König, nämlich Jesus" (Apostelgeschichte 17,7). Vor Pilatus verweisen die Wortführer noch auf einen Aspekt, der zugleich religiös und hochpolitisch war: „Wir haben ein Gesetz," sagen sie, „und nach diesem Gesetz muß Jesus sterben, da er sich selbst zu Gottes Sohn gemacht hat." Das war eine schwere Gotteslästerung, jedenfalls in den Augen jener, die nicht akzeptieren wollten, daß Jesus es wirklich war. Tatsächlich hatten einige Juden ihn gerade deswegen schon steinigen wollen (Johannes 10,22–39). Es war aber auch ein Politikum, denn wie wir schon im 2. Kapitel sahen, war „Sohn Gottes“ seit Augustus auch ein Titel des römischen Kaisers. Auch Tiberius, der Dienstherr des Pilatus, war ein „Sohn Gottes“. Beanspruchte Jesus das für sich – und die Evangelien lassen keinen Zweifel daran, daß ihm dieser Titel zugesprochen wurde und er ihn auch selbst für sich in Anspruch nahm –, dann war auch dies, rein rechtlich betrachtet, ein Verbrechen, das von der römischen Verwaltung mit der Todesstrafe zu ahnden war. Und so verurteilt Pilatus schließlich, wiederum ganz im Rahmen geltenden römischen Rechts, Jesus zur Kreuzigung. Eingriffsversuche in letzter Minute, wie jene Traumgeschichte seiner Frau (Träume realen Inhalts waren nichts Ungewöhnliches für die damalige Zeit, und sind es schließlich auch heute nicht), von der Matthäus berichtet, können den Gang der Dinge nicht mehr verändern.

Kehren wir nun zur Frage zurück, ob die Juden – das heißt der Sanhedrin mit dem Alt-Hohenpriester Hannas und dem amtierenden Hohenpriester Kaiaphas an der Spitze, sowie der von ihnen ausgewählte „Mob“, der natürlich nicht das gesamte Judentum repräsentierte – Schuld oder Mitschuld an seinem Tod trugen. Sie traten als Ankläger auf, und Pilatus folgte letztlich der Anklage. Ist der Ankläger schuld am Urteil? Die einfache juristische Antwort lautet natürlich: Nein. In einem Prozeß „extra ordinem“, ohne Geschworene, trägt die alleinige Verantwortung der Richter. Fragen wir anders – ob die jüdischen Autoritäten den Tod Jesu wollten und mit den ihnen zur Verfügung stehenden Mitteln darum bemüht waren, ihrer Anklage zum Erfolg zu verhelfen, lautet die Antwort: Ja. Auch daran lassen die Evangelien keinen Zweifel. Schon Markus, der älteste der vier, stellt Verhör, Aussage und rechtsunverbindliche Vorverurteilung dar. Die Zeugen, die der Hohe Rat geladen hatte, widersprechen sich zwar, und Jesus weigert sich, auf diese Behauptungen zu reagieren. Als ihn aber Kaiaphas direkt fragt: „Bist du der Messias, der Sohn des Hochgelobten?“, entscheidet sich das Tribunal. „Jesus sagte: ‚Ich bin es. Und ihr werdet den Menschensohn zur

Rechten der Macht sitzen und mit den Wolken des Himmels kommen sehen.' Da zerriß der Hohepriester sein Gewand und rief: ‚Wozu brauchen wir noch Zeugen? Ihr habt die Gotteslästerung gehört. Was ist eure Meinung?' Und sie fällten einstimmig das Urteil: Er ist schuldig und muß sterben" (Markus 14,62–64). Jesus wird dem Präfekten gefesselt übergeben (Markus 15,1) – ein sicherer Hinweis darauf, daß ihn der Sanhedrin als politischen Verbrecher, nicht als innerjüdischen, religiösen Querulanten aushändigen will. Denn nur Verbrecher, die sich gegen den Staat vergangen hatten, wurden gefesselt, so auch der Revolutionär Barabbas, der später an Stelle von Jesus durch Pilatus freigelassen wird (Markus 15,7). Hinzu kommt die Anklage, Jesus beanspruche, „König der Juden" zu sein. Das ist eine den Römern entgegenkommende, politische Formulierung; hätte man es religiös formulieren wollen, wäre die Anklage gegen den „(angeblichen) Messias, den König von Israel" gerichtet gewesen (vgl. Markus 15,32). Dementsprechend verhört Pilatus ihn als politischen Angeklagten: „Bist du der König der Juden?" Und folglich steht diese Aussage als zentraler Strafgrund („causa poenae", oder griechisch, wie Matthäus und Markus es korrekt wiedergeben, „aitia") auf der Holztafel, die Pilatus über dem Kopf des Gekreuzigten anbringen läßt – auch die Anbringung eines Textes mit dem Kern des todeswürdigen Verbrechens ist im übrigen ein Verfahren, für das es verschiedene andere Belege in der römischen Literatur gibt.

Ein kleines Detail wird bei all dem oft übersehen: Es war noch nicht einmal die gesamte jüdische Aristokratie Jerusalems, die Jesus von den Römern töten lassen wollte. Wenn es bei Markus heißt, daß sie ihn „alle" verurteilten, dann sind damit im Wortsinn eben nur alle gemeint, die anwesend waren. Schon Lukas macht das klar: „Die ganze Versammlung" übergab ihn Pilatus (Lukas 23,1). Und Johannes nennt den Namen eines Angehörigen des Sanhedrin, der mit Sicherheit nicht für die Tötung Jesu stimmte: Nikodemus, der Jesus nach der Kreuzigung bestattete. (Viele Forscher nehmen an, daß auch der zweite Mann, Joseph von Arimathäa, dem das Grab gehörte, ein Mitglied des Sanhedrin war.) Man hat dieses Verhalten mitunter so erklärt, daß er (oder beide) dem „Kleinen Sanhedrin" angehörten, einer zweiten Ratsversammlung, die am Verhör Jesu nicht beteiligt war; einfacher ist die Annahme, daß sie an der unter großer Eile einberufenen Versammlung des Großen Sanhedrin gar nicht teilnahmen. Wie auch immer: Es steht fest, daß noch nicht einmal alle Angehörigen der jüdischen Machtelite den Tod Jesu wollten. Jüdische Schuld könnte trotz dieser insgesamt deutlichen Sachlage nur dann noch unterstellt werden, wenn das Volk selbst sich in eigenen Worten schuldig bekannt hätte. Und in der Tat wurde und wird das behauptet. Der „Beweistext" soll Matthäus 27,24–26 sein: „Als Pilatus sah, daß er nichts erreichte, sondern daß der Tumult immer größer wurde, ließ er Wasser bringen, wusch sich vor allen Leuten die Hände und sagte: ‚Ich bin unschuldig am Blut dieses Menschen. Das ist eure Sache!' Da rief das ganze Volk: ‚Sein Blut komme über uns und unsere Kinder!' Darauf ließ er Barabbas frei und gab den Befehl, Jesus zu geißeln und zu kreuzigen." Uns interessiert hier nicht die Geste des Pilatus, der sich offenbar nicht nur unter ihm nahestehenden jüdischen Beratern sachkundig gemacht hatte und nun Deuteronomium/5. Mose 21,6–7 anwendet, die Geste des Waschens der Hände zur anschließenden Bekundung der Unschuld: Denn die Geste des Sich-Waschens, um von Schuld frei zu sein, war einem Mann wie Pilatus auch aus der griechischen und römischen Klassik vertraut (vgl. Sophokles, Aias 654-656; Vergil, Aeneis 2,719 – hier steigen die Menschen in einen Fluß, den Pilatus nicht zur Verfügung hatte). Alle, die dabeistanden, und natürlich auch der Evangelist Matthäus, der das berichtet, waren sich darüber im klaren, daß es sich um nichts anderes handelte als um einen durchschaubaren Versuch, seine juristisch unbestrittene Verantwortung moralisch an die von ihm verachteten Juden zurückzugeben. Eine Bedeutung im Rahmen geltenden römischen Rechts hatte diese Geste nicht, das wußte er selbst ebenso wie alle, die ihm zusahen. Daß Matthäus davon überhaupt berichtet, hängt mit seiner betont anti-römischen Linie zusammen. Pilatus wird nicht nur entlarvt, er wird mit der Darstellung dieses billigen Tricks im Grunde auch noch lächerlich gemacht.

Wichtiger ist der Ausruf der Juden. Ist dies tatsächlich die Selbstverfluchung, als die sie von Generationen antisemitischer Interpreten benutzt wurde? „Da rief das ganze Volk“, heißt es. Natürlich kann das, wie schon im Fall der „ganzen Versammlung“, die Jesus an Pilatus auslieferte, nur diejenigen meinen, die anwesend waren. Das Prätorium des Präfekten war in Jerusalem zur Zeit der Hohen Feste im Bereich des Hasmonäer-Palastes eingerichtet. Zwar gibt es zwei Kandidaten für diesen Palast zu jener Zeit, einen oberen (bei der heutigen Davids-Zitadelle) und einen unteren (südwestlich vom Tempelbezirk). Doch beide sind archäologisch bemeßbar. Für das Prätorium und seinen Vorhof stand eine Fläche zur Verfügung, die höchstens sechzig eng gedrängt stehenden Personen Raum gegeben hätte. Wer sich dort versammelte, repräsentierte allenfalls eine vom Sanhedrin handverlesene Gruppe, keinesfalls das ganze Volk der Juden. Auch die Aussage selbst darf nicht als Freibrief gegen „die“ Juden mißbraucht werden. Schon die zukunftsgewandte Formulierung „Sein Blut komme über uns“ ist nichts anderes als eine falsche Übersetzung. Von „Kommen“ steht nichts im griechischen Text des Matthäus. Ein Verb fehlt. „Sein Blut über uns“ lautet der Satz, es ist eine auf die unmittelbare Gegenwart bezogene Feststellung ohne irgendwelche Bedeutung für die Zukunft. Und es ist eine bewußte Anspielung auf alttestamentliche Praxis. Bereits in 2. Samuel 1,14-16 begegnen wir der Formel. „Dein Blut auf deinen Kopf“, sagt David über dem Leichnam eines Amalekiters, der die Tötung König Sauls gestanden hatte und von einem Soldaten Davids getötet wurde, „denn dein Mund hat gegen dich ausgesagt, als du sagtest: ‚Ich habe den Gesalbten des Herrn getötet‘.“ Auch an anderen Stellen begegnet uns dieser Gedanke, z.B. in Levitikus/3. Mose 20,9, wo es heißt: „Wenn jemand seinen Vater und seine Mutter verflucht, so wird er mit dem Tod bestraft. Er hat seinen Vater und seine Mutter verflucht, ihr Blut ist auf ihm.“ So handelt es sich bei der Aussage der anwesenden Juden nicht um eine immerwährende Selbstverfluchung, sondern um formelhafte, alttestamentliche Sprache. Sie drückt aus, daß sich die Anwesenden der Konsequenzen ihres Verhaltens durchaus bewußt sind und im biblischen Sinne die Verantwortung auf sich nehmen. Daran ändert auch der Nachsatz „... und über unsere Kinder“ nichts. Hier fehlt die traditionelle Formel der mehreren Generationen, der Kinder und Kindeskinder. Eine zeitlich unbegrenzte Deutung auf alle künftigen Generationen ist nicht möglich. Die formelhafte Sprache der Verantwortung, die man mit seiner ganzen Familie übernimmt, darf nun einmal nicht aus dem Zusammenhang des historischen, biblischen Judentums herausgelöst werden.

Selbst wenn wir den Satz aus Matthäus 27,25 hinzunehmen, ändert das im Sinne römischer Prozeßordnung nichts daran, daß die Juden Jerusalems den Kreuzestod Jesu nicht verantworteten. Zögernd, unter Druck, nach eigener Einsicht am Ende einer langen Prüfung – wie auch immer: Pilatus, und nur er, verurteilte Jesus zur Hinrichtung am Kreuz. Daran führt kein Weg vorbei. Sehen wir von heilsgeschichtlichen Gesichtspunkten ab, die den Kreuzestod Jesu in den Rahmen erfüllter Prophetie stellen und ihn als Annahme der Menschheitssünden durch den menschgewordenen Gott deuten, und sehen wir von dem rechtsgeschichtlichen Gesichtspunkt ab, daß es sich hier aus heutiger Sicht um das schwerwiegendste Fehlurteil der Geschichte gehandelt haben dürfte, dann sollten wir uns eingestehen: Das eigentliche Verbrechen wurde erst hinterher begangen, seit dem 2. Jahrhundert, als Christen den Juden – und zwar allen Juden – vorwarfen, die Mörder Gottes zu sein. Wie absurd das ist, läßt sich auch daran erkennen, daß noch niemand auf den Gedanken gekommen ist, die Italiener als direkte Nachfahren der Römer zu Gottesmördern zu erklären und mit Pogromen und millionenfachem Totschlag zu überziehen. Römisches Schuldbewußtsein ist immerhin gut dokumentiert: Das Nizänische Glaubensbekenntnis, das wir kaum verändert seit fast 1700 Jahren in den Kirchen beten, wurde in Gegenwart des römischen Kaisers Konstantin I. verfaßt, mit seiner Zustimmung, teils sogar unter seinem Druck. „Gekreuzigt unter ...“ heißt es da, und nun kommt nicht etwa eine Liste von Namen, die den Hohenpriester Kaiaphas oder überhaupt die Juden mitschuldig macht, sondern es steht da nur ein einziger Name: Pontius Pilatus.

Und Jesus selbst? Er nimmt nur zwei der ihn Vernehmenden wirklich ernst, den Hohenpriester Kaiaphas als Vertreter der jüdischen Macht, und den Präfekten Pilatus als Repräsentanten des Kaisers, der weltlichen Macht. In diesen beiden Verhören kommt es auch für ihn darauf an, seine Rolle für die Juden und seine Rolle für die außerjüdische Welt zu vermitteln. Sehen wir uns die Quellen aus dieser veränderten Perspektive noch einmal näher an. Obwohl Kaiaphas, wie wir bereits wissen, den römischen Präfekten später zu einer Verurteilung nach politischen Maßstäben bewegen will, befragt er Jesus nach jüdischen Gesichtspunkten. Um den Sanhedrin einstimmig hinter sich zu bringen, braucht er zuerst einmal jüdische Kategorien. Und da das Gespräch sicher in aramäischer Sprache stattfindet, benutzt er wohl nicht die griechische Form „Christos", sondern spricht vom „Meschiach", dem Messias, und umschreibt den unaussprechlichen Namen Gottes. „Bist du der Messias, der Sohn des Hochgelobten?" Die Umschreibung des Gottesnamens als „Hochgelobter" war zu dieser Zeit geläufig, sie steht zum Beispiel im populären Buch Henoch (77,2), das zwar nicht zum Alten Testament gehört, aber unter anderem auch von einem Halbbruder Jesu in seinem neutestamentlichen Brief zitiert wird (Judas 14–16). Die Frage des Kaiaphas ist unmißverständlich. Er will das Bekenntnis hören: Erklärt sich Jesus selbst zum Gesalbten Gottes und zu seinem Sohn? Messias sein zu wollen, das war für sich allein noch keine Lästerung Gottes. Alles kam darauf an, welche Art von Messias Jesus mit welchen Konsequenzen sein wollte. Die Raffinesse der Frage liegt daher in ihrem zweiten Teil. Einerseits konnte „Sohn Gottes" ein Ehrentitel sein, wie ihn zur gleichen Zeit Philo von Alexandria für Abraham benutzte. Er konnte ein Signal der Hoffnung sein, wie Petrus es aussprach, als er Jesus in Caesarea Philippi zum Messias erklärte. Doch bereits das war keine harmlose Ehrenbezeugung – Petrus erwartete wie die meisten Juden dieser Zeit, daß der Messias aus dem Hause Davids als Befreier kommen werde, um mit Gewalt die Fremdherrscher und die inneren Feinde zu besiegen. Mitten in Jerusalem konnte man sich kaum zum Sohn Gottes erklären, ohne unter Juden die Erwartung an die Ablösung des anderen „Sohnes Gottes", des Kaisers nämlich, zu wecken. Kaiaphas muß sichergehen. Einen Messias-Prätendenten, der unter den Juden falsche Hoffnungen weckt, kann er nicht gebrauchen.

Er kann aber auch keinen Messias gebrauchen, der die Tempelhierarchie und damit sein eigenes Amt in Frage stellt. Die von Zeugen kolportierte Behauptung Jesu, er werde den Tempel niederreißen und in drei Tagen wieder aufrichten, ließ sich nämlich als die Erfüllung einer bis auf Moses zurückgehenden Prophezeiung verstehen. Eine Erneuerung des Tempels wurde gerade in jener Zeit von vielen Juden erwartet. Auch die einflußreiche Bewegung der Essener mit ihren über 1000 Priestern sprach davon in einer ihrer fragmentarisch erhaltenen Schriftrollen, 4Q174: „Dies ist das Haus das (Er bauen wird in den) letzten Tagen, wie es im Buch Mose geschrieben steht: ‚Im Heiligtum, das deine Hände errichtet haben, O Herr, wird der Herr König sein immer und ewig' [Exodus/2. Mose 15,17–18]. (...) Und die Fremden werden es nie mehr verwüsten, wie sie das Heiligtum früher verwüsteten wegen der Sünden Israels." Kaiaphas hat allen Grund, sich Sorgen zu machen. Ist Jesus ein heilsgeschichtlicher Messias, dann sind seine eigenen Tage als Hohepriester gezählt. Geht es um eine tatsächliche, gewaltsame Aktion, dann ist die öffentliche Ordnung gefährdet, und die Römer werden zu Gegenmaßnahmen provoziert. Die Römer schützten nicht zuletzt den Tempel und seine äußere Ordnung; ihre Festung Antonia überblickte den gesamten Tempelberg. Wer die Reste dieser Festung in einer arabischen Schule an der heutigen Via Dolorosa besucht und von dort über das Areal des Tempelbergs blickt, kann noch immer gut nachvollziehen, daß den Römern nichts entging, was sich dort im Freien abspielte. Jesus hatte längst bewiesen, wie wenig er das Stillhalteabkommen zwischen Kaiaphas und Pilatus respektierte, als er gegen die von diesen beiden arrangierte Einrichtung der Stände von Tierverkäufern und Geldwechslern mitten im Tempelbereich vorging, die Wechseltische umstieß und die Taubenverkäufer aufforderte, das Haus Gottes zu verlassen (Johannes 2,16). Es ist bemerkenswert, daß später noch ein anderer Jude, Simon der Sohn des Gamaliel, gegen diese Einrichtungen protestiert und der Legat Vitellius sie in der Tat weitgehend aufhebt, nachdem er Kaiaphas und Pilatus 36 n. Chr. ihrer Ämter enthoben hatte.

Mit seiner Frage gibt Kaiaphas Jesus die Möglichkeit des Rückzugs. Bestreitet er, was von Galiläa bis Judäa über ihn gesagt wird, dann kann man ihn mit einer der traditionellen Strafen – z. B. der Züchtigung mit „vierzig Schlägen weniger einem“ – nachdrücklich dazu ermahnen, den gefährlichen Unsinn künftig zu unterlassen. Aus seiner Sicht gibt er Jesus eine letzte Chance. Und Jesus versteht genau, worauf der Hohepriester hinaus will. Diplomatischen Spielraum gibt er ihm nicht. „Ich bin es“, lautet seine Antwort. „Ego eimi“ heißt das im griechischen Text (Markus 14,62; Lukas 22,70). Nehmen wir nach wie vor an, daß dieses Gespräch in aramäischer Sprache stattfindet, dann sagt Jesus „Anu hu“, vielleicht wählt er auch die hebräische Formel „Ani hu(a)“. Von Jesaja 41,4 und 43,25 an durchzieht sie das Buch dieses Propheten als Ausdruck für die Gegenwart Gottes, auch in den aramäischen Fassungen, den Targumim. „Ich bin (es)“, spricht der Herr, und die griechische Übersetzung, die Septuaginta, die von Juden für Juden im 3./2. Jahrhundert geschrieben wurde, hat „Ego eimi“, wie es im Evangelium steht. Und Jesus geht noch einen Schritt weiter. Kaiaphas soll sicher sein, sich nicht verhört zu haben. So fügt er hinzu: „Und ihr werdet den Menschensohn zur Rechten der Macht sitzen und mit den Wolken des Himmels kommen sehen.“ Das wiederum spielt auf Daniel 7,13 und Psalm 110,1 an. Und es erweitert diese prophetischen Worte. Denn „Macht“, oder „Kraft“, wie andere Übersetzungen es haben, ist im Alten Testament und in den Schriftrollen von Qumran noch nicht als Name Gottes geläufig. Erst der Babylonische Talmud, der lange nach dem Tod Jesu schriftlich fixiert wurde, gebraucht das Wort in diesem Sinne (z. B. in den Traktaten Sabbath 87 a und Sota 37 a). Jesus war möglicherweise der erste Jude, der so von Gott sprach. Kaiaphas soll auch noch etwas anderes begreifen: Nur scheinbar steht Jesus hilflos vor ihm. Sein erstes Kommen mag auf Widerstand stoßen, doch sein Wiederkommen wird das eines himmlischen Richters sein, dem keine irdische Macht widerstehen kann. Für Kaiaphas war das zuviel. Daß Jesus recht haben könnte, will er nicht akzeptieren. Also bleibt ihm nur die Wahl, ihn der todeswürdigen Gotteslästerung für schuldig zu befinden. Ohne es aussprechen zu müssen, denkt er, zusammen mit den anderen im Sanhedrin, an Levitikus/3. Mose 24,16: „Wer den Namen des Herrn schmäht, wird mit dem Tod bestraft; die ganze Gemeinde soll ihn steinigen. Der Fremde muß ebenso wie der Einheimische getötet werden, wenn er den Gottesnamen schmäht". Das direkte Aussprechen des Gottesnamens, des JHWH, war nicht erforderlich (diese Auffassung des mosaischen Gebots kam erst in nachneutestamentlicher Zeit hinzu); so wie Jesus von Gott sprach, war der Tatbestand eindeutig erfüllt. Töten durften sie Jesus nach geltendem Recht, noch dazu in unmittelbarer Nähe des Präfekten, kurz vor dem Hochfest des Passah, allerdings nicht. Vor Pilatus kam es nur noch darauf an, den Sachverhalt als politisches Verbrechen darzustellen, das sich gegen die Römer und namentlich gegen die Autorität des Kaisers richtete. Als politischer Schwerverbrecher gefesselt wird er dem Präfekten übergeben.

Verhielt sich Jesus vor Pilatus anders? Wie so oft, wenn nach Einzelheiten gefragt wird, ist es Johannes, der sie liefert. Längst vorbei sind die Zeiten, in denen man diesen Evangelisten für einen späten Erfinder hielt, der sich seinen sehr privaten Jesus frei gestaltete. Inzwischen wird auch von Neutestamentlern, die weder „konservativer" noch „fundamentalistischer" Neigungen verdächtigt werden können, ein Entstehungsdatum vor der Zerstörung Jerusalems vorausgesetzt und eine unmittelbare Zugehörigkeit des Verfassers zum Jüngerkreis. Daß dieser Autor manches anders akzentuiert als seine drei Kollegen, bleibt von solchen Beobachtungen selbstverständlich unberührt. Gerade die Berichterstattung über die Leidenswoche Jesu in Jerusalem ist bei Johannes so genau ausformuliert, daß manches, was bei den drei „synoptischen" Evangelien sehr knapp und damit nicht immer eindeutig zu sein scheint, nun in eine überschaubare Chronologie gegliedert werden kann. Das entscheidende Verhör vor Pilatus hat auch noch Textgeschichte geschrieben: Auf dem Fragment des ältesten jemals entdeckten Papyrus dieses Evangeliums, dem „John Rylands Greek 457" in der John Rylands University Library Manchester, der in neutestamentlichen Listen als P52 geführt wird, stehen die Verse Johannes 18,31–33 und 37–38. Bequemerweise wird er auf das erste Viertel des 2. Jahrhunderts datiert, doch ist mittlerweile die Überzeugung gewachsen, daß er noch in das letzte Viertel des 1. Jahrhunderts gehört, also vor 100 n. Chr. geschrieben wurde. Das allerdings kann nur solche Bibelkritiker verunsichern, die noch die Auffassung vertreten, dieses Evangelium sei überhaupt erst um 100 n. Chr. entstanden. Für unser Verständnis der ganzen Szene ist vor allem der Satz wichtig, der auch auf der Rückseite dieses Papyrus-Bruchstücks erhalten ist: „Da sagte Pilatus zu ihm: ‚Also bist du doch ein König?' Jesus antwortete: ‚Du sagst es, ich bin ein König. Ich bin dazu geboren und in die Welt gekommen, daß ich für die Wahrheit Zeugnis ablege. Jeder, der aus der Wahrheit ist, hört auf meine Stimme.' Pilatus sagt zu ihm: ‚Was ist Wahrheit?'"

Pilatus, der – wir sahen es bereits – wie später Plinius der Jüngere die entscheidende Schuldfeststellungsfrage insgesamt dreimal ausspricht, ist hier bei der zweiten Frage angekommen. Schon beim ersten Mal hatte er von Jesus wissen wollen, ob er im Sinne der Anklage der König der Juden sei. Provozierend für den Präfekten und sein römisches Rechtsverständnis war, daß Jesus mit einer Gegenfrage antwortete: „Sagst du das von dir aus, oder haben es dir andere über mich gesagt?" Jesus will also von Pilatus wissen, ob der Präfekt sich des eigentlich „nur" religiösen Hintergrunds der Anklage bewußt ist. Und Pilatus, gereizt wie er ist, versteht genau, worauf Jesus hinaus will: „Bin ich denn ein Jude? Dein eigenes Volk und die Hohenpriester haben dich an mich ausgeliefert." Das heißt: Pilatus weiß sehr wohl, daß die jüdische Hierarchie ihre ganz eigenen Interessen vertritt. Darum die Nachfrage: „Was hast du getan?" Völlig konsequent gibt Jesus nun eine rein religiöse Antwort, die dem Verfahren den machtpolitischen, römerfeindlichen Stachel ziehen müßte. „Mein Königtum ist nicht von dieser Welt. Wenn es von dieser Welt wäre, würden meine Leute kämpfen, damit ich den Juden nicht ausgeliefert würde. Aber mein Königtum ist nicht von hier." Das ist deutlich genug. Ginge es um reale, irdische Macht, hätte Jesus Mittel und Wege, sich gegen seine Feinde unter den Mitjuden zur Wehr zu setzen. Im Garten Getsemane hatte das kein anderer als Simon Petrus gegen den Willen Jesu herbeizwingen wollen, als er mit dem treffsicheren Kurzschwert dem Repräsentanten des abwesenden Hohenpriesters das rechte Ohr abschlug. Von Widerstand gegen die Römer war da und ist hier nicht die Rede. Pilatus hört durchaus aufmerksam zu. Ob nun von dieser Welt oder nicht, mit Kategorien, die für ihn in den Bereich der Philosophie gehören, kann er sich nicht auseinandersetzen. Aber ein König will Jesus jedenfalls sein. „Also bist du doch ein König?" Und die Antwort kann er gar nicht mißverstehen: „Du sagst es, ich bin ein König." Leider aber – aus der Sicht des Präfekten – fügt Jesus erneut einen Nachsatz an: „Ich bin dazu geboren und in die Welt gekommen, daß ich für die Wahrheit Zeugnis ablege. Jeder, der aus der Wahrheit ist, hört auf meine Stimme." Schon wieder Philosophie! „Was ist Wahrheit?" Entnervt verläßt der Präfekt den Saal. Als selbsternannten Philosophenkönig kann er diesen Jesus nicht zum Tode verurteilen.

Genau dies erklärt er den Vertretern des Hohen Rates. Elegant wäre in seinen Augen eine Amnestie. Außerhalb der Evangelien gibt es keinen erhaltenen Beleg für eine von Pilatus eingeführte Passah-Amnestie. Da sie, wie es scheint, stets einer einzigen Person galt, war es auch kam der Rede wert, sofern nicht ein besonderer Fall damit verbunden war. Der Revolutionär und Mörder (vgl. Markus 15,7) Barabbas wäre auch für sich nicht erwähnenswert gewesen, denn ob da einer mehr oder weniger von diesen vielen hingerichtet oder auch einmal amnestiert wurde, konnte nicht weiter interessieren. Erst durch die Verbindung mit Jesus wird er wichtig, und dies natürlich auch nur für die Evangelisten. Daß alle vier davon berichten, weist auf die Bedeutung und Geschichtlichkeit des Vorfalls hin. Der Entschluß des Sanhedrin und der angeheuerten Rufer, Jesus auf jeden Fall aus dem Weg zu räumen, reicht aus, um die Freilassung eines Zeloten in Kauf zu nehmen. (Auch Josephus gebraucht das griechische Wort „lêstês“, das in der Einheitsübersetzung ganz falsch mit „Straßenräuber“ übersetzt wird – der Mann nahm schließlich nicht etwa alten Damen die Handtasche weg –, für rebellische, gewalttätige Zeloten.)

Pilatus macht sich in einer für ihn charakteristischen Handlung auf grausame Weise über Jesus und seine Ankläger gleichzeitig lustig. Jesus, den er nicht ernst nimmt, unterwirft er einer Geißelung, die als Form der Folter noch Einsicht in ihn hineinprügeln soll, ehe ihm die dritte, abschließende Frage gestellt wird. Den Leuten des Kaiaphas, die das alles beobachten, zeigt er dabei, was er von ihrer politischen Anklage hält, Jesus sei der König der Juden. Er läßt ihn in ein königliches Purpurgewand kleiden und verspotten. Die Botschaft ist deutlich: Ihr, seine Ankläger, macht euch lächerlich. Der Mann ist kein Revolutionär, er ist ein verirrter Philosoph. Mit Purpurgewand und Dornenkrone wird er seinen Anklägern vorgeführt. „Seht, da ist der Mensch!“ Dieser sprichwörtliche „Ecce homo!“-Ausspruch kann kaum als Anerkennung der Würde Jesu mißverstanden werden, wie das gelegentlich noch geschieht („Seht, welch ein Mensch!“). Zynisch heißt das eher soviel wie: „Da habt ihr ihn, den Kerl – seht ihn euch an!“ Pilatus ist ein brutaler Verächter dieses Jesus, der ihn ständig provoziert; und wenn er auch dem Kaiaphas im Sinne eines alten griechischen Spruchs zugesteht, daß „eine Hand die andere wäscht“ (so steht das geflügelte Wort beim populären Komödiendichter Menander, der sich bei seinem Vorgänger Epicharmos bediente), macht er dennoch seine Verachtung für den Mob deutlich, der sich da vor ihm versammelt hat. Die Anwesenden haben jedoch ihre Strategie noch längst nicht aufgegeben, die religiöse Anklage zum politischen Verbrechen auszuweiten. Jesus muß sterben, erklären sie, weil er sich zum Sohn Gottes macht. Es ist hier zweitrangig, ob Jesus das selbst so präzise formuliert hatte oder ob andere (wie zum Beispiel Petrus) es von ihm sagten. Entscheidend ist, daß Jesus bis zu diesem Zeitpunkt selbst nichts Gegenteiliges verlauten ließ, oder, anders ausgedrückt, nie öffentlich erklärt hatte, daß er das Reden von seiner Gottessohnschaft zurückweist. Der Präfekt kann zuerst einmal gar nicht anders, als die politische Dimension zur Kenntnis zu nehmen. Sohn Gottes, wir wissen es längst, war aus römischer Sicht nun einmal der Kaiser und sonst niemand.

Den meisten unserer Bibelübersetzungen gelingt es auch hier wieder, haarscharf an der tatsächlichen Bedeutung des Satzes vorbeizuübersetzen: Pilatus wurde nicht etwa „noch ängstlicher", als er das hörte. „Er machte sich eher Sorgen (als dem Begehren der Schreienden nachzugeben)" – das steht im griechischen Satz des Johannes. Denn nun weiß er endgültig, daß Druck auf ihn ausgeübt werden könnte, jener Druck, ihm auch öffentlich zu unterstellen, einen mit dem Kaiser rivalisierenden „Sohn Gottes" mehr oder weniger ungeschoren zu lassen. Nur Jesus selbst kann ihm noch mit einer klaren Aussage aus dieser Zwangslage helfen. So kommt es zur dritten Frage an Jesus: „Woher stammst du?" Das heißt: Bist du einer der religiös-inspirierten sogenannten Gottessöhne, von denen so mancher Mythos erzählt, kommst du aus einer Bewegung, die dem Kaiser seinen Anspruch streitig machen will, oder bewegen dich ganz andere Motive? Da Jesus die Frage im Kern bereits zuvor beantwortet hatte, bleibt er stumm. Woher sollte er die Spielregeln römischen Prozeßrechts kennen, nach denen ein solches Schweigen gerade bei der entscheidenden dritten Frage nicht nur als Schuldgeständnis, sondern sogar als eigener Strafgrund galt? Oder war er sich darüber im klaren und wollte sogar, wohl wissend, daß sein Tod im Sanhedrin eine beschlossene Sache war, statt einer außerrechtlichen Steinigung, die ihm sicher war, wenn sich Pilatus doch noch weigern sollte, ihn kreuzigen zu lassen, ganz bewußt den Weg zum Tod im Rahmen des römischen Rechts gehen, um so die Schuld für die Hinrichtung von seinen Mitjuden abzuwenden?

Pilatus macht ihm den Sachverhalt klar: „Du sprichst nicht mit mir? Weißt du nicht, daß ich Macht habe, dich freizulassen, und Macht, dich zu kreuzigen?" Doch wieder beantwortet Jesus die eigentliche Frage nicht; stattdessen korrigiert er dessen zweite, rhetorische Frage: „Du hättest keine Macht über mich, wenn es dir nicht von oben gegeben wäre; darum liegt größere Schuld bei dem, der mich dir ausgeliefert hat." Wie soll Pilatus darauf reagieren? Er entscheidet sich für die einfache Deutung: Mit dem Mann ist nicht zu reden, ein Revolutionär ist er nicht, und er hat ja recht, wenn er auf die von oben verliehene Macht hinweist (Pilatus denkt hier sicher nicht an Gott, sondern an den Kaiser), und er hat recht, wenn er die Schuld an dem ganzen, zeitraubenden Ärgernis bei Kaiaphas sieht, demjenigen, der diesen Jesus an ihn „ausgeliefert hat". Er will ihn freilassen, und in diesem Augenblick bewahrheiten sich seine schlimmsten Befürchtungen: Man wirft ihm jetzt ausdrücklich vor, kein „Freund des Kaisers", kein „amicus Caesaris" mehr zu sein, wenn er die Freilassung vollzieht. Und was das bedeutete, sahen wir bereits. Noch einmal will er sich auch juristisch absichern, mit einer Gegenfrage an die Leute des Sanhedrin: „Euren König soll ich kreuzigen?" Es kommt, wie es unausweichlich kommen muß: Die anwesenden Juden erinnern ihn an seine politische Verantwortung und an die Gefahr, die davon ausginge, sollte er sich dem Gerücht aussetzen, einen zweiten „König", einen zweiten „Sohn Gottes" frei herumlaufen zu lassen. „Wir haben keinen König, außer Caesar" (also Caesar Tiberius). Pilatus weiß, daß er sich das damit verbundene Risiko gegenüber Tiberius nicht leisten kann. Seine Zweifel an der realpolitischen Schuld Jesu müssen hinter die formaljuristische Berechtigung der Todesstrafe zurückgestellt werden. So ergibt dieser Durchgang durch den Text des Johannes eine Bestätigung dessen, was wir schon aus einer anderen Perspektive ermittelten.

Ein Fehlurteil war das im Sinne der politischen Unschuld Jesu in der Tat, und zwar eines, das weder „den Juden" noch „den Römern" anzulasten ist, sondern einzig und allein dem einen Mann, Pontius Pilatus. Im Rahmen seines Spielraums hatte sich Pilatus jedoch den Verfahrensregeln entsprechend verhalten. Daß ihm römisches Recht die Möglichkeit gab, Jesus nach Stand der Dinge hinrichten zu lassen, steht außer Frage. Umgekehrt ist deutlich genug, daß der Hohe Rat und seine Vertreter alles taten, um Jesus nach römischem Recht töten zu lassen, und daß Jesus selbst dagegen keinen juristisch verwertbaren Einspruch vorlegte. Wenn es abschließend heißt, „da lieferte er ihnen Jesus aus, damit er gekreuzigt werde", dann meint das natürlich nicht, wie diese ungenaue Übersetzung nahelegen könnte, daß die jüdische Gruppe ihn nun selbst kreuzigen sollte. Der griechische Text des Johannes besagt, daß er ihn ihrem Willen übergab, also ihrem Tötungswunsch auslieferte. „Sie", die Jesus im nächsten Vers nehmen und zur Hinrichtungsstätte führen, sind nicht Juden, sondern vier Mitglieder der Garde des Präfekten (vgl. Johannes 19,23).

Jesus hatte die Anklage in der von Pilatus formulierten Form, „König der Juden" zu sein, nicht in juristisch verwertbarer Weise widerlegt. Für dessen Soldaten reicht die Kurzfassung der ersten beiden Verhöre, um ihn bereits vor der endgültigen Frage und der Abführung während der Folter auf diese Weise zu verspotten: „Heil dir, König der Juden!" Markus, Matthäus und Lukas, die knapper berichten, betonen den entscheidenden Kern: Jesus bestätigt die Anklage. Die nachfolgenden Erläuterungen, was damit eigentlich gemeint sei, kann der Präfekt, nachdem er sich zur Hinrichtung entschlossen hat, ignorieren. Und so steht denn auch übereinstimmend in allen vier Evangelien dieser Strafgrund über dem Kreuz: „König der Juden". Nur Markus beschränkt sich allein auf diese entscheidende Aussage; die anderen drei ergänzen sie mit unterschiedlichen Details, und Johannes, der bekanntgibt, daß er als Augenzeuge dabei war (Johannes 19,35), bietet die Langfassung mit dem Namen des Gekreuzigten und seiner Herkunft – denn Jesus war der zweit- oder dritthäufigste jüdische Männername jener Zeit. Fremde Festpilger, die auf dem Weg zum oder vom Stadttor vorbeikamen – die Hinrichtungsstätte lag unmittelbar vor der damaligen Stadtmauer (Johannes 19,20; Hebräerbrief 13,12) – erfuhren so, um welchen Jesus es sich handelte. Johannes schreibt griechisch, erwähnt aber, daß neben dieser für nahezu alle Menschen in diesem Teil des Reichs verständlichen Sprache auch Hebräisch – als die formelle Sprache des zu Tötenden und seines Volkes – und Latein als Amtssprache der römischen Verwaltung auf dem Holzbrett standen. Irgend etwas an der Formulierung „Jesus der Nazarener, König der Juden" gefiel Hannas und

Kaiaphas allerdings nicht. Sie wissen, daß Pilatus, der Zyniker, ihnen nun zurückgibt, was sie ihm geliefert hatten, und sie damit erniedrigt; es ist mit anderen Mitteln die Fortsetzung des Ausrufs „Seht ihn an, den Menschen", mit denen er ihnen den Gefolterten vorgeführt hatte. Sie möchten dort nicht die technisch knapp formulierte „aitia" lesen, den festgestellten Strafgrund, sondern eine Selbstanklage: „Ich bin der König der Juden". Nun weiß Pilatus, daß Jesus das selbst so ja nie gesagt hatte. Genervt weigert er sich und schickt sie weg, mit einem Wort, das zum Wahlspruch aller Bürokraten zu allen Zeiten werden könnte: „Was ich geschrieben habe, habe ich geschrieben."

Einige Forscher, als erster wohl der jüdische Theologe und Historiker Schalom Ben-Chorin, haben darauf aufmerksam gemacht, daß hinter dem Protest der Juden, der doch recht überzogen erscheint (immerhin haben sie bekommen, was sie wollten, einen getöteten, und zwar von Römern getöteten Widersacher), ein schwerwiegendes Problem liegt. Denn übersetzt man den griechischen Text in der Langfassung des Johannes-Evangeliums in das Hebräische, müßte sich folgendes ergeben: „Jeschu(a) Ha-Nozri W(e)Melech Ha-Jehudim". Nimmt man die Anfangsbuchstaben jeder dieser Wortgruppen, erhält man „JHWH", das heilige Tetragramm des unaussprechbaren Gottesnamens. Wie es da, von Pilatus veranlaßt, über dem Kreuz stand, mußte es wie eine Tatsachenfeststellung aussehen. Erst durch die Hinzufügung des „Ich bin ..." würde daraus in den Augen des Hohenpriesters die blasphemische und damit aus religiöser jüdischer Sicht todeswürdige Anmaßung. Ob es sich so abspielte, kann nicht mehr nachgewiesen werden. Immerhin ist das Fragment der Holztafel, das sich heute in Rom, in der Kirche Santa Croce in Gerusalemme befindet, und von dem seit kurzem nach einer langen Reihe sorgfältiger Untersuchung feststeht, daß es keine Fälschung sein kann, ein mögliches Indiz. Dort ist von der griechischen und der lateinischen Zeile noch gut lesbar der Teil „Nazarener K(önig)" erhalten. Von der hebräischen Zeile gibt es nur noch einige Unterlängen, die zu der „JHWH"-Hypothese zwar passen, sie aber mangels Vollständigkeit nicht mehr beweisen können. Ohne auf alle Details des Fragments einzugehen, genügt uns hier eine auffällige Einzelheit: In der griechischen Zeile steht „Nazarenos". Während das zwar gelegentlich in den Evangelien für Jesus „den Nazarener" gebraucht wird (z. B. Markus 14,67 und 16,6; Lukas 4,34 und 24,19), schreibt Johannes bei der Kreuzesüberschrift in der griechischen Fassung „Nazôraios", eine Form, die auch in den drei „synoptischen" Evangelien mitunter vorkommt, bei Johannes aber ausschließlich gebraucht wird. Daß auf dem Holzfragment in Rom nun „Nazarenos" steht, ist einer der vielen sprachlichen Hinweise darauf, daß es sich nicht um eine Fälschung handeln kann – denn ein Fälscher hätte natürlich den Text eines der Evangelien abgeschrieben, um nicht von vornherein in Verdacht zu geraten. Das Fragment muß also zumindest älter sein als die Veröffentlichung des Johannes-Evangeliums und jedes der drei anderen Evangelien, in denen das Wort als Vorlage für die Tafel-Beschriftung bekanntlich überhaupt nicht vorkommt.

Wichtiger aber ist ein Detail der Sprachform: An der Stelle des üblichen griechischen „O" steht hier in „Nazarenos" eine eigenartige Schlaufe, ein „ɣ". Im ersten vor- und nachchristlichen Jahrhundert begegnet es uns vereinzelt auf griechischen Inschriften, dann taucht es erst wieder im 5./6. Jahrhundert auf, Jahrhunderte nach der Entstehungszeit des Holzfragments. Gebraucht wurde es als Zeichen für den Doppelvokal „OY", ou, gelegentlich auch als verzierte Schreibweise des „Y". Der Buchstabe, der hier im griechischen Text zu erwarten wäre, ist weder ein „OY" noch ein „Y", sondern ein „O". Jemand, der diese Holztafel nicht so genau las, konnte das ohne weiteres als eiligen Schreibfehler hinnehmen, denn der Text blieb ja verständlich. Kein Schreibfehler, sondern richtig und zwar mit einer Absicht, wäre dieses Zeichen aber, wenn der Schreiber an das bis zur herodianischen Zeit gebräuchliche Symbol auf Schekel-Münzgewichten gedacht hatte, das als königliches Emblem und damit als Genehmigungszeichen des Herrschers galt. So hätte dieser Schreiber, der den Text im Auftrag des Pilatus in die Holztafel ritzte, unauffällig zu verstehen gegeben, daß er zu den heimlichen Anhängern Jesu gehörte (wie auch ein Nikodemus und ein Joseph von Arimathäa), der nun seine Chance nutzte, ein Bekenntnis zum wirklichen König Jesus in die griechische Zeile hineinzubringen, wie er es zuvor schon in der hebräischen getan hatte.

Die Vermutung liegt nahe, daß der Schreiber des Pilatus jüdischer Herkunft war: Nachdem er nämlich die hebräische Zeile korrekt von rechts nach links geschrieben hatte, fuhr er so auch in der griechischen und der lateinischen Zeile fort – sei es in der Eile aus Versehen (und dann in der Zeitknappheit um der optischen Symmetrie willen genötigt, bis zum Schluß so weiterzumachen), oder in der Absicht, die Jüdischkeit Jesu auch auf diese Weise zu unterstreichen. Für die Herstellung einer neuen Holztafel blieb jedenfalls keine Zeit, und lesbar blieb der Text trotz allem problemlos. Nur in der lateinischen Zeile ist – abgesehen von der Rechts-Links-Schreibung – keine sprachliche Note des Schreibers festzustellen. Im Gegenteil, die eine Abweichung vom gebräuchlichen lateinischen Text verweist unmittelbar auf den Auftraggeber, den römischen Beamten Pontius Pilatus. Denn während wir seit den ersten lateinischen Übersetzungen „Nazarenus" lesen und schreiben, steht auf dem Holzfragment „Nazarinus". Das ist exaktes, „bürokratenkorrektes" Latein: Von einem Ortsnamen wie Nazareth konnte man lateinisch zwei Attributendungen ableiten, -ensis oder -inus. Pilatus gab offenbar seinem jüdischen Schreiber einen Zettel mit der lateinischen „causa poenae", „Iesus Nazarinus Rex Iudaeorum", und befahl ihm, die hebräische und griechische Fassung hinzuzufügen. Hier und nur hier hatte der Mann dann gestalterische Freiheit. Daß später aus dem klassisch-korrekten „i" ein „e" wurde, ist eine Sonderform, die man technisch „Itazismus" nennt, eine austauschbare Schreibweise dieses Vokals aufgrund der identisch gewordenen Aussprache. Hieronymus und seine Vorgänger als lateinische Übersetzer können sich da durchaus auch am Klang des griechischen „Nazarenos", mit dem langen „E" („Eta") in der Mitte, orientiert haben. Dem Schreiber der Holztafel waren Itazismen übrigens nicht fremd: In der griechischen Zeile benutzt er selbst einen, indem er „Nazarenos" mit dem kurzen „E" („Epsilon") statt mit dem langen

„Eta" schreibt. Einzig und allein in der lateinischen Zeile, die ihm der Präfekt vorgegeben hatte, unterläuft ihm bzw. riskiert er keine einzige Nuance. Er folgt, so weit wir sehen können, bis ins Detail der exakten Textvorlage des Römers.

Unter der Holztafel, die allen Umstehenden nahe der Stadtmauer mitteilte, wer da warum von den Römern gekreuzigt wurde, hing Jesus nackt, höchstens mit einem Lendentuch bekleidet. Eine archäologische Entdeckung, bisher die einzige ihrer Art, gibt uns einen Hinweis darauf, wie die Römer kreuzigten. 1968 wurde im Nordosten Jerusalems, im Stadtteil Givat ha-Mivtar, der beschriftete Knochenkasten eines Jehochanan Ben-Hazkul entdeckt. Die Untersuchung dieses Ossuars und der Knochen ergab, daß der Mann ungefähr dreißig Jahre alt war und um das Jahr 30 n. Chr. gekreuzigt wurde. Es handelt sich also um einen Zeitgenossen Jesu. Wesentlich sind zwei Feststellungen: Zum einen die offensichtliche Tatsache, daß ein gekreuzigter Jude zu dieser Zeit ordnungsgemäß bestattet wurde, und zwar zweimal nach jüdischem Brauch, denn auf die Erstbestattung folgte ja nach dem Verfall des Fleisches die entscheidende Zweitbestattung allein der Knochen, in der Hoffnung auf die körperliche Auferstehung. Wir wissen nicht, warum dieser Jehochanan von den Römern in Jerusalem gekreuzigt wurde, aber die Tatsache, daß man ihn bestattete und dann auch noch in dieser frommen Form, erledigt ein für alle Mal die beliebte These von Gegnern einer Bestattung und eines am dritten Tage leeren Grabes Jesu: Angeblich hätte man damals Gekreuzigte im nächstbesten Graben verscharrt, und die Evangelisten hätten die Grabesgeschichte einfach nur erfunden. Dem widerspricht der archäologische Beleg aus Givat ha-Mivtar.

Und zum anderen zeigt dieser einzige archäologische Fund der Knochen eines Gekreuzigten, daß man die Beine nicht übereinanderlegte, sondern daß sie seitlich mit je einem Nagel am Kreuzesstamm angenagelt wurden. Denn in diesem Ossuar blieb ein Nagel in einem der Fersenknochen erhalten: Er hatte sich beim Einschlagen vorn verbogen und konnte bei der Abnahme nicht herausgezogen werden. So wurde der Tote mit dem Nagel in der Ferse bestattet. Tatsächlich zeigen die ältesten bildlichen

Darstellungen des gekreuzigten Jesus (die bis in die Zeit um 400 n. Chr. zurückreichen), daß man das ursprünglich wohl noch wußte. Immerhin gingen römische Kreuzigungen noch bis in die Zeit Konstantins des Großen weiter, der sie abschaffte; so konnte sich das Wissen von der Kreuzigungstechnik der Römer lange erhalten. Das bekannte Grafitto auf dem Palatin verspottet um 220 n.Chr. einen jungen Offiziersanwärter namens Alexamenos, der sich zu Jesus bekennt und anbetend neben einem Gekreuzigten steht. Hier wird der Gekreuzigte mit einem Eselskopf dargestellt. Der Eselskopf für den fremden Gott – das ist der Spott, der auf literarisch belegte Formen des Juden- und Christenhasses zurückgeht. Doch ernst zu nehmen ist der untere Teil der Karikatur: Die Beine sind parallel zum Kreuzesstamm gezeichnet. Erst im Mittelalter kam in bildlichen Darstellungen das Übereinanderlegen der Füße auf. Das hatte einen Vorteil: Man brauchte nun nur noch drei Nägel zu zeigen, zwei durch die Hände und einen durch die Füße, so daß die Dreiheit der Nägel als trinitarisches Symbol am Kreuz Jesu gedeutet werden konnte.

Ohne genaues Wissen zeigen bis heute fast alle Darstellungen des Gekreuzigten, daß ihm zwei Nägel durch die Handteller getrieben wurden. Das ist auszuschließen, denn das Körpergewicht eines Gekreuzigten hätte die Handflächen innerhalb von Minuten zerrissen. Der griechische Evangelientext muß nur genau gelesen werden. Das Detail von Nägeln „in den Händen" wird nur in der Szene vom skeptischen Jünger Thomas erwähnt: „Wenn ich nicht die Nägel in seinen Händen sehe und wenn ich meinen Finger nicht in die Male der Nägel und meine Hand nicht in seine Seite lege, glaube ich nicht" (Johannes 20,25). Die Malerei hat ihrer Phantasie hier freien Lauf gelassen, bis dahin, daß Thomas den Zeigefinger in der Seitenwunde Jesu nahezu vergräbt. Nichts davon steht im Text: Thomas will es zwar tun, aber er tut es nicht. Sein Bekenntnis zu Jesus als Herr und Gott folgt sofort, als er die Wundmale sieht – die Berührung bleibt aus (20,27–28). Und wie steht es um die Hände? Das griechische Wort lautet „cheir", und das wird zwar in der Regel in der Bedeutung „Hand" gebraucht, so auch einen Halbsatz später von

Thomas, der seine eigene Hand in die Wundmale legen will, aber es bedeutet auch „Arm“, und in der griechischen Literatur wird gelegentlich durch eine präzisierende Hinzufügung deutlich gemacht, wenn tatsächlich nur die Hand gemeint ist. Mit anderen Worten, das Mißverständnis, das wir in Übersetzungen und in der Kunstgeschichte antreffen, ist durchaus nachvollziehbar, da Johannes beide Male das gleiche griechische Wort gebraucht. Für ihn und seine ersten Leser, die mehr als eine römische Kreuzigung gesehen hatten, war der Sachverhalt noch klar, und er mußte das nicht näher ausführen: Auf die Spuren einer Kreuzigung bezogen, hieß „cheir“ Arm, nicht Hand. Wir sollten das in unseren Übersetzungen deutlich machen: „Wenn ich nicht die Male der Nägel an seinen Armen sehe“, heißt der erste Teil des Satzes. Die Kreuzigungsnägel wurden zwischen Elle und Speiche getrieben, allenfalls durch die Handwurzel. Nur so hielten sie den Oberkörper des Gekreuzigten fest.

Auf diese Weise grausam ans Kreuz genagelt und die beabsichtigten, unerträglichen Qualen leidend, spricht Jesus zu den Umstehenden. Hier entscheidet sich, noch vor der Auferstehung, was in der Überschrift dieses Kapitels der „Sieg am Kreuz“ genannt wird. Der Schlüssel liegt in den sieben letzten Worten. Wie kaum anders zu erwarten, ist ihre historische Glaubwürdigkeit mehr als einmal angezweifelt worden. Vor allem das erschütterndste dieser sieben Worte, „Mein Gott, mein Gott, warum hast du mich verlassen?“, halten manche Neutestamentler für frei erfunden. Und kann denn Jesus überhaupt diese sieben gesagt haben, zumal sie nicht alle in allen vier Evangelien stehen? Wie passen sie zusammen? Freunde klassischer Musik kennen die Antwort, denn sie kommt nicht zuletzt von Joseph Haydn, dem hochgebildeten und frommen Komponisten, der sich damit gleich dreimal auseinandersetzte, in einem Orchesterwerk von 1786, einem Streichquartett von 1787 und einem Oratorium von 1796 – stets unter dem gleichen Titel: „Die Sieben Letzten Worte unseres Erlösers am Kreuz“. Hier ist die Reihenfolge der sieben Worte bei Joseph Haydn:

„Vater, vergib ihnen, denn sie wissen nicht, was sie tun“ (Lukas 23,34). „Wahrlich, ich sage dir, noch heute wirst du mit mir im Paradiese sein“ (Lukas 23,43). „Frau, siehe, dies ist dein Sohn; siehe, das ist deine Mutter“ (Johannes 19,26–27). „Eli, eli, lema sabachthani“/„Mein Gott, mein Gott, warum hast du mich verlassen?“ (Markus 15,34; Matthäus 27,46). „Mich dürstet“ (Johannes 19,28). „Es ist vollbracht“ (Johannes 19,30). „Vater, in deine Hände befehle ich meinen Geist“ (Lukas 23,46).

Es liegt für den Historiker und Literaturwissenschaftler auf der Hand – und wir erkennen es nicht zum ersten Mal –, daß jeder der vier Evangelisten seine eigenen Akzente setzt, seine eigene Sichtweise für seinen Leserkreis zum Kriterium der Auswahl macht. Wer wollte ernsthaft erwarten, daß alle sieben Worte in dieser Reihenfolge in allen oder auch nur einem der Evangelien stehen? Nüchtern müssen wir fragen, wer als Ohren- und Augenzeuge in Frage kommt, das heißt: auf wessen mündliche Überlieferung sich die schriftlichen Quellen stützen konnten. Einer ist uns bereits bekannt – jener nämlich, der von sich selbst sagt, daß er dabei war, der Evangelist Johannes (19,35); und daß er nichts Falsches behauptet, wird von Dritten bestätigt, von den Herausgebern seines Evangeliums (21,24–25). Das ist aber längst nicht alles. Ein wichtiger weiterer Zeuge ist Simon von Kyrene, jener Mann, der den Querbalken des Kreuzes zur Hinrichtungsstätte trug (Markus 15,21). Es ist wenig wahrscheinlich, daß er sich anschließend von Golgatha entfernte. Seine beiden Söhne, Rufus und Alexander, wurden später allem Anschein nach Mitglieder der Jerusalemer Urgemeinde (15,21). Vom Ossuar des „Alexander Sohn des Simon von Kyrene“ war auf Seite 7 schon kurz die Rede. Die Inschrift auf diesem Knochenkasten ist zweisprachig, aramäisch und griechisch. Tatsächlich stammte die Familie des Simon, wie der Beiname schon sagt, ursprünglich aus der Kyrenaika, einem griechischsprachigen Gebiet Nordafrikas. Die Juden aus der Kyrenaika hatten in Jerusalem eine eigene, griechischsprachige Synagoge. Die Überlieferungsschritte sind hier also völlig unproblematisch: Simon konnte nicht nur die aramäischen bzw. hebräischen Worte Jesu verstehen und weitergeben – gerade das Wort von der Gottverlassenheit wird uns ja im aramäischen Original überliefert –, er konnte sie auch selbst im griechischen Idiom übermitteln. Seine beiden Söhne waren zwei weitere Überlieferungsträger, und unabhängig von der Zeit, die es brauchte, bis letzte Worte Jesu aufgeschrieben wurden (wahrscheinlich doch schon spätestens am nächsten Tag), ist ein Zweifel an der ununterbrochenen Traditionskette nicht zu rechtfertigen.

Da waren aber auch weitere Zeugen, zum Beispiel „die Leute, die vorbeikamen und ihn verhöhnten“ (Markus 15,29) und der vielleicht mit ihnen identische Kreis derer, die Jesus spottend mißverstanden („Siehe, er ruft den Elia“: Markus 15,35). Hätten die Zuschauer, die nicht gegen Jesus eingestellt waren, letzte Worte frei erfunden und kolportiert, wären diese Gegner die ersten gewesen, die das entlarvt hätten. Auch die gleichfalls anwesenden Schriftgelehrten um den Hohenpriester wären dazu in der Lage gewesen. Johannes nennt weitere Personen, darunter namentlich Maria und Maria Magdalena. Joseph von Arimathäa und Nikodemus, die Jesus unmittelbar vor Sabbathbeginn mit Genehmigung des Präfekten (die uns nicht erstaunt - über die Hinrichtung hinaus brauchte der Leichnam eines „Verbrechers“ der formellen Bestattung nicht entzogen zu werden) zu Grabe tragen, müssen bis zum Augenblick des Todes nahe beim Kreuz gestanden haben (Johannes 19,38–42). Lukas fügt hinzu, daß „alle seine Bekannten in gewisser Entfernung“ standen und „das alles mit ansahen“ (Lukas 23,49). Was heißt „in gewisser Entfernung“? Griechisch steht da „apò makróthen“, und es ist sehr aufschlußreich, wie Lukas diese Formulierung gebraucht: In seinem Bericht über das Gleichnis, das Jesus vom reichen Mann und vom armen Lazarus erzählt (Lukas 16,19–31), wird beschrieben, wie in der Unterwelt ein Reicher „in gewisser Entfernung“ Abraham und Lazarus zusammen sieht. Er bittet Abraham, Lazarus zu ihm zu schicken, und es folgt ein Gespräch zwischen Abraham und ihm. Daraus folgt natürlich: Die griechische Formulierung „apò makróthen“, die in heutigen Bibelübersetzungen meist mit „in einiger Entfernung“ oder „von ferne“ wiedergegeben wird, bezieht sich bei Lukas auf eine Distanz, über die man sehr genau verstehen kann, was ein anderer sagt. Hinzu kommt die Feststellung: „Und Jesus rief laut“ (Markus 15,34). Auf diese Weise gehören auch „alle Bekannten“ des Gekreuzigten, die auf dem nächstgelegenen Aussichtspunkt, der nahen Stadtmauer, gestanden haben dürften, zum Kreis der Zeugen für die sieben letzten Worte Jesu am Kreuz.

Ein letzter Zweifel bleibt – rein theoretisch – beim ersten der sieben Worte: „Vater, vergib ihnen, denn sie wissen nicht, was sie tun" (Lukas 23,34). Es fehlt nämlich in einigen alten Handschriften des Lukas-Evangeliums; in der zweitältesten, dem Papyrus 75 (Bodmer XIV), und im zweitältesten Codex der gesamten griechischen Bibel, dem Codex Vaticanus, steht es jedenfalls nicht. Die unveränderte erste Fassung des Codex Sinaiticus hat es dagegen, ebenso, neben weiteren Handschriften, der Codex Alexandrinus. Auch die Kirchenväter, die über die sieben letzten Worte schrieben, von Irenäus (noch im 2. Jahrhundert) über Origenes und Hieronymus bis zu Augustinus, sind sich einig, daß Jesus diesen Satz sprach, und daß er nicht später hinzugefügt wurde. Wie konnte es dann dazu kommen, daß er in einigen nicht unbedeutenden Handschriften fehlt? Könnte er von Abschreibern herausgenommen worden sein, die nach der Zerstörung Jerusalems und des Tempels glaubten, Gott habe den Juden gerade nicht vergeben, da er es vierzig Jahre nach der Kreuzigung zuließ, daß der Tempel, das „Haus Gottes", von den Feinden zerstört wurde? Könnte es sein, daß unter den leider so zahlreichen Judenhassern in der griechischsprachigen frühen Kirche der Satz als viel zu judenfreundlich galt? Da er weder sprachlich noch inhaltlich ein Fremdkörper im Bericht des Lukas ist, spricht umgekehrt nichts dafür, daß er erst später, aus unbekannten Quellen, hinzugefügt wurde.

Jesus beginnt mit einem Wort der Vergebung, im Vertrauen auf den Vater. Die Bitte gilt nicht nur den Juden, sie umfaßt – nimmt man die Szene in ihrer unmittelbaren Wirkung – in erster Linie die Römer, seine Richter und Henker. Um so beachtlicher ist denn auch die Reaktion des Kommandanten des Exekutionskommandos nach dem Tod Jesu: Er „pries Gott und sagte: ‚Das war wirklich ein gerechter Mensch'" (Lukas 23,47). Matthäus, der die gesamte Szene unmittelbar nach dem Tod Jesu noch etwas breiter darlegt, übersetzt, wenn man so will, dieses Wort des Römers in religiös-politische Diktion: „Wahrlich, das war ein Sohn Gottes“ (Matthäus 27,54; vgl. Markus 15,39). Unter den vielen, die sich (den Kaiser eingeschlossen) immer wieder den Titel „Sohn Gottes“ zulegten, war das bis zum unwiderleglichen Beweis des Willens Gottes für Juden eine Anmmaßung, gegen die sich schon Psalm 82,6 wandte, und für Römer eine Herausforderung des Kaisers. Dieser aber, der Gekreuzigte, der sichtbar nicht dem Kaiser widerstand, der war in den Augen des Römers nun „wahrhaftig“ einer. Matthäus benutzt das emphatische griechische Wort „alêthôs“, wahrlich, wahrhaftig; Lukas hat das ebenso nachdrückliche, gleichbedeutende „óntôs“, das er auch im Bericht über die Auferstehung gebraucht: „Der Herr ist wirklich (óntôs) auferstanden und ist dem Simon erschienen“ (Lukas 24,23). Weder Lukas noch Matthäus wollen behaupten, daß der Römer ein Anhänger Jesu war oder wurde. Um so zu sprechen, wie er es tat, reichte die einem gebildeten Römer (und Offiziere waren überdurchschnittlich gebildet, wie wir aus vielen Quellen wissen) zur Verfügung stehende griechisch-römische Sprache von „Gott“, auf die sich später noch Paulus vor der Philosophenversammlung auf dem Areopag in Athen bezieht (Apostelgeschichte 17,22–30). Allenfalls könnte man annehmen, daß der Mann zu jenen zahlreichen römischen Offizieren gehörte – auch Cornelius in Caesarea war einer von ihnen –, die sich in dieser Provinz mit der jüdischen Religion intensiv auseinandersetzten, Synagogengottesdienste besuchten und sich in der Sprache des griechischen Alten Testaments auskannten. Sowohl der Begriff „Gerechter“ als auch „Sohn Gottes“ könnte ihm daher aus zwei Kulturen geläufig gewesen sein, der eigenen und der jüdischen. Genauer wissen wir es nicht. Entscheidend ist nur, daß hier unter den vielen Juden auch ein Nicht-Jude stand, der sich von Jesus angesprochen fühlte, von seiner übermenschlichen Vergebungsbitte an den Vater ebenso wie von der ganzen Art seines Sterbens.

Ein griechischsprachiger Jude, der zum Nachfolger Jesu wurde, greift die Vergebungsbitte auf und wiederholt sie im Angesicht des eigenen Todes, nun aber schon an Jesus selbst gerichtet – Stephanus, der Leiter der Hellenisten in der Urgemeinde:

„Herr, rechne ihnen diese Sünde nicht an!“ (Apostelgeschichte 7,60). Stephanus, der von einem aufgebrachten Mob im Auftrag des Hohenpriesters und im Beisein des Sha'ul/Saulus zu Tode gesteinigt wird, bringt den zweiten Teil der Bitte Jesu nicht über die Lippen. Denn nun, einige Jahre nach der Kreuzigung und Auferstehung Jesu, wissen jene unter den Juden, die mordend gegen seine Anhänger vorgehen, sehr wohl, was sie tun. Aber am Tag der Kreuzigung wirkt die Bitte Jesu nicht nur auf den römischen Offizier, sondern auch auf einen jüdischen Verbrecher, der an einem der anderen Kreuze hängt. Wir erkennen das am zweiten der sieben Worte. Wieder berichtet Lukas: „Wahrlich, ich sage dir: Heute noch wirst du mit mir im Paradies sein“, sagt Jesus und reagiert damit auf das Schuldbekenntnis des Mitgekreuzigten, der Jesus gut zugehört hatte. „Uns geschieht recht“, sagt der Schwerverbrecher, und weist seinen Kollegen zurück, der Jesus verspottet, „wir erhalten den Lohn für unsere Taten; dieser aber hat nichts Unrechtes getan. Jesus, denk an mich, wenn du in dein Reich kommst.“ Das ist nichts anderes als ein messianisches Bekenntnis. Dieser Jude mag ein zu Recht gekreuzigter Gewaltverbrecher gewesen sein, aber er kennt – wie alle männlichen Juden, die in Synagogenschulen unterrichtet wurden – die Torah und die Propheten. Könnte es nicht doch sein, daß dieser Jesus wirklich der Messias ist, wie ihn Jesaja in Kapitel 53 vorhersagte, der Leidende und aus dem Leiden heraus siegreiche, nicht der militärische Eroberer, den damals nahezu alle Juden erhofften? Er, der Verbrecher, wagt das Bekenntnis und die Bitte. Ist Jesus der Messias, dann wird er in sein Königreich und mit seinem Königreich kommen. Jesus antwortet mit einem Wort, dessen Schlüssel sich bei diesem Propheten findet, Jesaja 51,3: „Denn der Herr hat Erbarmen mit Zion, er hat Erbarmen mit all seinen Ruinen. Seine Wüste macht er wie Eden (d. h. das Paradies), seine Öde wie den Garten des Herrn. Freude und Fröhlichkeit findet man dort, Lobpreis und den Klang von Liedern.“ Einen ganz ähnlichen Paradieses-Gedanken, der die Wirklichkeit der Verheißung und die Unbeschreibbarkeit des Vorgangs (und des Ortes) verbindet, finden wir auch im 2. Brief des Paulus an die Korinther (12,2–4).

Es gibt eine außerbiblische, frühchristliche Tradition, die diesem bereuenden Räuber nachspürte und seinen Herkunftsort festlegte: Auf der südlichen Seite der Straße zwischen Jerusalem und dem Mittelmeerhafen von Joppe/Jafo, gegenüber den Resten des spätantiken Nikopolis, das man lange für das Emmaus der Ostergeschichte hielt, liegt Latrun, heute der Sitz eines berühmten Zisterzienser-Klosters mit hervorragendem Weinanbau und einer evangelischen Begegnungsstätte. Latrun, das ist abgeleitet vom lateinischen „Domus (oder Casa) Boni Latronis", Heim des guten Räubers. Aus dem Genitiv „Latronis" wurde kurz „Latrun".

Jesus wendet sich nun zwei Menschen zu, die unter dem Kreuz stehen, seiner Mutter und dem Jünger, „den er lieb hatte". „Frau, siehe, dein Sohn", sagt er, und: „Siehe, deine Mutter." Das Plateau des Hügels von Golgatha, der sich innerhalb der mittelalterlichen Grabeskirche befindet, konnte von griechischen Archäologen und Architekturhistorikern rekonstruiert werden. Das ganze Gelände fiel nach allen Seiten ab, oben war tatsächlich kaum mehr Platz als für die drei Kreuze, von denen die Evangelien berichten. Eine größere Gruppe von Menschen, die neben Maria, dem Lieblingsjünger und weiteren Personen von Johannes ausdrücklich genannt wird, kann also nicht direkt am Kreuz gestanden haben. Das behauptet der Text auch nicht. Sie standen beim Kreuz unten am Hügel, etwa vier Meter tiefer und ungefähr ebenso weit entfernt. Gut sichtbar für den Gekreuzigten, und in unmittelbarer Hörweite. Was Jesus hier sagt, ist auf der einen Ebene das Zeichen einer Zuneigung, die noch im Augenblick des Sterbens der Mutter ihre Zukunft sichern will. Lange Zeit, vielleicht fast ein Jahr lang, seit seinem letzten Abschied aus Galiläa, und vielleicht sogar noch länger, hatte er Maria nicht mehr gesehen. Nun ist sie in Jerusalem, nicht als Mitglied seiner Anhängerschar, sondern wie so viele andere als Festpilgerin zu Pascha. Ihr Mann, Joseph, war wohl vor einiger Zeit verstorben. Die (Halb-)Geschwister, unter ihnen die beiden erst nach Ostern zum Anhängerkreis findenden Jakobus und Judas, sind nirgends zu sehen. Aber der Lieblingsjünger, der möglicherweise doch mit dem Evangelisten und Zebedäus-Sohn Johannes identisch ist, genießt das uneingeschränkte Vertrauen Jesu. Der Vorgang hat also nichts Geheimnisvolles. Immerhin unterstreicht er, wie wenig Jesus seine Mutter aufgegeben hatte. In Galiläa war es zur Trennung gekommen, es war nicht zu verbergen gewesen, daß die messianischen Hoffnungen der Menschen in Nazareth von Jesus nicht so erfüllt wurden, wie man es sich ausgemalt hatte. Die Mutter aber findet den Weg zum Kreuz des Sohnes, und er wendet sich ihr zu. Ihr Lebensabend soll sorglos sein – und diese Bemühung gilt selbstverständlich auch für die Zeit nach der Auferstehung, die ja an den Notwendigkeiten des täglichen Lebens für Maria nichts ändern wird. Halten wir es mit der Annahme, daß der Lieblingsjünger, der Evangelist und der Jünger Johannes ein und dieselbe Person sind, dann haben wir einen unabhängigen Zeugen für die Verantwortung, die auch andere ihm zutrauten: Paulus. In seinem Brief an die Galater schreibt er von den drei Säulen der Jerusalemer Urkirche: Jakobus, Petrus (Kephas) und Johannes. Und Paulus äußert hier nicht nur seine persönliche Meinung; er betont, daß die drei allgemein dieses Ansehen genießen.

Umrahmt von je drei Worten steht in der Mitte das einzige, das von zwei Evangelisten berichtet wird: „Eli, eli, lema sabachthani?“ (Markus 15,34; Matthäus 27,46). Rekonstruiert man die plausibelste Abfolge der sieben Worte, steht es wohl nicht zufällig in der Mitte. Nur dieses Wort wird in der aramäischen Ursprache überliefert, nur hier redet Jesus Gott nicht als Vater an – wie im ersten und letzten Wort –, sondern als Gott, als „El“. Diese, wenn man so will, feierliche Redeweise ist natürlich keine plötzliche Distanzierung von dem Gott, der nicht mehr Vater ist, weil er Jesus am Kreuz verließ. Man wußte immer schon, daß Jesus hier den 22. Psalm zitiert. Und der beginnt auf hebräisch und aramäisch mit „Eli“, der Anredeform: „Mein Gott, mein Gott ...“ Die Spötter, die so tun, als glaubten sie, Jesus wolle Elias anrufen (den als Vorläufer des Messias wiedererwarteten Propheten), haben das Wort bewußt nicht zu Ende gehört. Die meisten alten Handschriften des Markus-Evangeliums verändern die Anrede zu „Eloi“, wohl in der Absicht, den aramäischen Satz mit der klassisch-aramäischen Anredeform beginnen zu lassen. Wie wir heute wieder wissen, ist das nicht nötig: „Eli" kann auch in aramäischen Texten gebraucht werden. Der Targum des 22. Psalms, die erhaltene aramäische Fassung also, hat es so. Einig sind sich die beiden Evangelisten auch darin, daß Jesus eben nicht hebräisch spricht, sondern die Volkssprache benutzt. Mit anderen Worten, er zitiert den Psalm hier intimer, privater – so, wie man in den Familien untereinander sprach. Und das ist sicher nicht ohne Absicht, denn so holt er das Zitat aus der feierlichen Anredeform doch wieder in die Gemeinschaft mit seinem Vater hinein.

Nun mußte man damals nicht einen ganzen Psalm zitieren, um seinen Zuhörern deutlich zu machen, daß mit dem ersten Vers auch alles Folgende gemeint ist. Die Evangelien beschränken sich auf diesen ersten Vers, der auf alles weitere verwies, doch ist es keineswegs auszuschließen, daß Jesus nach einem ersten, lauten Ausruf den ganzen Psalm zu Ende betete. Auf jeden Fall wußte damals jeder, daß es weiterging nach dem einleitenden Teil, der von dem Gefühl tiefer Gottverlassenheit spricht. Schon die Verse 4 bis 6 erinnern daran, daß Gott jene nie verließ, die zu ihm schrien: „Du aber bist heilig, denn du thronst über den Lobgesängen Israels. Unsere Väter hofften auf dich, und als sie hofften, halfst du ihnen. Sie schrien zu dir und wurden errettet, sie hofften auf dich und wurden nicht zuschanden." Folgen wir der Dramaturgie des Psalms, dann kommt es gleich danach zu einem Rückschlag. Ich bin nicht wie diese Vorväter, klagt David, „ich bin ein Wurm und kein Mensch, ein Spott der Leute, vom Volk verachtet." Sicher, das konnte Jesus auf sich beziehen, und da war niemand in der Nähe des Kreuzes, der dem Psalmisten und dem Gekreuzigten widersprochen hätte. Sogar ein Spottwort des zweiten, reuelosen Verbrechers am Kreuz neben Jesus ist hier bei David bereits zu erahnen: „Er klage es dem Herrn, der helfe ihm heraus und rette ihn, wenn er Gefallen an ihm hat", rufen alle, die den verachteten Wurm David sehen, und der Verbrecher auf Golgatha sagt: „Bist du nicht der Messias (mitgedacht: der Nachfahre Davids)? Hilf dir selbst und uns!" (Lukas 23,39). Diese Herausforderung kommt auch von anderen: „Ach, du willst den Tempel niederreißen und in drei Tagen wieder aufbauen?“, wird ihm zugerufen – „Hilf dir doch selbst und steig herab vom Kreuz!“

Sogar „die Hohenpriester und die Schriftgelehrten“ schließen sich an: „Anderen hat er geholfen, sich selbst kann er nicht helfen. Der Messias, der König von Israel! Er soll doch jetzt herabsteigen, damit wir sehen und glauben“ (Markus 15,29–32). Noch deutlicher an Davids Psalm erinnert ein ergänzendes Hohepriester-Zitat bei Matthäus: „Er hat auf Gott vertraut, der soll ihn jetzt retten, wenn er an ihm Gefallen hat. Er hat doch gesagt: ‚Ich bin Gottes Sohn‘“ (Matthäus 27,43). An dieser Stelle kommt im Kreis um den Hohenpriester noch ein Motiv hinzu, das wir nicht übersehen dürfen: Die Herausforderung gehört zur Strategie des Kaiaphas, der sich nach allen Seiten absichern will – ganz so, wie wir es bereits bei den Grablegungsgewohneiten der Kaiaphas-Sitte in Talpiot sahen. Er war für sich zu dem Ergebnis gekommen, daß Jesus ein todeswürdiger Blasphemiker war, ein Pseudo-Messias, eine wachsende Gefahr für den delikaten Drahtseilakt, den er zwischen Juden und Römern absolvierte. Davon hatte er den Sanhedrin und den Präfekten überzeugt. Wenn Jesus aber nun doch der Messias Gottes war, dann müßte er jetzt vom Kreuz steigen und den messianischen Endkampf beginnen. Kaiaphas läßt nichts unversucht. Er provoziert ihn. Ist Jesus der Messias, dann wird sein Sieg aus der Todesverlorenheit um so großartiger sein. Kaiaphas kann gar nicht verlieren. So oder so steht er auf der Seite des Siegers. Doch Jesus steigt nicht vom Kreuz. Er gibt der menschlichen Versuchung nicht nach, so wie er ihr nicht nachgegeben hatte, als der fromme Jude Petrus mit dem Schwert in der Hand im Garten Gethsemane das Zeichen zur messianischen Schlacht geben wollte. Jesus geht – als ganzer Mensch, den wir im Credo ebenso ernsthaft bekennen wie den ganzen Gott – seinen Leidensweg zu Ende. So wird zwar der 22. Psalm, dessen ersten Vers er ausruft, in seinem Verlauf zum Triumphpsalm, aber das darf nicht daran vorbeiführen, daß er mit dem Ausruf einer tiefen Gottverlassenheit beginnt, in einem Augenblick entsetzlicher Leiden, vor den Qualen eines wirklichen Todes.

Der Psalm Davids spricht es dann auch noch einmal aus: „Sei nicht ferne von mir, denn Angst ist nahe; denn es gibt hier keinen Helfer“ (22,12). Und die Verse 15 bis 19 sind nicht schwer zu verstehen als eine davidische Beschreibung dessen, was Jesus durchmacht: „Ich bin ausgeschüttet wie Wasser, alle meine Knochen haben sich voneinander gelöst; mein Herz ist in meinem Leibe wie zerschmolzenes Wachs. Meine Kräfte sind vertrocknet wie eine Scherbe, und meine Zunge klebt mir am Gaumen, und du legst mich in des Todes Staub. Denn Hunde haben mich umgeben, und der Bösen Rotte hat mich umringt; sie haben meine Hände und Füße durchbohrt. Ich kann alle meine Knochen zählen; sie aber schauen zu und sehen auf mich herab. Sie teilen meine Kleider unter sich und werfen das Los um mein Gewand.“ Wer den Psalm mitdachte, nachdem Jesus den ersten Vers gesprochen hatte, wer vielleicht hörte, wie er, erschöpft nun und leiser, den ganzen Psalm zu Ende betete, mußte erschüttert sein von der ungeheuren Wirklichkeit des Geschehens: Hier erfüllte sich vor aller Augen ein Wort des messianischen Stammvaters.

Unter denen, die sich mit Spott aus ihrer Beklommenheit retten wollen, ist einer, der das davidische Wort von der Zunge, die am Gaumen klebt, zu ironisieren versucht: „Einer lief hin, tauchte einen Schwamm in Essig, steckte ihn auf einen Stock und gab Jesus zu trinken. Dabei sagte er: ‚Laßt uns doch sehen, ob Elia kommt und ihn herabnimmt‘“ (Markus 15,36). Gerade an dieser Stelle auswegloser Verzweiflung wendet sich im 22. Psalm das Blatt. David besinnt sich auf den rettenden Gott, der nicht nur für die Vorväter da war, sondern auch für ihn noch der lebendige Gott ist. „Aber du Herr, sei nicht ferne,“ betet der Psalmist, „meine Stärke, eile, mir zu helfen.“ Und er blickt, in der Gewißheit der Rettung, bereits voraus: „Ich will deinen Namen meinen Brüdern verkünden, ich will dich preisen inmitten der Versammlung.“ Aus dem Bekenntnis wird der Appell: „Preist den Herrn, die ihr ihn fürchtet, ehrt ihn, ihr alle vom Haus Jakobs, und erschauert alle vor ihm, ihr vom Haus Israels! Denn er hat das Elend des Armen weder verachtet noch verschmäht, und er verbarg sein Gesicht nicht vor ihm, und als er schrie, hörte er es.“ Jesus betet diesen Pslam, weil er auch dies für sich in Anspruch nimmt. So real das Leiden ist, so gegenwärtig das Gefühl der Gottverlassenheit, so unbeirrbar hält er fest an der Verheißung Davids: Gott wird ihn eben nicht der Verlassenheit übergeben. Ein Wort des Propheten Jesaja spricht von diesem Handeln Gottes: „Nur für eine kleine Weile habe ich dich verlassen, doch mit großem Erbarmen hole ich dich heim“ (Jesaja 54,7).

In großartiger Sprache folgt die messianische Prophetie. „Die Armen sollen essen und sich sättigen, den Herren sollen preisen, die ihn suchen, aufleben soll euer Herz für immer.“ Hatte nicht Jesus genau dies mit seiner eigenen Verheißung verbunden? „Wenn du ein Essen gibst, dann lade die Armen ein, die Krüppel, Lahmen und Blinden. Du wirst selig sein, denn sie können es dir nicht vergelten; es wird dir aber vergolten werden bei der Auferstehung der Gerechten“ (Lukas 14,13–14). Pries nicht der Samaritaner den Herrn, als er von Jesus geheilt war, weil er ihn gesucht und gefunden hatte, so wie die Prophetin Hanna, als sie das Kind Jesus als den erkannte, der er war (Lukas 17,11–19; 2,36–38)? Und hatte nicht Jesus seinen Jüngern versprochen, daß nach einer Zeit der Traurigkeit bei seiner Wiederkehr „euer Herz sich freuen wird, und eure Freude wird niemand von euch nehmen“ (Johannes 16,22)? Der Psalm Davids fährt fort: „Alle Enden der Erde sollen daran denken und werden umkehren zum Herrn: Vor ihm werden anbeten alle Stämme der Völker. Denn der Herr regiert als König, er herrscht über die Nationen. Vor ihm allein sollen niederfallen die Mächtigen der Erde, ihn allein werden anbeten alle, die in der Erde ruhen und ihr Leben nicht erhalten konnten.“ Das erkennen die Jünger wieder: In seiner Rede vom Wiederkommen des Menschensohns hatte Jesus es ihnen so gesagt: „Und dann wird er die Engel senden und wird seine Auserwählten sammeln aus allen vier Windrichtungen, vom Ende der Erde bis zum Ende des Himmels“ (Markus 12,27). Und später, vor der Himmelfahrt, beauftragt er die Jünger, an der Vorbereitung der Erfüllung des Psalmworts und seiner eigenen Zusage mitzuwirken: „Aber ihr werdet die Kraft des Heiligen Geistes empfangen und werdet meine Zeugen sein in Jerusalem und in ganz Judäa und Samarien und bis an die Grenzen der Erde“ (Apostelgeschichte 1,8). Auch im Gespräch mit der Samaritanerin, der Angehörigen eines Volkes, das von orthodoxen Juden nicht mehr als jüdisch angesehen wurde, hatte Jesus den Gedanken über das Judentum hinausgeführt: „Ihr betet an, was ihr nicht kennt, wir beten an, was wir kennen; denn das Heil kommt von den Juden. Aber die Stunde kommt, und sie ist schon da, zu der die wahren Beter den Vater anbeten werden im Geist und in der Wahrheit; denn so will der Vater angebetet werden“ (Johannes 4,23).

Der Höhepunkt des 22. Psalms, in dem für alle, die Jesus folgten, spätestens nach der Auferstehung zu erkennen war, wie sich aus dem Aufschrei des Anfangs der Sieg des Endes entwickelte, steht in den letzten beiden Versen: „Er wird Nachkommen haben, die ihm dienen; vom Herrn wird man erzählen einem künftigen Geschlecht. Sie werden kommen und seine Gerechtigkeit verkünden einem Volk, das noch geboren wird. Denn er hat es getan.“ Jesus, der diesen Psalm am Kreuz spricht, weiß, daß er in seiner Person, durch sein Wirken und Reden, alles getan hat, um durch seine Jünger den Weg zu bereiten; nach Ostern wird sich zeigen, wie sich die Prophetie Davids erfüllt.

Kein Zufall ist die enge Verwandtschaft des letzten Psalmworts „Denn er hat es getan“ mit dem vorletzten Wort am Kreuz, von dem Johannes berichtet: „Es ist vollbracht“ (Johannes 19,30). Johannes hatte in seiner Auswahl aus den letzten Worten nicht das Psalmzitat erwähnt, aber die menschliche Seite des Leidens durch eine emphatische Betonung von Psalm 22,16 hervorgehoben: „Mich dürstet“. Sehen wir alle sieben letzten Worte im Zusammenhang, dann ist es nun folgerichtig, daß Johannes, der Markus und Matthäus kannte, nur noch ein weiteres Wort vor dem Tod Jesu nennt: „Es ist vollbracht.“ Das heißt nicht nur, daß Jesus am Ende seines Weges am Kreuz angekommen ist, den Willen des Vaters erfüllt und das Heilswerk am Kreuz vollbracht hat. Es heißt eben auch, daß Jesus auf den Vater zurückverweist. Er, Gott, hat es getan und vollendet. Was christliche Theologie in den nachfolgenden Jahrzehnten und Jahrhunderten erläutert und bis heute den Gläubigen vermittelt, nämlich das Leiden des Gottessohnes für die Sünden der Menschheit, das ist in einem einzigen griechischen Wort des Johannes-Evangeliums zusammengefaßt: „Tetélestai“, es ist ans Ziel gebracht. Auch Psalm 22 ist in diesem Augenblick erfüllt und vollbracht. Der Tod Jesu am Kreuz ist der Sieg Gottes. „Vater, in deine Hände lege ich meinen Geist“, das siebte und abschließende Wort, dessen Überlieferung wir Lukas verdanken, schließt den Kreis. Auch dies ist ein Zitat aus einem Psalm Davids (Psalm 31,6), eng verwandt mit dem 22. Psalm. Es ist ein Psalm, der ähnlich wie der 22. in die messianische Zukunft blickt. So endet er: „Ich aber dachte in meiner Angst: Ich bin aus deiner Nähe verstoßen. Doch du hast mein lautes Flehen gehört, als ich zu dir um Hilfe rief. Liebt den Herrn, all seine Frommen! Seine Getreuen behütet der Herr, doch den Hochmütigen vergilt er ihr Tun mit vollem Maß. Euer Herz sei stark und unverzagt, ihr alle, die ihr wartet auf den Herrn.“

Noch einmal: Jesus leidet und stirbt als frommer Jude. Die sieben letzte Worte stehen als historisches Zeugnis für dieses Sterben. Jedes der Worte weist über sich hinaus. Jedes hat eine uralte jüdische, eine messianische und eine für die kommenden Generationen der Christen heilsgeschichtliche Bedeutung. Wir verringern ihre Bedeutung, wenn wir das nicht im Blick behalten, aber wir verringern sie auch, wenn wir nicht zur Kenntnis nehmen, daß sie keine Erfindung späterer Generationen sind, sondern bezeugte Worte des Gekreuzigten. Schon zwei Tage später, nach der Auferstehung, wird der Kreis geschlossen.

Jesus und der dritte Tag. Die Auferstehung und ihre Folgen

Eine der noch immer interessanten Aufgaben der heutigen Forschung klingt in den Ohren derer, die an eine wirkliche, leibliche Auferstehung Jesu gar nicht glauben wollen, sicher eigenartig: Lassen sich Orte, an denen Jesus seinen Gegnern erschien (also seinem eigenen Halbbruder Jakobus und dem Pharisäer Sha'ul/Paulus), den Hoffnungslosen, Verzweifelten (also seinen Jüngern und deren Umkreis) und größeren Menschenmengen (den „fünfhundert auf einmal", von denen Paulus in 1. Korinther 15,6 berichtet), vielleicht sogar lokalisieren? In den meisten Fällen fehlen Ortsangaben, oder sie wurden später aus anderen Quellen ergänzt, die möglicherweise noch von der ersten Generation der Zeugen weitergegeben worden waren (beispielsweise die Tradition zum Obergemach auf dem Zionsberg oder zur Landungsstelle am See Genezareth usw.). Doch in einem Fall ist die Angabe sehr genau – in dem einen Auferstehungsereignis, von dem Lukas berichtet: Es handelt sich um Emmaus, das „Dorf" (griechisch „kômê"), in dem Kleopas und sein namentlich ungenannter Begleiter zu Hause waren und in das sie am Ostersonntag aus Jerusalem zurückkehrten. Lukas schrieb für Zeitgenossen, die seine Angaben aus ihrer Erfahrung überprüfen konnten. Es ist also bis zum Beweis des Gegenteils anzunehmen, daß sowohl Lukas als auch seine Leser wußten, wo Emmaus lag und wie weit es von Jerusalem entfernt war. Dennoch ist seit mindestens 1500 Jahren der genaue Ort des neutestamentlichen Emmaus umstritten. Es gibt spätestens seit dem Mittelalter mindestens drei Kandidaten: Im vierten Jahrhundert entschied sich die byzantinische Kirche für Nikopolis gegenüber von Latrun, in der Kreuzfahrerzeit wählten die Hospitaliter (die späteren Johanniter/Malteser) Abu Gosh bei Qirjat Jearim, und im 15. Jahrhundert kam durch die Franziskaner noch El Qubeibe zwischen Jerusalem und Ramallah hinzu. Schließlich wurde ab dem Ende des 20. Jahrhunderts ein vierter Ort zunehmend favorisiert: Qualoniyye bei Moza. Welchen Ort meinte Lukas, und was erfahren wir bei der Beantwortung dieser Frage über die Bezeugung der Auferstehung?

Unterwegs nach Emmaus, so lesen wir bei Lukas (24,13–35), gesellte sich der auferstandene Jesus zu den beiden Jüngern, der mit ihnen sprach, den sie aber erst erkannten, als er bei ihnen zu Hause einkehrte und vor ihnen das Brot brach. Mit der Nachricht von der Begegnung mit dem Auferstandenen kehrten sie unmittelbar anschließend nach Jerusalem zurück, wo sie andere Anhänger Jesu noch wach und voller eigener Neuigkeiten antrafen. Dieser Handlungsablauf führt zu einigen unabdingbaren Schlußfolgerungen:

1) Der Ort muß in Fußwegentfernung von Jerusalem liegen, und zwar so nah, daß man von dort nach dem Abendessen noch vor Einbruch der Nachtruhe nach Jerusalem zurückkehren kann. Das wird nicht zuletzt von Lukas selbst unterstrichen, indem er die Entfernung mitteilt: „sechzig Stadien". Leser von Übersetzungen werden hier ein wenig allein gelassen: Unter neueren deutschen Übersetzungen hat die Einheitsübersetzung korrekt „sechzig Stadien". In der revidierten Luther-Übersetzung (1984) lesen wir dagegen statt der sechzig Stadien „etwa zwei Wegstunden". Eine solche Ungenauigkeit stellt den Revisoren der Luther-Bibel kein gutes Zeugnis aus. Luther selbst schrieb jedenfalls noch korrekt „sechzig Feldwegs weit" (Übersetzung letzter Hand, gedruckt Wittenberg 1543). Ein tatsächliches Problem liegt in der Bestimmung der Maßeinheit. Dachte Lukas an ein römisches Stadion? Das ist wahrscheinlich, da die Meilensteine auf den Straßen in der römischen Provinz Palästina der römischen Meile von acht Stadien zu je 185 m folgten. Eine Meile hatte folglich 1480 m, also knapp 1,5 km. Sechzig Stadien waren demnach 11100 m bzw. 11,1 km. Sollte Lukas jedoch in einem noch stärker griechisch geprägten Kulturraum geschrieben haben, z. B. in Antiochia, hätte er ebenso gut an das griechische Stadion denken können. Es bestand aus 600 Fuß, wobei allerdings die Länge eines Fußes nicht genau festgelegt war. Bekannt ist z. B. die Länge von 296 mm, was ein Stadion von 177,6 m ergibt und damit bei sechzig Stadien eine

Entfernung von nur 10,7 km. Vierhundert Meter Unterschied scheinen auf den ersten Blick nicht viel zu sein, aber die Unsicherheit wächst, wenn wir uns eingestehen, daß wir nicht mehr genau wissen, wo in Jerusalem der Ausgangspunkt der Messung oder Schätzung war: Auf dem Südwesthügel, wo die Urgemeinde lebte, oder erst am Westtor, also an der Stadtgrenze? Zwischen beiden liegen gut 500 m, oder anders gesagt, ein halber Kilometer, und das bedeutet zusammengenommen eine Schwankung von bis zu einem knappen Kilometer zwischen den beiden Möglichkeiten, die tatsächliche Wegstrecke zwischen Jerusalem und Emmaus zu ermitteln. Was das im einzelnen bedeutet, werden wir noch sehen.

2) Der Ort muß in der ersten Hälfte des ersten Jahrhunderts nachweislich Emmaus geheißen haben. Dies ist eine Selbstverständlichkeit, die gleichwohl von den Befürwortern zweier „Emmaus"-Kandidaten lange übersehen wurde und auch wegen unterschiedlicher griechischer bzw. hebräischer oder aramäischer Schreibweisen zu Mißverständnissen führte.

Zwei der Orte, die in Reiseführern und in der älteren fachwissenschaftlichen Literatur als mögliches Emmaus genannt werden, scheiden schon deswegen aus, weil sie im 1. Jahrhundert nicht so hießen. Nennen wir zuerst die jüngste Zuschreibung aus dem Mittelalter, jene von El Qubeibe, 15 km südsüdwestlich von Ramallah und 12 km nordnordwestlich von Jerusalem, im Gebiet der heutigen palästinensischen Autonomiebehörde. Die Entfernung von rund sechzig Stadien erscheint verblüffend genau zu passen. Kreuzfahrer siedelten dort im 12. Jahrhundert, an einer Stelle, die einen weiten strategischen Blick über das Umland bis zum Mittelmeer ermöglicht. Auch Römer hatten dort schon gebaut, und Reste eines römisches Hauses aus dem 2. Jahrhundert werden Besuchern im Bereich der von Franziskanern errichteten Kirche noch heute gezeigt. Der arabische Name El Qubeibe heißt soviel wie „kleine Kuppel", nach einem muslimischen Heiligtum des 8. oder 9. Jahrhunderts. Die Kreuzfahrer ahnten hier noch nichts von einer Emmaus-Tradition, sie nannten den Ort aufgrund seiner muslimischen Geschichte „Parva Mahomeria" (wohl soviel wie „kleine Mohammed-Stätte“). Erst die Franziskaner, die mit muslimischer Genehmigung lange nach dem Ende der Kreuzfahrerzeit christliche Orte im Heiligen Land restaurieren und bauen konnten und vom Papst mit der Kustodie über das Heilige Land belehnt wurden, wählten diesen Ort, der auf der Landkarte in der richtigen Entfernung zu Jerusalem lag. Das Emmaus der Kreuzfahrer, Abu Gosh, war ihnen nicht zugänglich, da die Mamelucken hier in den alten Bauten eine Karawanserei und eine Moschee eingerichtet hatten; ob sie von der dortigen Emmaus-Tradition wußten, ist nicht klar. Das Emmaus der Byzantiner, Nikopolis gegenüber von Latrun, lehnten sie ab, da die Entfernung von 176 statt 60 Stadien, also 32,6 km, mit ihren Bibelhandschriften nicht übereinstimmte. Die für El Qubeibe richtige Entfernung – ganz genau stimmt auch sie nicht, denn El Qubeibe liegt 65 römische Stadien von Jerusalem – ist allerdings nach heutigem Kenntnisstand das einzige Argument zugunsten dieser Ortswahl.

Das Emmaus der Kreuzfahrer wurde von ihnen Fontenoid genannt und lag im heutigen Abu Gosh, an der Straße zwischen Jerusalem und dem Hafen von Joppe/Jaffa. Der Ort heißt erst seit dem frühen 19. Jahrhundert so, es ist der Name eines Räuberhauptmanns, der dort als eine Art Robin Hood der Türkenzeit residierte. Traditionell hieß der Ort arabisch „Qaryet el-Enab“, die Verballhornung des hebräischen „Qirjat-Jearim“, wo die Bundeslade 20 Jahre lang lagerte, ehe sie nach Jerusalem gebracht wurde (1. Samuel 7,2; 2. Samuel 6,1–12). Die davidische Siedlung lag auf dem Hügel, erst im 1. nachchristlichen Jahrhundert gab es unten im Tal nahe der Straße, bei der alten Quelle, eine Ansiedlung. Hier ließ sich auch eine Abteilung der 10. römischen Legion „Fretensis“ nieder, jene, die Qumran und Jerusalem erobert hatte. Eine ihrer Inschriften ist noch heute neben dem unteren Eingang zur Kreuzfahrerkirche in die Wand eingelassen. Die Araber errichteten hier im 9. Jahrhundert eine Karawanserei, und die Kreuzfahrer bauten an der strategisch günstigen Stelle mit ihrer Quelle ebenfalls eine Raststätte. Möglicherweise hat diese bis in die Römerzeit zurückgehende Ortstradition auch dazu beigetragen, daß sie Qaryet el-Enab/Qirjat-

Jearim zu ihrem Emmaus machten. Jedenfalls stimmte mit etwas gutem Willen sogar die Entfernung der 60 Stadien ungefähr – genaugenommen sind es 83 Stadien, rund 15,4 km. Als die Hospitaliter hier um 1128 ihre Kirche, ein Hospiz und ein Hospital errichteten, machten sie jedenfalls den Ort zu ihrem Emmaus, nachdem sie die ihnen bekannte ältere byzantinische Tradition von Emmaus-Nikopolis, bzw. arabisch „Amwas", das gegenüber ihrer Festung „Toron des Chevaliers" bei Latrun lag, aufgrund der falschen Entfernung von 176 Stadien nicht wiederbelebt hatten. Kaum ein Jerusalem-Pilger ließ den Ort aus, auch Franziskus von Assisi betete hier. Obwohl Abu Gosh immerhin eine Quelle besitzt, die noch heute unter der Krypta zu sehen ist – nach einer verbreiteten Etymologie heißt „Emmaus", vom hebräischen „Cham", soviel wie „warme Quelle" –, kommt es wie El Qubeibe nicht in Frage: Zu keinem Zeitpunkt im 1. Jahrhundert, davor oder danach, hieß dieser Ort Emmaus, und nie vor der Kreuzfahrerzeit wurde diese Lokalität mit dem Emmaus des Lukas in Verbindung gebracht. Selbst wenn es nicht das neutestamentliche Emmaus ist, lohnt allerdings auch das heutige Abu Gosh jeden Besuch. Die Kirche vermittelt einen der Höhepunkte der Kreuzfahrerarchitektur im Heiligen Land – nur Akko und Santa Anna in Jerusalem kommen dem nahe –, mit einer einzigartigen Akustik und erst vor kurzem hervorragend restaurierten Fresken aus dem frühen 12. Jahrhundert.

Älter als die Traditionen von El Qubeibe und Abu Gosh ist jene des dritten und heute noch immer von einigen Forschern verteidigten Kandidaten, Nikopolis. Dafür gibt es einen guten Grund: Dieser Ort hieß seit Urzeiten tatsächlich Emmaus. Schon die Makkabäer fochten hier siegreiche Schlachten (vgl. 1. Makkabäer 3,38–4,15; 9,50). Auch Flavius Josephus erwähnt den Ort namentlich und erzählt seine Geschichte (Jüdischer Krieg 1,218–222; 2,60–65; 4,444). Noch die Mischna weiß von diesem Emmaus (M. Kerithoth 3,7) und läßt vermuten, daß zur Zeit der Bar-Kochba-Revolte der berühmte Rabbi Akiba dort gelebt habe. Erst seit der Zeit des christlichen Diplomaten und Gelehrten Julius Sextus Africanus, der hier wohnte und im Jahre 221 n. Chr. bei Kaiser Heliogabalus (Elgabal) den Antrag auf Umbenennung zur „Stadt des Sieges“, griechisch „Nikopolis“, stellte, erhielt der Ort seinen neuen Namen. „Latrun“ kam – wir sahen es bereits – erst auf, als sich die Legende entwikkelte, daß in dieser Gegend, auf der anderen, der südlichen Seite der Landverbindung zwischen Jerusalem und dem Mittelmeer, der bereuende Räuber gelebt hatte, dem Christus am Kreuz das Paradies versprach (Lukas 23,40–43); aus dem „Haus des guten Räubers“, lateinisch „Domus boni latronis“, wurde kurz „Latrun“. Julius Africanus kann allerdings kaum – wie gelegentlich noch vermutet wird – der erste namentlich bekannte Christ gewesen sein, der dieses Emmaus für das Emmaus des Lukas-Evangeliums hielt. Denn abgesehen davon, daß es dafür keine Belege gibt, ist zu bedenken, daß gerade er es war, der durch seinen erfolgreichen Umbenennungsantrag den historischen Namen verschwinden ließ.

So mußte Euseb von Caesarea, der älteste Autor, dem wir eine präzise Angabe verdanken, in seinem um 295 n. Chr. verfaßten „Onomastikon“ (90,15–17) ausdrücklich erläutern, daß Nikopolis eigentlich doch „das Emmaus ist, aus dem Kleopas stammte, der von Lukas erwähnt wird“. Seit Euseb hielt sich diese Identifizierung bis ins 7. Jahrhundert. Um 638 wurde die Stadt von einer vernichtenden Pest heimgesucht, im nachfolgenden, spärlichen Wiederaufbau durch die Muslime blieb von der Emmaus-Tradition nichts übrig, und als schließlich 1099 die Kreuzfahrer kamen, mag es noch dunkle Erinnerungen gegeben haben, auch den arabischen Ortsnamen „Amwas/Imwas“, aber jedenfalls keine feste Ortstradition. Die Kreuzfahrer sahen in ihren Bibeln nach, stellten fest, daß die Entfernung von und nach Jerusalem nicht stimmen konnte, suchten sich, wie wir sahen, ein neues Emmaus und fanden es bei Qirjat-Jearim. Die Kreuzritter bauten allerdings auch hier in Nikopolis: Die Reste ihrer Kirche sind noch heute innerhalb der byzantinischen Kirchenruine des frühen 5. Jahrhunderts deutlich zu erkennen. Sie bauten auch auf der anderen Seite der Straße, beim heutigen Latrun, und nannten ihre Festung „Toron des Chevaliers“. Doch all dies geschah aufgrund der immensen strategischen Bedeutung der Lage, die noch im Unabhängigkeitskrieg Israels 1948 zu einer mitentscheidenden Schlacht führte, an die heute eine Panzerbrigaden-Gedenkstätte erinnert. Nikopolis-Latrun ist also in der Tat ein Gebiet größter historischer Bedeutung. Die Reste zweier byzantinischer Kirchen mit einem frühen Baptisterium, und die noch ganz frische Entdeckung einer römischen Grabanlage, die vorerst in das 1. Jahrhundert datiert wurde (allerdings nach neueren Untersuchungen wohl doch erst aus dem 5. Jh. stammt), die römische Badeanlage im Bereich des ehemaligen arabischen Dorfs Amwas/Imwas, das den Ortsnamen noch bewahrt, der archäologische „Aijalon"-Park, und, auf der westlichen Straßenseite, das Militärmuseum sowie das Kloster von Latrun und die Begegnungsstätte der „Jesusbruderschaft" unweit der Kreuzfahrerruinen von „Toron" lohnen jeden Umweg. Auch wenn sie nicht das Emmaus des Lukas-Evangeliums ist, hat diese Stätte bleibende Bedeutung, nicht nur als das Emmaus der Makkabäer und der Mischna. Die christliche Tradition bleibt ihr ebenso unbenommen, wie das in Jerusalem für die Via Dolorosa gilt, die heute kein Historiker mehr für den tatsächlichen Leidensweg Jesu hält (bis auf die letzten Stationen vor und in der Grabeskirche), und die dennoch zu Recht ein Weg der Erinnerung und des Pilgergebets bleibt. Nur eines kann dieser Ort auf keinen Fall sein: das Emmaus des Lukas-Evangeliums.

Denn hier muß mit Nachdruck auf das erste der eingangs erwähnten Kriterien verwiesen werden, das Kriterium der Entfernung, auf das gestützt sich bereits die Kreuzfahrer und die Franziskaner geweigert hatten, Emmaus bei Nikopolis zu lokalisieren. Noch einmal: Nikopolis-Latrun liegt 176 Stadien, d. h. 32,6 km, von Jerusalem entfernt. Das kann man als normaler Wanderer in gut sechs Stunden schaffen, sicher auch schneller, wenn man trainiert und in Eile ist und unterwegs keine Gespräche führt. Für die einfache Wegstrecke mag das also noch akzeptabel sein, aber die beiden Emmaus-Jünger kehrten abends, nach dem Essen, noch einmal zurück. Das ergibt zusammen gut 65 km, und der Rückweg führt im wesentlichen bergauf. Es ist nur für Schreibtischforscher vorstellbar, daß die Emmaus-Jünger das bewältigten und dann auch noch so rechtzeitig wieder in Jerusalem eintrafen, daß sie dort andere hellwach antrafen.

Die immer wieder zu lesende Behauptung, eine solche Marschleistung sei – wohlgemerkt innerhalb des von Lukas vorausgesetzten zeitlichen Ablaufs – durchaus glaubhaft, ist Unsinn. Um es präzise zu sagen: Selbst für durchtrainierte römische Soldaten mit leichtem Gepäck betrug die Obergrenze für die tägliche Marschleistung rund 30 km. Natürlich konnte das in Ausnahmefällen auch überboten werden. Der jüdisch-römische Historiker Josephus traut erprobten Reisenden sogar einen Tagesdurchschnitt von 40 km bei einem dreitägigen Eilmarsch zu (Vita 269–270). Aber auch 40 km sind nun einmal nicht 65 km, deren zweite Hälfte immerhin noch in dunkler Nacht und meist bergauf zurückzulegen gewesen wäre. Und da wir die Beschreibung des Lukas von Anfang an in ihrer Rahmenhandlung historisch ernst nehmen müssen, kommt erschwerend hinzu, daß die beiden Jünger die zweiten, nächtlichen 32,6 km ohne nennenswerte Erholungspause mit leerem Magen zurückgelegt hätten – denn sie brechen bekanntlich sofort auf, nachdem sie den Auferstandenen erkannt hatten (Lukas 24,33). Natürlich wären sie erst recht nicht zu einem nächtlichen Gewaltmarsch von über 30 km aufgebrochen, wenn sie eben erst gegessen hätten. In einem Wort: Dieses Emmaus kann Lukas in der Tat keineswegs gemeint haben.

Daran ändert auch nichts, daß frühbyzantinische Schreiber dem Lukas-Evangelium ein wenig nachhelfen wollten und aus den 60 Stadien der Papyri zu Lukas 24,13 mit einer kleinen Operation 160 Stadien machten: „hexêkonta" (sechzig) wurde zu „hekaton hexêkonta", 160. Es handelt sich wohl um den Versuch, die Entscheidung der byzantinischen Kirche zugunsten des gut ausgebauten, als feudale römische Stadt mit allen Annehmlichkeiten versehenen Nikopolis durch handschriftliche „Belege" abzusichern. Wenn wir, wie in einem Experiment, den umgekehrten Fall durchspielen, dann müßten wir annehmen, aus ursprünglichen 160 seien später 60 gemacht worden. Dabei wird schnell klar, daß dies aus historischen Gründen auszuschließen ist: Um 71 n. Chr. verschwand der Name „Emmaus" für den einzigen anderen Ort, der im 1. Jahrhundert so hieß und der tatsächlich nahe bei Jerusalem lag, aus dem Bewußtsein der

Menschen – und zwar dank der Veteranenkolonie Kaiser Vespasians, die „Emmaus" durch den römischen Namen „Colonia" und dessen aramäische sowie später arabische Ableitungen ersetzte (Qelonija, Qualoniyye). Nur der jüdisch-römische Historiker Josephus bewahrt rund zwanzig Jahre später in seinem „Jüdischen Krieg" noch den alten Namen. Denn er erklärt, daß die Kolonie einst „Emmaus" hieß (dazu gleich noch mehr). Als die älteste uns erhaltene Papyrus-Handschrift des Lukas-Evangeliums, der um die Zeit des Julius Africanus geschriebene P75, „60 Stadien" nennt, gab es den Ort „Emmaus" eben nicht mehr, und folglich auch keine Verehrung dieser Stätte als Schauplatz des Ereignisses. So gab es auch keinen Anlaß, aus angeblich ursprünglichen „160" um diese Zeit „60" zu machen. Anders gesagt: Der Schreiber hatte keinen anderen Grund, „60" zu schreiben, als diesen: Die beharrende Tradition seit frühester Zeit hatte stets an dieser Entfernungsangabe festgehalten, weil man immer wußte, daß Emmaus bei Jerusalem gelegen hatte und nicht 32,6 km entfernt. Jedenfalls sind alle Handschriften, die 160 Stadien nennen (was genaugenommen 16 Stadien zu wenig sind, sich aber als Eingriff in den Text besser macht), später als die ältesten erhaltenen Kirchenväter-Äußerungen, die Nikopolis das Emmaus des Lukas nennen. Aus der Sicht des klassischen Philologen und des Althistorikers besteht folglich kein begründeter Zweifel daran, daß Lukas von 60 Stadien schrieb, und es ist ebenso unbezweifelbar, daß die Emmaus-Jünger im vorgegebenen Zeitrahmen nicht nach Nikopolis und zurück gegangen sein können. Damit scheidet Nikopolis-Latrun auch aus dieser Sicht als das Emmaus des Lukas aus.

Wen dieses Ergebnis bei der Suche nach dem tatsächlichen Ort der Begegnung mit dem auferstandenen Jesus dennoch nicht befriedigt, der sei daran erinnert, daß sowohl Lukas als auch der Verfasser des langen Markus-Schlusses (Markus 16,12), der um 120 n. Chr. entstand, ihr Emmaus ausdrücklich als dörflich-ländlich bezeichnen, während Emmaus-Nikopolis schon vor der fraglichen Epoche eine Bezirkshauptstadt war, den Rang einer Stadt auch nach Zerstörungen im Bewußtsein der Menschen behielt und dann später in diesem

Sinne zur Zeit des Julius Africanus ausdrücklich den Status der Stadt, „Polis“ (Nikopolis), bestätigt erhielt. Man kann daher durchaus annehmen, daß angesichts dieser wohlbekannten makkabäischen und römischen Stadt namens Emmaus das Lukas-Evangelium und der lange Markus-Schluß eine Verwechslung ausschließen wollten, indem sie das Emmaus der Jünger ausdrücklich als Dorf bzw. ländliche Ansiedlung bezeichneten.

Wenn weder Nikopolis, noch Abu Gosh oder El Qubeibe als das Emmaus des Lukas-Evangeliums übrig bleiben, folgt dann, daß der historische Ort kein anderer als Colonia bei Moza sein kann? Was meinten Lukas und der lange Markus-Schluß? Soviel sahen wir bereits: Das Gebiet von Moza war spätestens seit Josephus als ein weiteres Emmaus bekannt, und es hatte den entscheidenden doppelten Vorteil, nicht nur bereits vor der Zerstörung Jerusalems im Jahre 70 n. Chr. Emmaus zu heißen: es lag auch in einer Entfernung zu Jerusalem, die der im Bericht des Lukas nahekam. Im „Jüdischen Krieg“ (7,217) schreibt Josephus: „Nur 800 verschiedenen Angehörigen des Heeres gab er (der Kaiser Vespasian) einen Siedlungsraum, der Emmaus hieß und 30 Stadien von Jerusalem entfernt war.“ Für „Emmaus“ steht im griechischen Text des Josephus „Ammaous“. Man hat vermutet, daß hier der Ortsname vom bereits in Josua 18,26 erwähnten Siedlungsgebiet der Benjaminiten, dem noch heute so genannten Bereich von Moza, abgleitet wurde. Moza konnte mit dem bestimmten Artikel aus ha-Moza/Hammoza gut zu (H)amosa und schließlich zum Ammaous-Emmaus des Josephus werden – und das ist sicher leichter nachzuvollziehen als die Herkunft der anderen Namensform, bei der „Emmaus“ aus „Cham“ abgeleitet wurde. Schon der Talmud setzt dieses Emmaus mit Moza und mit der Veteranen-Kolonie des Vespasian gleich und nennt den Ort „kelonija“, was zweifelsfrei vom lateinischen „colonia“ abgeleitet ist. Diese Namenstradition blieb bis 1948 im arabischen Ortsnamen „Qaloniyye“ erhalten. Schon diese Traditionen sind eindeutig. Dieser Ort ist nun aber über jeden Zweifel auch archäologisch gesichert. Während einer Notgrabung unmittelbar vor Ausbruch des Jom-Kippur-Krieges 1973 wurden nordwestlich der heutigen Straßenbrücke von

Moza Bauspuren aus der Zeit der Veteranen-Kolonie entdeckt. Unter den Kleinfunden befand sich eine Münze Vespasians aus dem Jahre 72 n. Chr. Von diesen Ausgrabungen des israelischen Archäologen Emanuel Eisenberg ist heute nur noch der Rest einer römischen Stützmauer zu sehen: Im Zuge von militärischen Straßensicherungsmaßnahmen während des Jom-Kippur-Krieges wurde alles andere ohne archäologische Genehmigung zugeschüttet. Neue Grabungen östlich des Gebiets unmittelbar an der Brücke ergaben im Frühjahr 2001 nur noch spätere römische Bauspuren aus dem 2. Jahrhundert.

Kann nun das Emmaus-Colonia des Josephus mit dem Emmaus des Lukas gleichgesetzt werden? Diese Auffassung ist nicht neu. Unter Archäologen und Historikern der Gegenwart wird sie immer häufiger vertreten. Tatsächlich gibt es keine Alternative: Abu Gosh und El Qubeibe scheiden aus, nicht zuletzt, weil sie zur Zeit des Lukas nicht Emmaus hießen, Nikopolis scheidet aus, obwohl es zu dieser Zeit so hieß, weil es zu weit entfernt war und eine Stadt, nicht aber ein Dorf auf dem Land – und weitere Kandidaten, die im 1. Jahrhundert Emmaus hießen sowie in Fußwegentfernung von Jerusalem lagen, gibt es nicht. Das Emmaus-Colonia-Moza des Josephus – und des Talmud als etwas späterer jüdischer Quelle, die Josephus bestätigt – bietet nur ein Problem: Josephus spricht von 30 Stadien Entfernung, Lukas dagegen von 60 Stadien. Manche Forscher sehen darin allerdings keine Schwierigkeit: Nach antikem Erzählgestus habe Lukas für seine Geschichte, die an ihren Ausgangspunkt – Jerusalem – zurückkehrt, den Hin- und Rückweg, also die Gesamtwegstrecke, zusammengenommen. So werden aus 30 Stadien natürlich 60. Man kann allerdings auch genau in der Landschaft nachmessen, entlang der Trasse des alten Römerweges. Dabei stellt sich heraus, daß die tatsächliche Strecke (mit einem kleinen Spielraum je nach exaktem Ausgangs- und Zielpunkt) rund 44 Stadien beträgt. Josephus hatte sich nach unten, Lukas sich nach oben verschätzt. Die Genauigkeit liegt präzise in der Mitte zwischen beiden. Man darf das als Lösung akzeptieren, zumal wir sogar bei Ortskundigen bis heute feststellen können, daß eine exakte Entfernungskenntnis nicht immer gegeben ist. Wenn wir beispielsweise unter gebildeten Berlinern heute fragten, wie weit Berlin von Potsdam entfernt ist, bekämen wir die unterschiedlichsten Antworten; der eine oder andere würde zurückfragen, welche Stellen Berlins und Potsdams denn Ausgangs- und Endpunkt der Schätzung sein sollen. Auch im Fall von Abu Gosh sahen wir, daß die Kreuzfahrer sich um über 20 Stadien irrten bzw. die Abweichung bei ihrer Ortswahl in Kauf nahmen, ohne darin ein Problem zu sehen. Und auch die „verschlimmbesserten" Lukas-Handschriften liegen mit ihren 160 Stadien noch immer ganze 16 Stadien unter der tatsächlichen Entfernung zwischen Jerusalem und Nikopolis. Jedenfalls ist auch bei einem der Genauigkeit verpflichteten Historiker wie Lukas ebensowenig wie bei seinem jüngeren Kollegen Josephus vorauszusetzen oder zu erwarten, daß sie ihre Entfernungsangaben mit Hilfe von Generalstabskarten und Meßrädchen machten.

Trotz neuerer Forschungen zu den Römerstraßen von und nach Jerusalem ist sicher auch im Fall von Emmaus-Colonia-Moza noch nicht jedes Detail geklärt. Wir wissen eben nicht mit Sicherheit, welche Stellen Ausgangs- und Zielpunkt waren. Was heißt „Jerusalem"? Das Gebiet des Tempelbergs, oder eines der Stadttore, und falls letzteres, welches – das „Jaffa"-Tor? Und was meint „Emmaus"? Das archäologisch gesicherte „Colonia" unweit der heutigen Brücke, also näher an Jerusalem, oder der westlich davon gelegene ältere Bereich, der bis in die Bronzezeit zurückreicht? Entscheidet man sich für den älteren Bereich und für das West-Tor, ergeben sich fast genau 44 Stadien und bei zügigem Tempo eine Wegdauer von einer Stunde und 35 Minuten in beiden Richtungen. Die auf den ersten Blick erstaunlich identische Wegzeit liegt an der auf dieser Strecke sich ausgleichenden Steigung und Neigung. Der leichte Anstieg zwischen der Jaffa Street und Givat Sha'ul entspricht dem leichten Abstieg von dort nach Emmaus; auf dem Rückweg verhält es sich entsprechend umgekehrt. Erst hinter Emmaus, bei Abu Gosh, beginnt die steile Senkung bis hinunter nach Nikopolis, die bei einem Rückweg zur unangenehm steilen Steigung wird. So bestätigt auch diese Überprüfung die Untersuchung der literarischen Quellen: Emmaus-Colonia-Moza ist ohne Alternative das Emmaus des Lukas und des Josephus. Es ist der einzige Ort in Fußwegentfernung von Jerusalem, der zur Zeit der Lukas-Geschichte nachweislich Emmaus hieß.

Trägt diese Ermittlung zu einem tieferen Verständnis der Auferstehungsbegegnung bei? Daß Lukas wußte, was er schrieb, und daß es sein Emmaus tatsächlich gab, das wissen wir nun. Um mehr zu erfahren, müssen wir noch einen Blick auf die archäologischen Funde werfen. Der Autor dieses Buchs kann sich dazu aus eigener Anschauung äußern, denn er ist Ko-Direktor der seit 2001 laufenden Ausgrabung von Emmaus-Colonia bei Moza.

Die gemeinsam von der STH Basel und der Israelischen Antikenbehörde in Jerusalem durchgeführte, fortdauernde Ausgrabung untersucht die Siedlungsentwicklungen in diesem Gebiet und schließt eine archäologische Lücke. Denn sie weist Siedlungsspuren aus der Spätzeit des Zweiten Tempels nach, also aus einer Zeit, die in der Archäologie häufig auch als herodianische Epoche bezeichnet wird, womit die einhundert Jahre von Kaiser Augustus ab 30 v. Chr. bis zur Zerstörung des Tempels 70 n. Chr. gemeint sind. Von der frühen Bronzezeit bis heute sind alle Siedlungsepochen im Bereich von Moza, bis hinauf in den heutigen Ort Mevasseret Zion, archäologisch belegt. Auch byzantinische Bauspuren wurden jüngst entdeckt, u. a. ein größeres Haus und eine Weinpresse. Doch für die Spätzeit des Zweiten Tempels, also die Epoche, in die auch das Emmaus des Lukas und des Josephus gehört, gibt es oben in den Terrassen keinerlei Hinweise. Es scheint, daß die Besiedlung zu dieser Zeit in das untere Tal gewandert war, dort wo das wasserführende Bett des Nachal Sorek verläuft. Doch bis zum Beginn unserer Ausgrabungen konnte diese Epoche unten neben der heutigen Autobahn Jerusalem-Tel Aviv nicht nachgewiesen werden. Eine gewisse Ausnahme waren die oben bereits kurz erwähnten Siedlungsspuren aus der römisch-herodianischen Zeit, die mit der Veteranenkolonie Vespasians zusammenhängen, zum Teil aber auch schon aus der Zeit vor der Zerstörung Jerusalems stammen könnten, als man unter Herodes dem Großen hier wie in Jerusalem (im „Herodianischen Viertel") gern den architektonischen Luxus der römischen Elite nachahmte. Allerdings läßt sich zu diesen Funden zur Zeit nicht viel sagen, denn sie sind nicht veröffentlicht, teilweise längst wieder zugeschüttet oder, da, wo es sich um Einzelobjekte handelt, in den Asservatenkammern der Israelischen Antikenbehörde derzeit nicht auffindbar. Immerhin wurden 1973 westlich am Rand der Veteranensiedlung, zu der auch die oben erwähnte Münze Vespasians gehört, Reste eines Hauses mit Wandfresken gefunden, die Emanuel Eisenberg in die „Emmaus"-Epoche datierte. So läßt sich vermuten, daß die Römer das jüdische Emmaus nicht zerstörten, sondern es für spätere eigene Nutzung aufhoben und einige der jüdischen Gebäude in die Veteranensiedlung integrierten.

Als die neue Ausgrabung im Sommer 2001 begann, stießen wir in vier Metern unter der heutigen Erdoberfläche auf den Boden des 1. Jahrhunderts vor. Neben den zu erwartenden römischen Dachziegeln und zahllosen Kleinfunden aus der byzantinischen Epoche und der frühislamischen Zeit (7./8. Jahrhundert n. Chr.) sind die einzelnen und zum Teil noch zusammenhängend erhaltenen farbigen Mosaiksteine bemerkenswert; sie lassen in naher Zukunft die Entdeckung eines größeren, wahrscheinlich beschädigten Mosaiks erwarten. Wichtiger ist jedoch die große Zahl von Keramik aus der Spätzeit des Zweiten Tempels, darunter ein Krugfragment mit einer hebräischen Inschrift. Ohne der offiziellen Veröffentlichung vorzugreifen, sei hier die übereinstimmende Datierung der Handschrift durch die Epigraphiker der Israelischen Antikenbehörde auf die herodianische Epoche festgehalten. Wir lesen das Ende eines Namens, zwei vollständige hebräische Buchstaben, Mem und Ayin. Es wäre verlockend, hier den Personennamen „Schema" zu rekonstruieren, der zu verschiedenen alttestamentlichen Personen gehört, darunter auch zu einem Benjaminiten (1. Chronik 8,13). Da das Gebiet von Moza seit alters her als benjaminitisch galt (Josua 18,26), wäre das nicht überraschend. Sicherheit wird es hier allerdings angesichts des fragmentarischen Befunds nie geben können. Noch nicht abschließend gereinigt und identifiziert ist eine stark verkrustete Münze, die jüdisch ist und aus der Zeit vor dem römischen Prägeverbot für jüdische (hebräisch/aramäisch beschriftete) Münzen stammt (d. h. vor 37 v. Chr.). Daneben fanden wir unter anderem auch eine Münze Mark Aurels und eine Kaiser Justinians I., mit denen die Siedlungskontinuität in dieser Gegend dokumentiert ist. Vor allem kam erst vor kurzem das Fragment eines großen steinernen Wasserkruges „für die Reinigung nach jüdischer Sitte" (vgl. Johannes 2,6) aus der Zeit vor 70 n. Chr. zutage. Hier lebten demnach in der Zeit vor Vespasian, in der Emmaus-Epoche, fromme, praktizierende Juden.

Die Art aller bisher erfaßten Keramikfunde aus der Spätzeit des Zweiten Tempels spricht nicht für eine Siedlung armer Menschen. Hier wurde gut gelebt. Wenn Lukas von einem Dorf spricht und der lange Markus-Schluß davon, daß man sich hier „aufs Land" begab, ist wohl nicht an Bauern und Knechte gedacht, sondern an Menschen, die bewußt nicht in der Stadt leben wollten. Daß es hier auch landwirtschaftliche Produktion gab – Weinbau und Olivenölherstellung –, steht dazu nicht im Widerspruch. Auch die Dachziegel aus dieser Epoche sind solide gearbeitet und lassen nicht vermuten, daß man hier in Hütten lebte. Sehr vorläufig läßt sich sagen, daß Emmaus zur Zeit vor der Einrichtung der Veteranenkolonie Vespasians ein Dorf von Menschen war, die man heute als „Besserverdienende" bezeichnen würde. Waren also die Juden von Emmaus, oder wenigstens einige von ihnen, eher wohlhabende Jerusalemer, die sich dort, bei Wasserläufen, Quellen und Brunnen, schattig unter Bäumen, Wochenendhäuser gebaut hatten oder ohnehin dort lebten, um der Enge Jerusalems zu entgehen, bis die Römer sie um 70 n. Chr. vertrieben? Dieses Siedlungsgebiet zwischen den Terrassen und der Straße, oberhalb und unterhalb des Nachal Sorek, scheint immer schon ein bevorzugtes Wohngebiet von Menschen gewesen zu sein, die es sich leisten konnten, außerhalb Jerusalems zu leben, das vor allem an Festtagen, wenn Hunderttausende in die Stadt strömten, nicht immer eine Lebensqualität der Ruhe bot. Ein Beispiel dafür: Im Sommer 2002 wurde wenig oberhalb des Grabungsgebiets von Emmaus eine Inschrift gefunden, die eine Art Hausschild des „Nassa", des hohepriesterlichen Standartenträgers war. Sie wird auf das späte

8., frühe 7. Jahrhundert datiert und stammt auf jeden Fall aus der Zeit vor dem Babylonischen Exil. Kurz zuvor hatte die israelische Kriminalpolizei ermittelt, daß der berühmte elfenbeinerne Granatapfel, der seit mehreren Jahren im Israel Museum ausgestellt ist, aber ohne gesicherte Herkunft aus dem Antiquitätenhandel gekommen war, aus einem Raum oberhalb von Emmaus stammte, der unmittelbar neben dem Raum liegt, in dem diese Inschrift entdeckt wurde. Auf dem Granatapfel steht in alt-hebräischer Schrift – der gleichen, die sich auf dem steinernen Hausschild findet – „Zugehörig dem Tempel JHWHs, heilig den Priestern". So weiß man nun, daß der noble Standartenträger des Hohenpriesters zur Zeit des ersten Tempels im exklusiven Wohngebiet des benjaminitischen Moza/Emmaus wohnte und sein wertvollstes Gerät, den auf die Standarte zu steckenden Elfenbein-Granatapfel, aus seiner Dienststelle, dem Tempel, stets mit nach Hause nahm. Dies wiederum heißt, daß die Wegstrecke zwischen Moza/Emmaus und Jerusalem, jene anderthalb Stunden, täglich hin und zurück mit größter Selbstverständlichkeit zurückgelegt werden konnten.

Ohne weitere Grabungsergebnisse vorwegnehmen zu können, darf man nun sehr vorsichtig fragen, ob Kleopas, den erst die spätere christliche Tradition zu einem Bruder des Joseph und damit zum Onkel des Jesus macht, zu den reicheren unter den – bis zum Ostersonntag enttäuschten – Anhängern Jesu gehörte und die Erscheinung vor ihm vielleicht gerade darin ihre heilsgeschichtliche Bedeutung hat. Immerhin fällt auf, daß nur Lukas dieses Ereignis berichtet, und nur dieses eine. Zwar erwähnen die Jerusalemer Christen voller Freude, noch ehe die zurückkehrenden Emmaus-Jünger von ihrem Erlebnis erzählen können, daß Jesus dem Simon Petrus erschienen war, aber der Ablauf wird nicht berichtet. Die ganze, ungeteilte Aufmerksamkeit des Lukas liegt auf der Emmaus-Erscheinung. Könnte es sein, daß er gerade damit seinem Widmungsempfänger Theophilos etwas sagen wollte? Dieser Theophilos wird als „krátistos" angeredet, als „Exzellenz". Das ist eine Anrede, die Lukas nur für hochrangige Römer verwendet. Festus und Felix, die Prokuratoren, werden von ihm so genannt. Es scheint, daß Theophilos ein einflußreicher, hochgestellter, wohlhabender Beamter war, nicht der erste – das war der nubische Kämmerer der Kaiserinmutter („Kandake“), der von Philippus auf der Straße nach Gaza bekehrt und getauft wurde – und auch nicht der einzige Mann hervorgehobener Stellung, der zum Glauben kam: Man könnte hier noch an Sergius Paulus denken, den Prokonsul von Zypern (Apostelgeschichte 13,6–12), und an Erastos, den „Aedil“ von Korinth, der mit diesem Amt durch eine lateinische Inschrift belegt ist (und den Paulus in Römer 16,23 griechisch „oikonómos“ nennt, den für Wirtschafts- und Finanzfragen zuständigen Stadtverwalter). Theophilos war jedenfalls eine dieser einflußreichen, gutgestellten Persönlichkeiten aus der frühesten Phase des Christentums. Ist nun Jesus, wie es die archäologischen Kleinfunde nahezulegen scheinen, auf der Straße nach Emmaus zwei wohlhabenden Juden erschienen, die auf dem Weg in ihren Villenvorort waren – der natürlich noch stand und nicht römisch vereinnahmt war, als Lukas schrieb und Theophilos ihn las –, dann könnte dieser Theophilos die Botschaft so verstanden haben: Jesus ist nicht „nur“ für die Armen, die Randsiedler, die juristisch damals nicht vollwertigen Frauen und so weiter auferstanden, sondern durchaus auch für die Einflußreichen, die Mächtigen, diejenigen, denen es gut geht. Theophilos hätte sich unmittelbar angesprochen gefühlt. Und mehr als das: Er hätte auch verstanden, daß dies kein Freibrief für ein sorgloses Leben war, sondern eine Verantwortung bedeutete, seinen Einfluß und seine Möglichkeiten für die Verbreitung des christlichen Glaubens einzusetzen. Es scheint jedenfalls, daß der Funke übersprang. Denn auch das nächste Buch des Lukas, die Apostelgeschichte, ließ er sich wieder widmen.

Noch eine weitere Beobachtung hilft uns, die alles andere als legendären Begleitumstände dieses Auferstehungsberichts zu verstehen. Aufmerksame Leser des Lukas-Textes haben sich immer schon gefragt, warum die beiden Jünger den neben ihnen Gehenden nicht erkannten. „Ihre Augen wurden gehalten“, lautet die Begründung bei Lukas. Was das heißt, kann auf dreifache Weise verstanden werden, ohne daß die Verstehensweisen sich gegenseitig ausschließen. Die meisten gläubigen Leser der

Stelle verstehen den Satz traditionell ganz direkt: Kleopas und sein Begleiter sollten Jesus erst in ihrem Haus erkennen, mitten in Emmaus, an der Art, wie er vor ihnen das Brot brach. Sie sollten ihn vorher nicht erkennen: Das heißt, göttlicher Wille bestimmte den Zeitpunkt. Das kann man so stehenlassen, denn aus der Sicht des gläubigen Zugangs ist daran nichts falsch. Dennoch ist damit nicht beantwortet, was genau es war, das sie am Erkennen hinderte. Irgend etwas muß da gewesen sein, daß sie grundsätzlich vom (Wieder-)Erkennen abhielt, bis der von Jesus gewählte Zeitpunkt der typischen Geste kam. An dieser Stelle kommt etwas in den Blick, das auf alle Erscheinungen des Auferstandenen zutrifft. Denn ausnahmslos wird Jesus selbst von denen nicht erkannt, die ihn mehrere Jahre lang begleitet hatten. Stets ist es erst eine Bewegung oder eine Geste, die zum sicheren Erkennen führt. Für uns wird das zum rätselhaften Phänomen, für die gläubigen Juden im Umkreis Jesu war es eine Selbstverständlichkeit: Wer an die leibliche Auferstehung glaubte – und das taten mit Ausnahme der Sadduzäer alle Juden –, orientierte sich an der ausführlichsten aller Auferstehungsprophezeiungen, Ezechiel 37,1–14. Es ist die Geschichte vom Totenfeld, von den bleichen Knochen, auf die am Tag der Auferstehung Gott der Herr neue Sehnen, neues Fleisch und neue Haut legen wird. Jesaja sagt es ähnlich (26,19), auch Daniel (12,2), und wie wir in einem früheren Kapitel sahen, waren auch die Frommen in Qumran von dieser Überzeugung erfüllt (Schriftrollenfragment 4Q521). Zwischen Daniel und dem Qumrantext liegt zeitlich noch ein Buch, das zuerst in die griechische Fassung der hebräischen Bibel Eingang fand, in die Septuaginta: Das 2. Buch der Makkabäer. Im 7. Kapitel wird die Gewißheit der leiblichen Auferstehung im Augenblick des Foltertodes ausgesprochen: „Er (Gott) gibt euch gnädig Atem und Leben wieder, weil ihr jetzt um seiner Gesetze willen nicht auf euch achtet" (7,23).

Gläubige Juden erwarteten diese Auferstehung am Ende der Zeiten. Jesus nahm das Ereignis als bisher einziger Jude in seiner Person voraus. Auch das mußte erst einmal verstanden werden. Grundsätzlich aber war Juden so viel klar: Ein Auferstandender ist nicht wiederzuerkennen. Die alten Knochen kann man nun einmal nicht sehen. Und neue Haut auf neuem Fleisch heißt, daß äußerlich keine Identität zwischen altem und neuem Leib bestand. Das ist, nach der heilgeschichtlichen Wahrheit (der Auferstandene sollte erst erkannt werden, als er es wollte), die prophetische Wahrheit: Er konnte nicht erkannt werden, weil sein Äußeres sich gemäß Ezechiel 37,6 verändert hatte, und gläubige Juden hätten folglich auch gar nicht erwartet, ihn in seiner veränderten Körperlichkeit wiederzuerkennen. Noch immer aber ist die auffällige Wortwahl des Lukas, „ihre Augen wurden gehalten", nicht erschöpfend geklärt. Hier kommt uns die dritte Ebene zu Hilfe, die archäologisch-topographische Beobachtung. Da wir jetzt wissen, wo das Emmaus des Lukas-Evangeliums lag, können wir auch den Weg dorthin in seinem zeitlichen Ablauf rekonstruieren. Die beiden Jünger und der Unbekannte treffen ein, als es Abend werden will. Mit anderen Worten: Die Sonne ist noch nicht vollständig untergegangen. Geht man am 9. April – dem historisch zu errechnenden Datum der Auferstehung – so rechtzeitig in Jerusalem los, daß man rund anderthalb Stunden später kurz vor Sonnenuntergang in Emmaus eintrifft, dann ergibt sich, daß man gut neunzig Minuten lang in die untergehende Sonne hineingeht. In einer Zeit ohne Sonnenbrillen hieß das: Die Augen der beiden wurden gehalten, und zwar nach unten, auf den Weg, weil sie andernfalls die untergehende Sonne geblendet hätte. Das läßt sich im Selbstversuch in nahezu jeder Jahreszeit, bei Umrechnung der Sonnenstände, nachvollziehen. Wegrichtung und Tageszeit hinderten die Jünger daran, sich mit der Physiognomie des Mitwanderers näher zu befassen, denn jedes Hochsehen hätte sie geblendet, und jede Gestalt neben ihnen wäre dann allenfalls als halbdunkle Erscheinung vage wahrzunehmen gewesen. Ein genügend langer Blick zur Seite, lang genug, bis die Augen wieder fokussieren konnten, hätte unweigerlich zum Stolpern und Fallen auf der unebenen Straße geführt. Der Augenzeugenbericht, den Lukas notiert, hält das jahres- und tageszeitliche Phänomen fest: Ihre Augen wurden gehalten, sie konnten ohnehin nichts erkennen außer dem Weg. Das alles sind historische Indizien. Lukas betont allerdings, daß etwas Entscheidendes hinzukam – das Brotbrechen als der von Jesus gewählte Augenblick der Wiederkennung.

Die Juden – das heißt alle drei handelnden Personen, dazu der Verfasser und die meisten der ersten Leser, unter denen natürlich auch Nicht-Juden waren, die sich mit der Bibel vertraut gemacht hatten – wußten ja sehr wohl, daß hinter all dem die Prophetie des Ezechiel steht: Der neue Leib ist nicht der alte Leib und daher auch nicht wiederzuerkennen. Begreifen wir das, dann ist auch die andere auf den ersten Blick rätselhafte Erscheinung des Auferstandenen weniger schwer zu verstehen: Thomas, der als der „Ungläubige" bekannt wurde, obwohl er eigentlich nur ein skeptisch Nachfragender war, wird zum Glaubenden nicht etwa, weil er die Wundmale Jesu berührt – wer den Text in Johannes 20,27–28 aufmerksam liest, weiß ja, daß er es nicht tut –, sondern weil er sie sieht: Nach jüdischem Auferstehungsglauben war der neue Leib ein gänzlich reiner, von allen Spuren und Lasten des alten Lebens befreit. Gerade auch deswegen wartete man mit der feierlichen Zweitbestattung der bloßen Knochen in den Knochenkästen, den Ossuarien, wie sie in letzter Zeit wieder vermehrt gefunden wurden, bis wirklich alles Fleisch verwest war. Hier aber besitzt der neue Leib des Auferstandenen sichtbar noch die Spuren der Kreuzigung, die es eigentlich nicht mehr geben durfte. Thomas begreift in diesem einen Augenblick, daß der Auferstandene immer noch auch der Gekreuzigte ist. Diese Erkenntnis erschüttert und überzeugt ihn. Und deswegen ruft er aus: „Mein Herr und mein Gott!"

Grundsätzlich ist eines klar: Die Auferstehungserscheinungen sind keine Visionen und keine Halluzinationen. Sie sind bezeugte, reale Ereignisse, die auch nicht, wie das gelegentlich noch versucht wird, als Projektionen der Jünger gedeutet werden dürfen, deren „Sache" irgendwie weitergehen mußte. Die völlig ohne Hoffnung dem Spott und der Verachtung ausgesetzten Jünger, die von Jesus so bitter enttäuscht waren, daß es zwei Aristokraten aus dem weiteren Umfeld überlassen blieb, ihn zu bestatten, wären noch nicht einmal in der Lage gewesen, sich wie Baron Münchhausen am eigenen Schopf aus dem Sumpf zu ziehen. So etwas kommt im Märchen und in der Phantasiewelt mancher Bibelkritiker vor, nicht jedoch in der wirklichen Welt der Juden zur Zeit Jesu. Woher hätten sie diese fabelhafte Selbstbefreiungskunst auch hernehmen sollen? Jesus war wie ein Verbrecher hingerichtet worden, er stand unter dem Verdikt der Torah (Deuteronomium/5. Mose 21,22-23): „Wenn jemand ein Verbrechen begangen hat, auf das die Todesstrafe steht, wenn er hingerichtet wird und man ihn an ein Holz hängt, dann soll die Leiche nicht über Nacht am Holz hängen bleiben, sondern man soll ihn noch am gleichen Tag begraben; denn ein Aufgehängter ist verflucht bei Gott. Du sollst das Land nicht unrein werden lassen, das der Herr, dein Gott, dir zum Erbe gibt." Von Gegnern und Skeptikern ganz abgesehen: Keiner der ehemaligen oder gerade noch verbliebenen Anhänger Jesu hätte vor diesem Hintergrund auch nur sekundenlang das handgestrickte Märchen von einer leiblichen Auferstehung in die Welt setzen können, wenn da nichts gewesen wäre. Amateurpsychologen mögen sich dafür auslachen lassen, daß sie eine Erfindung für möglich halten. Es geht nicht, weder im Rahmen jüdischen Glaubens und Rechts, noch vor dem kritischen Forum der Geschichtsforschung.

Man war ja durchaus in der Lage zu differenzieren. Was eine Vision war, wußte man seit 1. Samuel 28,3-5. Da bittet König Saul die Totenbeschwörerin von En-Dor (in manchen Texten als „Hexe von Endor" bekannt), den Geist Samuels herbeizurufen. Die Totenbeschwörerin beschreibt, wie sie Samuel als alten Mann sieht, in eine Robe gehüllt. Eine Vision, gewiß, aber weder für Saul noch für die Frau zu verwechseln mit einer leiblichen Auferstehung von den Toten. Auch Handlungen Jesu, die man beobachtet hatte, waren keine Auferstehungswunder, sondern Auferweckungen - der junge Mann von Naïn, die Tochter des Jaïrus, Lazarus, sie alle mußten wieder sterben, so wie vorher schon der Sohn der Witwe von Zarpat, den Elia auferweckt hatte (1. Könige 17,17-24), und der Sohn der Schunemiterin, den Elischa einst ins Leben zurückgeholt hatte (2. Könige 4,32-37). Auferstehung aber hieß und heißt: Ein endgültiger Akt, auf den kein erneutes irdisches Sterben folgt. Die Gegner und Anhänger Jesu konnten auch dann sehr genau differenzieren, wenn sie an die außerbiblische Literatur der Antike dachten. Herodot, der im 5. Jahrhundert v. Chr. schrieb und die antike Geschichtsschreibung nachhaltig prägte, erzählt in seinen „Historien“ (4,14–15) von einem Mann, der verschwunden ist. Man nimmt an, er sei verstorben. Einer behauptet jedoch, ihn gerade erst gesehen und mit ihm gesprochen zu haben. Sieben Jahre später erscheint der Tote – bzw. Totgeglaubte – scheinbar wieder (man weiß es nicht so genau), verschwindet aber von neuem und taucht dann weitere 240 Jahre später an einem anderen Ort erneut auf. Eine nette Geschichte, über die man sich schon in der Antike amüsierte, aber weder Juden noch Griechen konnten darin etwas auch nur entfernt mit der Auferstehung Jesu Verwandtes erkennen. Von einer körperlichen Auferstehung schreibt Herodot nicht einmal andeutungsweise. Der eigenartige Vorgang wird als „Phantom“ beschrieben – „phásma“ ist das griechische Wort, das Herodot benutzt, die Kurzform von „phántasma“.

Und das sind denn auch schon die sogenannten „Parallelen“ in der vorchristlicher Zeit, auf die gern verwiesen wird. Die Mythen, die anderswo kursierten, in Ägypten oder Persien zum Beispiel, sind entweder ebenso weit vom Ablauf der Evangelienberichte entfernt wie die Totenbeschwörerin von En-Dor und Herodots scheintoter Wiedergänger, oder sie stellen sich bei genauerem Hinsehen als Legenden heraus, die erst in nachchristlicher Zeit aufkamen, mitunter bewußt als Propaganda gegen das Christentum. Wie der Bericht von der Auferstehung Jesu aufgegriffen wird, zeigt schon wenige Jahrzehnte später einer der ersten griechischen Romane, „Chaireas und Kallirhoe“, verfaßt von Chariton aus Aphrodisias. Ein leeres Grab wird gefunden, es stellt sich heraus, daß die totgeglaubte Kallirhoe nur entführt wurde, am Ende löst sich alles in Liebe auf: das Mädchen war weder tot noch auferstanden. Vielleicht ist das eine für unterhaltsam gehaltene Parodie auf den Bericht vom Leeren Grab – originell wäre es insofern nicht, als schon Matthäus in aller Offenheit von der Polemik gegen das Leere Grab Jesu berichtete: Man wollte das Gerücht streuen, die Jünger hätten den

Leichnam gestohlen (Matthäus 28,13). Aufschlußreich an diesem Gerücht ist nicht, wie schnell aus der hochpeinlichen Lage heraus ein derart offensichtlicher Unsinn in die Welt gesetzt werden konnte, sondern daß gerade bei der Konstruktion dieser Lügengeschichte zweierlei stillschweigend vorausgesetzt wird: Erstens, Jesus war tatsächlich tot (die Scheintod-Hypothese, die manchen immer noch in den Sinn kommt, wird damit sogar von innerjüdischen Gegnern der Auferstehungsbotschaft diskreditiert), und zweitens, das Grab war tatsächlich leer (womit schon die ersten Gegner der Osterbotschaft jenen heutigen Theologen das Argument aus der Hand schlagen, die sich einreden, Jesus sei im Grab verrottet, und alles andere sei fromme Legende).

An dieser Stelle können wir die Argumentation noch etwas zuspitzen: Das Leere Grab ist kein Beweis für die Auferstehung, sondern eine Voraussetzung. Zum Beweis kann es erst durch die Tatsächlichkeit der bezeugten Begegnungen mit dem Auferstandenen werden; Voraussetzung ist es aber, weil hier Juden unter Juden argumentieren. Und wie wir bereits sahen, ist eine Auferstehung für Juden dieser Zeit überhaupt nur denkbar, wenn sie körperlich geschieht und nicht etwa geistig oder visionär. Anders gesagt: Ohne ein leeres Grab kann es gar keine Auferstehung geben. Das ist für Juden so selbstverständlich, daß sich damit auch eine andere geradezu reflexartig repetierte Kritik an der historischen Glaubwürdigkeit der Auferstehung Jesu erübrigt: Jene nämlich, daß der Apostel Paulus, von dem man in weiten Kreisen annimmt, daß er vor der Abfassung der ersten Evangelien geschrieben habe (was in Wirklichkeit alles andere als sicher ist), vom Leeren Grab noch gar nichts gewußt habe. Richtig ist, daß er es nicht erwähnt. Aber wer würde das ernsthaft erwarten? Paulus schreibt nicht als Historiker, der Einzelabläufe darzustellen hat, er ist Briefschreiber. Erwarten wir von einem Biologieprofessor, der ein Rundschreiben an seine Studenten verschickt, daß er bei der Erwähnung eines Schimmels ausdrücklich festhält, Schimmel seien weiß? Das gehört ins Biologielehrbuch, nicht in einen Brief, in dem Selbstverständliches ausgespart wird. Für einen Juden wie Paulus war es gar nicht mehr der Rede wert: Natürlich war das Grab Jesu leer, andernfalls gäbe es nichts von einem Auferstandenen zu berichten.

Die Nüchternheit der Berichterstattung, durch die sich die Evangelien so erfrischend von der übrigen hellenistischen Literatur über außergewöhnliche Ereignisse abheben – es wird eben gerade nicht phantasievoll spekuliert und wundersam ausgemalt –, trägt auch in den Auferstehungsberichten dazu bei, die Sache in den Vordergrund zu stellen und nicht das Wunschdenken kommender Ausleger. Was ein Auferstehungsleib konnte oder nicht konnte, war auch für die frömmsten Juden nicht aus den alten Schriften abzuleiten. Daß dieser neue Körper offenbar in der Lage war, in einem Raum zu stehen, ohne vorher die Tür aufgemacht zu haben, verunsichert daher noch nicht einmal den skeptischen („ungläubigen") Thomas. Einig sind sie sich alle darin, daß es kein Scheinkörper war. Erinnern wir uns an Apostelgeschichte Kapitel 10, an die Begegnung zwischen dem Centurio Cornelius und dem Apostel Petrus. Cornelius ist auf das Gespräch bestens vorbereitet, er kennt sich allem Anschein nach in der Heiligen Schrift des Judentum aus und weiß auch über Jesus schon einiges. Was kann Petrus ihm anbieten, das ihm, dem römischen Offizier griechisch-römischer Kulturprägung, eine entscheidende Hilfe bietet, sich und seine Angehörigen als Christusanhänger taufen zu lassen? Petrus kommt sofort auf den entscheidenden Punkt: In der griechisch-römischen Welt konnte man sich ein Leben nach dem Tod bestenfalls geisterhaft, in einem seelischen Bereich vorstellen, vielleicht so, wie es Platon in seinem „Symposium" (179 c) beschreibt. Allenfalls eine Seele oder auch die optische Illusion eines tatsächlichen Wesens könnte von den Toten zu den Lebenden zurückkehren, ansonsten gab es im günstigsten Fall eine Art Zwischenlagerung auf der „Insel der Seligen". Anders bei Jesus, teilt Petrus nun als Augenzeuge mit: „Wir haben mit ihm nach seiner Auferstehung gegessen und getrunken" (Apostelgeschichte 10,41). Es war ein wirklicher Körper, kein Scheinleib.

Lukas und Johannes heben, je auf ihre Weise unabhängig – das heißt, ohne voneinander abzuschreiben –, auch in den

Evangelien diese Leiblichkeit hervor. Bei Lukas steht es so: „‚Seht meine Hände und meine Füße an: Ich bin es selbst. Faßt mich doch an, und begreift: Kein Geist hat Fleisch und Knochen, wie ihr es bei mir seht.' Sie staunten, konnten es aber vor Freude immer noch nicht glauben. Da sagte er zu ihnen: ‚Habt ihr etwas zu essen hier?' Sie gaben ihm ein Stück gebratenen Fisch; er nahm es und aß es vor ihren Augen" (Lukas 24,39–43). Johannes hebt nicht nur hervor, daß Jesus mit den Jüngern gemeinsam aß, er berichtet auch, wie der Auferstandene selbst den Fisch briet und das Brot brach: „Als sie an Land gingen, sahen sie am Boden ein Kohlenfeuer und darauf Fisch und Brot ... Jesus trat heran, nahm das Brot und gab es ihnen, ebenso den Fisch" (Johannes 21,9–13). Erst als sie zusammen gegessen hatten, beginnt das Gespräch über die Nachfolge. In beiden Fällen, bei Lukas und Johannes, wird zudem festgehalten, daß Jesus in seinem neuen Leib nicht (wieder) zu erkennen war. Das nehmen die Jünger als fromme Juden hin; wichtig sind die handfesten Aktionen, die diesem Leib möglich sind – das Brotbrechen (wie schon in Emmaus), das Fischbraten, das Essen und Trinken.

Kehren wir noch einmal zum Ausgangspunkt dieses Kapitels zurück, zur Emmaus-Geschichte. Wir dürfen nicht vergessen, daß noch bis zur Kreuzigung Jesu kein Jude – auch seine Jünger nicht – mit einem leidenden, sterbenden und auferstehenden Messias rechnete. Die prophetischen Stellen, die wir heute so lesen, Jesaja 53 vor allem, auch Psalm 118, Hosea 6,2 und dann sogar die Torah (Deuteronomium/5. Mose 32,39) und nicht zuletzt den Leidens- und Triumph-Psalm 22, sie gehörten gerade nicht zum endzeitlich-messianischen Repertoire gläubiger Juden jener Zeit. Nicht am Tag der Kreuzigung richtete man sich daran auf, erst am Tag der Auferstehung kamen sie in in den Blick. Das historische Ereignis verlangte nach einer Erklärung in der Schrift, und erst als man sie, um Verständnis ringend, suchte, konnte man sie schließlich finden und in die interpretierenden Abschnitte des Neuen Testaments eingliedern. Selbstkritisch wird das von Lukas als Teil seines Berichts über den Gang der zwei Jünger von Jerusalem nach Emmaus dargelegt: Die beiden hatten sogar schon vom Leeren Grab gehört, aber wie sie das einordnen sollten, wußten sie nicht. Daß auf die Kreuzigung über ein als leer festgestelltes Grab zwangsläufig die Tatsache der Auferstehung Jesu folgen mußte, war ihnen alles andere als klar. Sie berichten dem neben ihnen gehenden Unbekannten, was sie wissen, erkennen die prophetischen Zusammenhänge aber eben noch nicht. Erst als der Unbekannte eingreift, ändert sich die Lage: „‚O ihr Toren, die ihr zu trägen Herzens seid, alles zu glauben, was die Propheten gesagt haben. Mußte nicht der Messias das alles erleiden, um so in seine Herrlichkeit zu gelangen?' Und von Mose und allen Propheten ausgehend, legte er ihnen dar, was in der ganzen Schrift über ihn geschrieben steht" (Lukas 24,25–27). Noch nicht einmal diese – sagen wir, theoretische – Darlegung bringt den endgültigen Durchbruch. Sie erkennen ihn erst, als er in einer für ihn typischen Bewegung das Brot bricht. Erst mit der unbezweifelbaren Wirklichkeit des leiblich Auferstandenen vor ihren Augen erhält alles andere seinen Sinn.

Epilog

„Anfang des Evangeliums Jesu Christi, des Sohnes Gottes": So beginnt Markus, der älteste der vier Evangelisten. Es ist ein Programm, das in diesen Worten liegt, und in diesem Buch wurde der Versuch unternommen, nicht mit dem Ziel der Vollständigkeit, sondern mit Schwerpunkten, die den Zugang zur Geschichte Jesu erleichtern sollen, den historischen Zusammenhängen nachzuspüren. „Anfang", griechisch „archê": So beginnt die ganze Bibel. „Bereschit" auf hebräisch: Anfang, Ursprung. „Im Anfang", „en archê", das sind die ersten beiden Wörter der griechischen Bibel, der Septuaginta, und so beginnt auch das Evangelium des Johannes. Zu den Ursprüngen kehren die Berichte über Jesus zurück. Und wie las ein nicht-jüdischer Mensch des ersten Jahrhunderts den ersten Satz des Markus-Evangeliums? Sicher, wir könnten uns denken: Zu Beginn kommt der Anfang, eigentlich ein überflüssiges Wort an dieser Stelle. Für den gebildeten Leser griechischer Texte sah das anders aus. „Archê" ist schon bei Aristoteles ein Wort, mit dem er den Beginn einer dramatischen Handlung markiert (Poetik 7,1–7). Auch ein mit jüdischen Erwartungshaltungen nicht vertrauter Leser konnte sich also darauf einstellen, daß es nicht um einen gewöhnlichen Text geht.

Es beginnt ein Evangelium. So verstehen wir das. Doch den christlichen Gattungsbegriff Evangelium gab es nicht, als Markus schrieb. Da steht nur ein griechisches Wort, „euangélion", Man konnte es wörtlich übersetzen als „eu", gut und „angélion" Botschaft, Nachricht. Doch das tat man nicht, denn der Begriff war in der damaligen Kultur bestens eingeführt. Die Römer benutzten es im Kaiserkult. Gute Nachrichten waren die Berichte über die Festlichkeiten aus Anlaß kaiserlicher Geburtstage, über die Jahrestage des Machtantritts. Papyri und Inschriften belegen diesen Gebrauch. Aus dem Jahr 9 v. Chr. ist beispielsweise eine Kalenderinschrift im kleinasiatischen Priene erhalten, die den Geburtstag des Gottes (des Kaisers Augustus) als Anfang der guten Nachrichten für die ganze Welt feiert, die von ihm verkündet werden. Siegesnachrichten wurden Evangelien genannt, bei Homer konnte auch der Botenlohn für die Überbringung einer solchen Nachricht so benannt werden (Odyssee 14,152;166). In vorchristlicher Zeit war der Begriff offenbar bereits so inflationär geworden, daß Aristophanes sich darüber lustig machte. In seiner Komödie „Die Ritter“, aus der Mitte des 4. Jahrhunderts v. Chr., werden die guten Nachrichten („euangélia“) darüber ausgerufen, daß die Sardellen billiger geworden sind (v. 656). Vorchristlich ist auch der Gebrauch in der Septuaginta. In 2. Samuel 4,10 ist das Wort wieder im Sinn der Belohnung für gute Nachrichten zu verstehen. „Tà euangélia“ lesen wir dort. Im einfacheren Sinn, als „gute Nachrichten“ kommt das Wort in dieser griechischen Bibel mehrmals vor: 2. Samuel 18,20–27 (viermal) und 2. Könige 7,9. Beide Bücher benutzen die sehr seltene weibliche Wortform, „hê euangélia“. Auch der römische Staatsmann und Philosoph Cicero, der zwischen den Entstehungszeiten der Septuaginta und der neutestamentlichen Evangelien schrieb, gebraucht das Wort und fügt es mit griechischen Buchstaben geschrieben in seine lateinischen Briefe ein: „Zuerst eine, wie ich meine, gute Nachricht“, lesen wir am Anfang eines Briefs, den er seinem Freund Atticus schickt („Primum, ut opinor, euangélia“: An Atticus 2,3,1). Auch in einem späteren Brief verfährt er noch einmal so (13,49 [40],1). Ein Leser des wohl um 44 n. Chr. in Rom geschriebenen und zuerst dort verbreiteten Markus-Evangeliums konnte also an vieles denken – als Jude oder Gottesfürchtiger an die Septuaginta, als belesener Römer und Grieche an Cicero, vielleicht noch an den Schulautor Homer, mit Sicherheit aber an den Kaiser und seinen Kult. Es war, um es deutlich zu sagen, ein provozierender Beginn für ein Buch über den unbekannten Juden aus der Provinz Syrien. Wie konnte er in die Reihe dieser Vorläufer gestellt werden, wie konnte er gegen den Kaiserkult stehen, dessen regelmäßige Feierlichkeiten als „euangélia“, als Evangelien, verkündet wurden?

Sehen wir es anders, nämlich aus der Perspektive des Autors, der zuerst einmal Leser für das gewinnen möchte, was er zu erzählen hat, dann ist dieser Beginn allerdings schlicht genial.

Denn er weckt Neugierde. Und es gibt da eine Nuance, die zumindest den Gebildeteren unter den Lesern sofort auffallen mußte: Markus gebraucht das Wort in der Einzahl, im Singular: „tò euangélion“. In allen früheren griechischen Texten steht es – von Homers Botenlohn für die Überbringung der Nachricht einmal abgesehen – in der Mehrzahl, im Plural. Und er benutzt auch nicht die sehr seltene weibliche Form zweier Bücher der Septuaginta. Mit anderen Worten: So wie auch Paulus und nach ihnen andere christliche Autoren erhebt er einen hohen Anspruch. Es gibt nicht mehr gute Nachrichten in der Mehrzahl, und es werden auch nicht die Boten dieser guten Nachrichten belohnt. Von nun an gibt es nur noch eine einzige gute Nachricht, und sie selbst beinhaltet den Lohn für alle, die sich ihr anvertrauen. Es ist die eine gute Nachricht von Jesus Christus.

Jesus Christus? Auch das mußte die ersten Leser nachdenklich stimmen. Jesus, „Je(ho)schu(a)“, griechisch „Iêsous“, war der zweit- oder dritthäufigste Name im Judentum jener Zeit (selbst im Neuen Testament gibt es mehrere Personen, die so heißen). Im weiteren Römischen Reich konnte man den Namen mit Zuwanderern aus dem Osten in Verbindung bringen, mit Diaspora-Juden, vielleicht auch mit Bediensteten oder Sklaven. Großes war da nicht zu erwarten; der Name konnte auf den ersten Blick nicht einlösen, was man sich nach der subtilen Einleitung des Buchs erwarten durfte. Ein Unbekannter also, und gerade darin mag für erste Leser die Spannung gelegen haben: Wie kann jemand, der so heißt, Gegenstand einer guten Nachricht sein? Schon das nächste Wort wäre geeignet, einen Schlüssel zu bieten: Christus, griechisch „Christos“. Jesus Christus, Jesus der Christus – ein Rätsel. Leser der jüdischen Heiligen Schrift in griechischer Sprache hatten immerhin eine Verstehensmöglichkeit. Denn „Christos“ wird schon in der Torah, im „Pentateuch“, der gesalbte Priester genannt (z. B. Levitikus/ 3. Mose 4,5), es kommt dann aber auch immer wieder für den hebräischen „Messias“ vor, den „Gesalbten Gottes“ (z. B. Psalm 2,2; 18,51 u. a.). Dann kann wiederum auch ein fremder König, den Gott dem Volk als Retter ankündigt, Kyros nämlich, als „Christos“ beschrieben werden (Jesaja 45,1).

Aus jüdischer Sicht steigerte also dieses Wort auf jeden Fall die Erwartungen. Griechisch-römische Leser dagegen waren ratlos. Christos – das hieß erst einmal nur „das Aufzustreichende, Einzureibende", dann auch „mit Salbe eingerieben". Es war ein Ausdruck, den man aus der Medizin kannte und der im Sport sinnvoll war. War dieser Jesus krank und befand sich in ärztlicher Behandlung? Oder bereitete er sich auf eine Olympiade vor und wurde mit Salben massiert? Oder sollte man beim Vorlesen des Textes das identisch ausgesprochene „Chrêstos" heraushören, ein auch in römischen Inschriften belegter Name von ehemaligen Sklaven, Freigelassenen also, ein Name, der dann in etwa soviel wie „Gutmann" bedeutete – Jesus Gutmann? Spätere römische Autoren wie Sueton kamen da in der Tat durcheinander, und Sueton war offenbar davon überzeugt, daß der Aufruhr unter den Juden Roms, der im Jahr 48 n. Chr. Kaiser Claudius zu einer Vertreibung der jüdischen und judenchristlichen Anführer veranlaßte (Claudius 25; vgl. Apostelgeschichte 18,2), nicht durch die Verkündigung der Botschaft von Christus, sondern durch einen realexistierenden Anführer namens Chrestus ausgelöst worden war. Kurz: Die Sache war für neugierige Leser, die eine Schriftrolle des Markuswerks in die Hand bekommen hatten, nicht einfach zu lösen. Jedenfalls ging es um eine ominöse Angelegenheit, da konnte man noch eine Weile weiterlesen – zumal der Autor schon mit diesem ersten Satz bewiesen hatte, daß er ein exzellentes, anspielungsreiches Griechisch zu schreiben verstand.

Einfach wurde es für die ersten Leser dieses Evangeliums erst ganz am Ende des Satzes. Denn nun stellte sich heraus, daß der Held der Geschichte ein „Sohn Gottes" war. Jüdische Leser, die noch nichts über Jesus von Nazareth gehört hatten, konnten das zuerst einmal einordnen als eine Ergänzung des „Christos", und wenn sie nicht biblisch dachten, sondern im Rahmen ihrer allgemeinen Bildungswelt, dann könnten sie statt an die Gottessohnbilder des Alten Testaments an Philo von Alexandria gedacht haben, der in seiner Moses-Biographie Abraham einen Sohn Gottes nennt. Juden und Nicht-Juden dachten zu dieser Zeit aber vor allem an etwas ganz anderes: An den Kaiser, der diesen Titel trug. In einem früheren Kapitel waren wir der Gottessohn-Titulatur im römischen Kaiserkult nachgegangen. Mit anderen Worten: So rätselhaft der Mittelteil des ersten Satzes war, so klar war nun das Ende: Sohn Gottes war dieser eingesalbte Jesus, ein Rivale also des römischen Kaisers. Nun war auch verständlich, warum Markus so feierlich mit dem Schöpfungswort „archê“ begonnen hatte, das Griechen an die poetische Dramaturgie des Aristoteles denken ließ, und warum er so einzigartig anspruchsvoll aus den vertrauten „euangélia“ das eine Evangelium macht. Der unbekannte, eigenartige, geheimnisvolle Jesus ist ein Rivale, der es ernst meint. Seine Geschichte stellt alles bisher Bekannte in den Schatten.

Der erste Satz des Markus-Evangeliums beschreibt also in der Tat ein Programm. Für Juden und für Leser außerhalb des Judentums wurde hier ein Spannungsbogen geschaffen, der alte Kultur, klassische Bildung, fromme Jüdischkeit, Realpolitik und erfahrene Geschichte miteinander verbindet. Wer von dieser Stelle an weiterlas in der Schriftrolle des Markus, der verstand schnell, wie dieser Anspruch eingelöst wurde. Der Historiker und geniale Schriftsteller Markus schuf ein Werk, das mit keinem antiken Buch über eine Gestalt jener Zeitgeschichte den Vergleich zu scheuen braucht. Auch die anderen Evangelisten, die ihm folgten, trugen ihren Teil dazu bei, Jesus, seine Botschaft und seine Taten so wirkungsvoll zu vermitteln, daß die Menschheitsgeschichte verändert wurde. Sie alle setzten ihre Akzente, wählten aus, ordneten, gingen zu auf die Leser, für die sie schrieben.

In diesem Buch ist manches von dem, was Christen bis heute beschäftigt – genannt seien die Gleichnisreden und die Einsetzung des Abendmahls –, nicht eigens behandelt worden. Ein vollständiges Jesusporträt war in diesem begrenzten Rahmen nicht beabsichtigt. Wer den Faden aufgreift, wird allerdings Möglichkeiten haben, die Berichte über den Jesus der Geschichte und den Christus des Glaubens selbst neu zu lesen und für sich zu entdecken. Am Ende steht dann auch nicht die in jeder Weise unbegründete Kritik an der Glaubwürdigkeit der Quellen, sondern das Schweigen in Ehrfurcht, mit dem Markus sein

Evangelium ausklingen läßt: „Da gingen sie hinaus und flohen vom Grab. Denn Zittern und Entsetzen hatte sie ergriffen. Und sie sagten niemandem etwas, denn sie fürchteten sich." So reagieren die Frauen, die zu verstehen versuchen, was sie gesehen und gehört haben. Natürlich weiß Markus, der Jahre nach diesem Augenblick der Geschichte schreibt, daß die Frauen bald schon den anderen berichteten. Ihr Schweigen dauerte Stunden, nicht Tage oder Wochen. Markus weiß auch, daß es später zu persönlichen Begegnungen mit dem Auferstandenen kam. Worauf es ihm ankommt, das ist die Erkenntnis, daß die Stille in der Ehrfurcht wichtiger ist als das schnelle Wort. Gott hat in der Geschichte gehandelt, entscheidend, noch unfaßbar. Soviel verstehen die Frauen, als sie hören, was der Bote Gottes im Leeren Grab zu ihnen sagt. Ihr Zittern und Entsetzen ist nicht naiver Unverstand, ihre Furcht ist nicht Angst, sondern das heilige Entsetzen, das Menschen ergreift, die Gottes handelnde Gegenwart schlagartig erkennen. Gerade Markus weiß, daß hier etwas liegt, das noch über die historischen, jüdischen, hellenistischen Welten der Geschichte Jesu hinausreicht. Immer wieder (Markus 4,41; 5,15; 5,33.36; 6,50; 9,6.32) betont er diese Erfahrung. Auch die Juden, von denen die Heilige Schrift des Alten Testaments berichtet, reagierten nicht anders. Hier, am Ende dieses Evangeliums, ist der Christus des Glaubens endgültig nicht mehr vom Jesus der Geschichte zu trennen. Jeder der vier Evangelisten, die uns von Jesus berichten, kommt auf seine Weise zum gleichen Ergebnis. Markus ist es, der das Wort findet, mit dem die Öffnung der Jesus-Botschaft für alle kommenden Generationen am deutlichsten bezeichnet wird. So wie er sein Evangelium mit einer Herausforderung begann, so beendet er es: „Denn sie fürchteten sich" – „ephobounto gar". Der große Schriftsteller Markus wagt hier etwas, das vor ihm kein griechischer Autor versucht hatte: Ein literarisch-historisches Werk mit dem Wort „gar", „denn", enden zu lassen – im griechischen Vers 8 steht dieses Wort nicht wie im Deutschen am Anfang, sondern am Ende. Schon im 2. Jahrhundert verstanden manche christlichen Leser diese gewagte Pointe nicht mehr, und so kam es zur Abfassung längerer Markus-Schlüsse, deren ältester wohl von einem Presbyter namens Aristion um 120 n. Chr. geschrieben wurde. In der weiteren griechischen Literatur folgten nur zwei nennenswerte Fälle, in denen ein Werk mit „gar“ endete: Der 12. Traktat des Gaius Musonius Rufus, der zur Zeit Vespasians lehrte und schrieb, dessen Werk allerdings nur in bruchstückhaften Zitaten überliefert ist, so daß wir uns kein sicheres Urteil bilden können. Und das Ende der „Enneaden“ Plotins (5,5), der um die Mitte des dritten nachchristlichen Jahrhunderts als Philosoph in Alexandria und Rom wirkte.

Am Ende des Evangeliums ist dieses Wort nichts anderes als ein Gedankenstrich. Wenn heute oft eher gedankenlos gesagt wird: „Die Geschichte Jesu geht weiter“, dann zeigt dieses „denn“ am Ende des Markus-Evangeliums, was damit gemeint ist. Die Geschichte Jesu ist eine Geschichte mit Gott, die uns innehalten läßt, zur Stille und zur Ehfurcht führt. Mit der Auferstehung Jesu ist die gute Nachricht des Sohnes Gottes nicht an ihr Ende gekommen. Auch wir, die Leser der alten Quellen, sind hineingenommen in diese Geschichte, und wir sind eingeladen, mit Jesus zu lernen wie die beiden Jünger in Emmaus, die den Herrn erkannten und begriffen, wie alles Voraufgegangene durch die Auferstehung den eigentlichen Sinn erhält (Lukas 24,32): „Brannte uns nicht das Herz in der Brust, als er unterwegs mit uns redete und uns die Schriften erschloß?“

Kurzgefaßte Bibliographie

Die Jesus-Forschung ist unübersehbar. Hier werden nur ausgewählte neuere Buchtitel in deutscher Sprache genannt, auf die Bezug genommen wurde und die weiterführende, vertiefende Studien ermöglichen. Wer das vorliegende Buch gelesen hat, wird die Auseinandersetzung mit der traditionell kritischen Jesus-Literatur nicht nur in der Einleitung nachvollzogen haben. Da hier keine fachwissenschaftliche Monographie beabsichtigt ist und auf Fußnoten verzichtet wurde, sind die Nachweise etwa der Richtigstellung irreführender und historisch schlicht falscher Behauptungen wie z. B. in den Büchern von Ralph Ludewig (Basiswissen Jesus. Gütersloh 2002) oder Gerd Laudert-Ruhm (Jesus von Nazareth. Das gesicherte Basiswissen. Daten, Fakten, Hintergründe. Stuttgart 2002), die leider alles andere liefern als ein Basiswissen, geschweige denn ein gesichertes, nicht Punkt für Punkt dargelegt, sondern ergeben sich im Verlauf der einzelnen Kapitel. Große Verdienste um die Zusammenfassung des Standes der schulbildenden Jesus-Forschung hat sich Gerd Theißen erworben, dessen mit Annette Merz verfaßtes Handbuch (Der historische Jesus. Ein Lehrbuch. Göttingen, 3. Auflage 2001) einen umfassenden Überblick mit eigenen Thesen verbindet. Um so deutlicher treten die elementaren Schwächen dieser Forschung hervor, die sich nicht von der vorgefaßten Überzeugung trennen kann, daß die Evangelien die historische Zuverlässigkeit im Zweifelsfall ihren Interessen und Intentionen geopfert hätten. Die neuere, konstruktive Forschung, die zum tatsächlichen Jesus der Geschichte zurückführen will, befindet sich in den deutschsprachigen Ländern erst in den Anfängen. Was der Dialog mit der herkömmlichen Linie eines blutlos unhistorischen Jesus-Bilds, das vom geschichtlichen Wissen trotz des gegenteiligen Anspruchs wegführt, in Zukunft erbringen kann, wird sich noch zeigen müssen.

KLAUS BERGER: Wer war Jesus wirklich? Gütersloh 1999.

Berger gehört zu den wenigen deutschen Neutestamentlern, die es wagen, vom sogenannten „mainstream" abzuweichen. Mit seinem Jesus-Buch hat er neue Wege gewiesen, ohne sie selbst schon mit aller Konsequenz zu gehen. Auch sein „Sind die Berichte des Neuen Testaments wahr?" (Gütersloh 2002) zeigt Ansätze und Zugänge zu einer Wiedergewinnung des historischen Jesus aus den Quellen.

OTTO BETZ: Was wissen wir von Jesus? Wuppertal/Zürich, 2. Auflage 1991.

Ein ebenso feinsinniges wie brillantes, sorgsam auf die Quellen achtendes Buch des emeritierten Tübinger Professors für Neues Testament, dem wertvolle Einsichten in die jüdischen Ursprünge Jesu, seiner Botschaft und seines Weges zu verdanken sind.

MARKUS BOCKMÜHL: Jesus von Nazareth – Messias und Herr. Wuppertal 1999.

Der in Cambridge lehrende Neutestamentler geht auf einer grundsoliden Basis ernstgenommener Quellen vor allem auf den Verkünder und Beter Jesus ein, und auf den in den Himmel erhöhten Messias, der aus dem Judentum zu allen Menschen kam.

WALTER BRANDMÜLLER (Hrsg.): Wer ist Jesus Christus? Mythen, Glaube und Geschichte. Aachen 1995.

Der Sammelband enthält Beiträge von Luise Abramowski, Franz Courth, Karlheinz Dietz, Richard Kocher, Alister E. McGrath, Leo Scheffczyk, Peter Stuhlmacher, Carsten Peter Thiede und Hermann-Josef Vogt, von denen zur Ergänzung und Vertiefung der Thematik vor allem die Texte des Würzburger Althistorikers Dietz (Das Turiner Grabtuch und die historische Kritik), des Tübinger Neutestamentlers Stuhlmacher (Was geschah auf Golgatha?) und des Tübinger Kirchenhistorikers und Patristikers Vogt (Christologische Mißverständnisse in Antike und Gegenwart) wichtig sind.

Frederick F. Bruce, Eberhard Güting: Außerbiblische Zeugnisse über Jesus und das frühe Christentum. Gießen/Basel 1991.

Eine kommentierte, von Güting gut lesbar edierte und ergänzte Quellensammlung des verstorbenen Altmeisters historischer Jesus-Forschung an der Universität Manchester.

Konradin Ferrari d'Occhieppo: Der Stern von Bethlehem in astronomischer Sicht. Legende oder Tatsache? Gießen/Basel, 3. Auflage 1999.

Die sorgfältigste Untersuchung zum Stern von Bethlehem und seinem antiken Umfeld; unverzichtbar für das Verständnis der zeitgeschichtlichen Begleitumstände der Geburt Jesu, verfaßt vom emeritierten Professor für Theoretische Astronomie, Wien.

Roman Heiligenthal: Der verfälschte Jesus. Eine Kritik moderner Jesusbilder. Darmstadt, 2. Auflage 1999.

Die zum Teil erschreckende, zum Teil amüsant zu lesende Entlarvung weitverbreiteter, „populärer" Jesus-Bücher. Heiligenthal geht zwar sehr schonend mit seiner eigenen Zunft um (man denke hier an die absurden Theorien eines John Dominic Crossan und des „Jesus-Seminars", die auch in Deutschland weite Verbreitung gefunden haben) und hat in der erweiterten 2. Auflage ein wenig überzeugendes Kapitel zum Thema des Turiner Grabtuchs, liefert aber genügend Argumente gegen die unheilstiftenden „Bestseller".

Martin Hengel, Anna Maria Schwemer: Der messianische Anspruch Jesu und die Anfänge der Christologie. Tübingen 2001.

Martin Hengel hat die historische Jesus-Forschung wie nur wenige auch international vorangebracht. Unter seinen zahlreichen Büchern ist dieses, aus vier Einzelstudien zusammengestellte, das neueste und zugleich eine weiterführende Zusammenfassung seiner Arbeiten. Beiden Autoren gelingt nicht zuletzt die Korrektur des beliebten Klischees eines angeblich „unmessianischen" Jesus.

Karl Jaroš: Jesus von Nazareth. Geschichte und Deutung. Mainz 2000.

Der Altorientalist und Papyrologe (Universitäten Linz und Wien) bietet ein umfassendes historisches Jesus-Bild, das sich mit der kritischen Forschung auseinandersetzt und in einem besonders wertvollen Kapitel die handschriftliche Überlieferung der Evangelien darstellt.

Stefan Lämmer: Lebensspuren. Was wir über den historischen Jesus wissen. Metzingen 1997.

Der gelungene Versuch, aus der Perspektive eines Gemeindepfarrers und Theologen den neuesten Stand der Jesus-Forschung darzustellen und zu bewerten, leicht lesbar, mit nützlichen Anmerkungen, und stets mit dem Blick auf die Verbindung des Jesus der Geschichte mit dem Christus des Glaubens.

Bargil Pixner: Wege des Messias und Stätten der Urkirche. Jesus und das Judenchristentum im Licht neuer archäologischer Erkenntnisse. Gießen/Basel, 3. Auflage 1996.

Die unverzichtbare Behandlung der zum Teil vernachlässigten Funde und Erkenntnisse, ein Handbuch für die Forschung mit anregenden, zum Teil kontroversen Thesen, verfaßt von einem der besten Kenner der Archäologie und Topographie des Heiligen Landes.

Carsten Peter Thiede, Matthew d'Ancona: Das Jesus-Fragment. Kaiserin Helena und die Suche nach dem Kreuz. München 2000.

Detaillierte Untersuchungen zur Geschichte des Kreuzes von den Anfängen bis zum frühen Christentum und zur Inschrift des Pilatus am Kreuz Jesu.

Carsten Peter Thiede: Wer bist du, Jesus? Schlaglichter auf den Mann, der in kein Schema paßt. Basel 2000.

Das Buch untersucht die Fragen von Menschen, die Jesus persönlich kannten, und seine Antworten.

CARSTEN PETER THIEDE: Ein Fisch für den römischen Kaiser. Juden, Griechen, Römer: Die Welt des Jesus Christus. Bergisch Gladbach, 3. Auflage 2002.

Eine Einführung in Umwelt- und Zeitgeschichte, die das vorliegende Buch ergänzt und thematisch in die Zeit nach Jesus weiterführt.

CARSTEN PETER THIEDE: Die Messias-Sucher. Die Schriftrollen vom Toten Meer und die jüdischen Ursprünge des Christentums. Stuttgart 2002.

Eine Einführung in die Geschichte und Bedeutung der Schriftrollen, von Qumran bis Masada, mit besonderem Blick auf die unmittelbare Vorgeschichte des Christentums und die Berührungen zwischen essenischem und frühchristlichem Denken.

ULRICH VICTOR, CARSTEN PETER THIEDE, URS STINGELIN: Antike Kultur und Neues Testament. Die wichtigsten Hintergründe und Hilfsmittel zum Verständnis der neutestamentlichen Schriften. Basel 2003.

Ein aktuelles Handbuch, zugleich eine Einführung in die Zeitgeschichte, die wissenschaftlichen Ergebnisse und Zusammenhänge, die dazu führen, das Neue Testament als historische Quelle ernst zu nehmen.

ULRICH WILCKENS: Theologie des Neuen Testaments. Band I: Geschichte der urchristlichen Theologie. Teilband 1: Geschichte des Wirkens Jesu in Galiläa. Neukirchen-Vluyn 2002; Teilband 2: Jesu Tod und Auferstehung und die Entstehung der Kirche aus Juden und Heiden. Neukirchen-Vluyn 2003.

Der Alt-Bischof der Nordelbischen Evangelisch-Lutherischen Kirche war Professor für Neues Testament in Berlin und Hamburg; hier legt er die ersten Bände eines großangelegten Projekts vor, das die historische Bibelkritik ihrerseits einer elementaren Kritik unterzieht und überaus hilfreiche Ansätze zur Überwindung des methodischen Stillstands bietet.